Chez soi

De la même autrice

Rêves de droite. Défaire l'imaginaire sarkozyste, Zones, Paris, 2008.

Beauté fatale. Les nouveaux visages d'une aliénation féminine, Zones / La Découverte, Paris, 2012, 2015.

Sorcières. La puissance invaincue des femmes, Zones, Paris, 2018.

Mona Chollet

Chez soi

Une odyssée de l'espace domestique

La Découverte POCHE

Cet ouvrage a été précédemment publié en 2015 aux Éditions Zones.

Composé par Facompo à Lisieux
Création graphique de la couverture : Valérie Gautier
Dépôt légal : octobre 2016

ISBN 978-2-7071-9219-6

Remerciements

Je remercie Katia Berger, Monique Devauton, Eleonora Faletti, Constance Frei, Serge Halimi, Ingrid Milhaud, Xavier Monthéard, Joyce A. Nashawati, Pierre Rimbert et Juliette Volcler pour leurs réflexions et leurs suggestions ; Frédéric Le Van et Grégoire Chamayou, mon éditeur, pour leurs relectures attentives ; Thomas Lemahieu, mon compagnon, pour son soutien moral et intellectuel, et pour quelques trésors bibliographiques.

À Denise et à Simon.

Introduction

Alambics existentiels

En 2006, Patrick Bouchain, invité à représenter la France à la Biennale d'architecture de Venise, avait pris tout le monde de court en décidant de transformer le pavillon d'exposition en lieu d'habitation durant les trois mois que durerait la manifestation. Pour cela, il avait donné carte blanche au jeune collectif EXYZT, qui avait réussi à nicher dans ce classique et intimidant temple à colonnade un fantastique caravansérail baptisé « Métavilla » : un dortoir dans une structure tubulaire, une vaste cuisine-salle à manger, un atelier, une plateforme sur le toit avec sauna et micropiscine afin de profiter de la vue sur les arbres environnants...

Les préparatifs avaient fourni à l'équipe l'occasion de chahuter copieusement les organisateurs. Par exemple, les participants pouvaient acheter sur le budget de l'exposition des ordinateurs et des rétroprojecteurs, mais pas de la vaisselle, des fourneaux, des draps et des oreillers : « Pourquoi est-il plus proche de l'architecture d'acheter un ordinateur qu'un matelas ? Pourquoi montrer des images est-il plus compréhensible que manger ensemble ? » Après l'ouverture, une émissaire du groupe allait chaque jour présenter au directeur de la Biennale une liste des invités qui pourraient entrer gratuitement : comme tout mécène bénéficiait de l'entrée libre,

Bouchain et sa bande avaient inscrit tous leurs amis qui avaient versé un euro… Le malheureux homme finit par refuser de voir une seule liste de plus et se contenta de passer de temps en temps au pavillon pour souffler et boire un Martini.

Les occupants de la Métavilla s'approvisionnaient chez les commerçants vénitiens, à cent mètres des Giardini où se tenait la Biennale ; on leur livrait du pain tous les matins. Ils faisaient le ménage, la lessive. Ils n'avaient établi la programmation du lieu que pour une semaine sur deux, de façon à laisser toute sa place à l'inattendu. « C'était une vraie maison, se souvient l'architecte. Quand on entrait, cela sentait bon, Tiloch cuisinait, il y avait ceux qui se lèvent tard, qui étaient encore en train de prendre leur petit déjeuner. » De prime abord, pour les visiteurs, cela « ne paraissait pas sérieux » : « Le public était surpris d'entrer et de nous voir vivre. La réaction était souvent : "Ce n'est que ça ?" Puis : "Vous avez raison, il n'y a que cela [1]." »

De ce « que cela », j'ai eu envie de faire un livre – en m'attendant moi aussi à ce que cela ne paraisse pas sérieux. Parler du chez-soi, de ce que nos maisons représentent dans nos vies, de ce qu'elles rendent possible, de nos aspirations en matière d'habitat : quand ce sujet ne semble pas dénué du moindre intérêt, il suscite une certaine défiance, comme si le simple fait de s'en préoccuper nous menaçait d'un embourgeoisement fatal. Pour avoir chroniqué un livre de photographies qui rendait compte de l'histoire particulièrement riche des squats dans ma ville natale, Genève [2], je m'étais ainsi attiré le commentaire furieux, sur Twitter, d'un anarchiste suisse qui me disait qu'on n'avait pas besoin d'un « catalogue Ikea des squats ». On insiste – à raison, ô combien – sur la nécessité de se réapproprier l'espace public ; mais on l'oppose de façon simpliste à un

1 Patrick Bouchain et EXYZT, *Construire en habitant*, Actes Sud, « L'Impensé », Arles, 2011.

2 Julien Gregorio, *Squats. Genève 2002-2012*, Labor et Fides, Genève, 2012.

univers domestique qui, dans l'esprit de beaucoup, ne fait naître que des images peu glorieuses de repli frileux, d'avachissement devant la télévision en pantoufles Mickey, d'accumulation compulsive d'appareils électroménagers et d'indifférence résolue au monde. Le logement se réduirait soit à une simple contingence, un problème pratique à régler, soit à un piège ouaté et castrateur.

Or, dans une époque aussi dure et désorientée, il me semble au contraire qu'il peut y avoir du sens à repartir de nos conditions concrètes d'existence ; à repartir de ces actions – à peine des actions, en réalité – et de ces plaisirs élémentaires qui nous maintiennent en contact avec notre énergie vitale : traîner, dormir, rêvasser, lire, réfléchir, créer, jouer, jouir de sa solitude ou de la compagnie de ses proches, jouir tout court, préparer et manger des plats que l'on aime. À l'écart d'un univers social saturé d'impuissance, de simulacre et d'animosité, parfois de violence, dans un monde à l'horizon bouché, la maison desserre l'étau. Elle permet de respirer, de se laisser exister, d'explorer ses désirs. Bien sûr, on pourra hurler à l'individualisme ; mais j'aime assez l'image à laquelle recourt l'architecte américain Christopher Alexander : si une personne ne dispose pas d'un territoire propre, attendre d'elle qu'elle apporte une contribution à la vie collective revient à « attendre d'un homme qui se noie qu'il en sauve un autre [3] ».

Au départ, il y avait mon envie de défendre ces plages de temps où on n'est plus là pour personne, dont j'ai pour ma part un besoin absolu, ce qui suscite l'incompréhension ou la désapprobation de mon entourage (*cf.* chapitre 1). J'ai aussi voulu consacrer quelques pages à amender ma description des

---

3 Christopher ALEXANDER (avec Sara ISHIKAWA, Murray SILVERSTEIN, Max JACOBSON, Ingrid FIKSDAHL-KING et Shlomo ANGEL), *A Pattern Language. Towns, Buildings, Construction*, Oxford University Press, Center for Environmental Structure Series, New York, 1977.

bienfaits de la réclusion domestique en tenant compte des chamboulements qu'y provoquent Internet et les réseaux sociaux, territoires où je déploie, comme beaucoup d'autres, une activité tout à fait déraisonnable (chapitre 2).

Mais dans la maison se projettent aussi certains des problèmes les plus brûlants auxquels nous sommes confrontés. Avec la hausse des prix vertigineuse qui s'est produite au cours des quinze dernières années, la quête d'un logement est devenue une entreprise qui expose la majeure partie de la population à la violence des inégalités et des rapports de domination. La difficulté de se loger, ou de se loger correctement, que chacun tente de déjouer comme il peut, entrave, contraint et exténue des millions d'existences (chapitre 3). On reste rêveur en imaginant à quoi ressembleraient nos vies si l'espace était une denrée abondante et accessible, y compris dans les grandes villes.

De façon moins évidente, mais également cruciale, ce qui manque pour pouvoir s'ancrer dans le monde n'est pas seulement l'espace, mais aussi le temps. Pour se laisser dériver entre ses quatre murs, il faut disposer d'une quantité généreuse de temps, cesser de compter les heures et les minutes. Or nous subissons la rigueur d'une discipline horaire impitoyable. De surcroît, nous avons intégré l'idée que notre temps était une denrée inerte et uniforme qu'il s'agissait de remplir, de valoriser et de rentabiliser, ce qui nous maintient sur un qui-vive permanent, la culpabilité en embuscade (chapitre 4).

Impossible, par ailleurs, de ne pas voir dans une habitation le lieu d'un rapport de forces féroce : celui qu'engendre la simple nécessité de l'entretenir. Considérant le ménage comme une tâche indigne et ingrate, on le délègue aux catégories dominées, sans trop se soucier des conditions d'existence auxquelles cette spécialisation les condamne. Dans les pays où la domesticité a disparu – ou quasiment disparu –, ce travail incombe aux femmes de ménage, mais surtout aux femmes en général, depuis que le XIXᵉ siècle a imposé du haut en bas de l'échelle sociale la figure de la « fée du logis » (chapitre 5). Plus largement, l'image d'une féminité vouée à l'animation de l'univers domestique, seul lieu possible de son plein épanouissement, conserve une prégnance et une capacité de renouvellement remarquables. Elle contribue à la perpétuation du modèle de la famille nucléaire comme seul type de ménage normal et souhaitable, alors même que les modes de vie évoluent et qu'un peu d'audace peut suffire à en forger de nouveaux (chapitre 6).

Il restait cependant encore à parler du chez-soi dans sa dimension spatiale, matérielle. À tout âge, de nombreux êtres humains semblent éprouver le besoin de jouer avec des représentations d'habitations idéales, de se projeter dans des espaces imaginaires. Nos rêves de maisons portent l'affirmation, envers et contre tout, d'une confiance en l'avenir ; ils affirment toujours la possibilité d'une refondation du monde. « Nous sommes architectes et les architectes sont des optimistes », déclarent les responsables du Rural Studio, au sein duquel, depuis vingt ans, des étudiants construisent des maisons et des bâtiments publics en matériaux recyclés pour des habitants pauvres du fin fond de l'Alabama [4]. (J'avoue que j'envie leur chance ; si on remplace « architectes » par « journalistes », la phrase fonctionne tout de suite beaucoup moins bien.)

Les livres que l'on offre aux enfants regorgent de constructions fabuleuses ; et il faut voir avec quelle fascination, avec quelle délectation, avec quel sentiment de toute-puissance eux-mêmes tracent inlassablement sur une feuille de papier des murs, une porte, des fenêtres, un toit, une cheminée qui fume. Une fois adulte, pour alimenter ses fantasmes, il faudra le plus souvent se contenter des magazines ou des émissions de décoration. De

---

4 Andrew FREEAR, Elena BARTHEL, Andrea OPPENHEIMER DEAN et Timothy HURSLEY, *Rural Studio at Twenty. Designing and Building in Hale County, Alabama*, Princeton Architectural Press, New York, 2014.

même, on rencontre peu d'occasions de débattre de la forme que pourrait prendre un habitat agréable, accessible et écologiquement viable, alors que les bâtiments où nous évoluons déterminent une large part de notre vie. J'ai donc tenté d'ébaucher ce qui pourrait représenter, à mes yeux du moins, une architecture idéale (chapitre 7).

« Le petit toit que forment les livres lorsqu'on les entrouvre, tranche tournée vers le ciel, est le plus sûr des abris », écrit Chantal Thomas [5] – une auteure vers qui ce travail m'a plus d'une fois ramenée. Je vis dans un appartement exigu, encombré et peu confortable. Je ne suis ni une grande bricoleuse ni une grande cuisinière (il va falloir inventer un mot plus fort qu'« euphémisme » pour qualifier ce que je viens de dire là). Mes capacités à exercer une hospitalité concrète sont des plus limitées. Mais je serais comblée si certains lecteurs pouvaient trouver dans les pages qui viennent un abri de cette sorte.

---

5 Chantal THOMAS, *Souffrir*, Payot, Paris, 2004.

1

La mauvaise réputation.
« Sors donc un peu de cette chambre ! »

« Le voyageur ignore s'il reviendra un jour ; le touriste, lui, pense au retour avant même de partir. » Ainsi parlait le personnage d'aventurier interprété par John Malkovich au début d'*Un thé au Sahara*, le film de Bernardo Bertolucci adapté du roman de Paul Bowles, en 1990. On voit quelles représentations cette distinction venait ranimer : le voyageur était l'être noble, intrépide, prêt à risquer sa vie avec désinvolture et à laisser le monde le malmener autant qu'il le faudrait pour s'élancer à la rencontre de son destin ; le touriste, lui, était le bourgeois frileux, attaché à son petit confort et aux possessions matérielles, soucieux de garder le contrôle, incapable de voir son salut dans l'étrangeté, d'apprendre la leçon des horizons lointains.

Dans la salle de cinéma, à l'époque, je crois bien avoir été la seule que cette réplique sarcastique ne faisait pas rire. La réaction des autres spectateurs m'avait même un peu froissée. Parce que, pour ma part, j'étais et je suis encore une touriste, aucun doute là-dessus. À chaque départ, une crainte superstitieuse me fait redouter qu'il n'y ait pas de retour. Depuis toujours, j'adore les retours. Mes parents m'ont raconté comment, petite, lorsqu'on rentrait après les vacances d'été, à peine le seuil franchi, je courais d'une pièce à l'autre avec un sourire émerveillé, avant de filer dans le jardin pour aller saluer la forêt et la rivière. Et je me souviens très bien de cette sensation, comme du processus qui y menait. Plus tôt dans la journée, au fil des heures harassantes passées à arpenter les couloirs d'un aéroport immense, impersonnel et bondé, à charrier les bagages, à attendre interminablement, le désir du bercail se faisait plus vif. Les mille plaisirs que je me promettais pour l'arrivée, pour le soir et pour les jours suivants dansaient dans mon esprit. Quand le train d'atterrissage se posait sur la piste, on sentait la maison désormais toute proche. Autour de nous, la familiarité de la ville retrouvée annonçait ce comble de familiarité que la maison représentait. L'impatience et l'excitation grandissaient tout au long du trajet, jusqu'à ce que la voiture s'engage dans le long chemin sans issue au bout duquel nous habitions. Lorsqu'elle s'arrêtait dans la cour, la fatigue du voyage s'était envolée.

La porte s'ouvrait, et j'étais éblouie. Notre absence nous avait déshabitués des lieux ; elle les avait enveloppés dans un torchon et les avait frottés jusqu'à les débarrasser de la poussière déposée par la routine d'une année scolaire. Je les retrouvais comme neufs, et même bien mieux que neufs, car ils irradiaient de la densité des souvenirs accumulés, du sens débordant dont ils étaient chargés à mes yeux. Je percevais tout, chaque détail et l'ensemble qu'ils formaient, avec une intensité que seule la mémoire, la plupart du temps, est capable de conférer. Je prenais conscience comme jamais de ma chance de disposer d'un tel royaume. Il semblait fourmiller de possibilités, me promettre les plus grandes voluptés, les plus grandes révélations. Aujourd'hui encore, répondre à cet appel est sans doute ce qui m'intéresse le plus dans la vie. Ce que je recherche dans le voyage, c'est la façon dont il enrichira l'*après*, plus que le voyage en lui-même. L'essentiel, pour moi, se joue dans le quotidien, dans l'ordinaire, et non dans sa suspension.

J'appartiens donc à cette espèce discrète, un rien honteuse : les casaniers, habitués à susciter autour d'eux la perplexité, voire la pitié ou l'agressivité, et qui, avec le temps, apprennent à s'accommoder stoïquement des sarcasmes de leurs proches. Un soir où des amis étaient venus dîner, mon compagnon a déchaîné l'hilarité en prétendant que les vacances avec moi, c'était du boulot, car il était obligé, pour éviter que je sois trop perturbée, de reconstituer fidèlement sur notre lieu de séjour le décor de notre salon. Je les ai laissés rire, tous, et je me suis promis de jouer les justicières – une justicière en pantoufles de feutre suédoises, ce qui nous change agréablement des excités masqués chevauchant de noirs destriers. J'ai fomenté ce livre comme une vengeance, à la fois pour moi et pour mes semblables ; ceux que j'avais repérés depuis longtemps parmi mes connaissances, mais aussi ceux que mes confidences sur mon travail en cours m'ont permis de débusquer.

Dans l'introduction à sa monumentale *Histoire illustrée de la décoration intérieure* [1], le critique d'art et professeur de littérature Mario Praz divise l'humanité en deux catégories d'individus : ceux qui se soucient de leur cadre de vie et ceux qui ne s'en soucient pas. S'il admet qu'il puisse exister des dispositions intermédiaires, il doit néanmoins regarder en face cette dure réalité : il y a sur terre des gens que leur environnement domestique laisse parfaitement indifférents. Ce qui, lorsqu'il en démasque un, met à rude épreuve son ouverture d'esprit et sa tolérance. « Il ne s'intéresse pas aux maisons » : dans sa bouche, ce constat dépité équivaut à une condamnation définitive. « Qu'on me dise : "Méfie-toi, untel triche aux cartes", et je ne cille même pas ; en revanche, il m'est souvent arrivé de pâlir en découvrant pour la première fois dans leur intérieur certains amis que je connaissais depuis des années. » Car ce qui est en

1 Mario PRAZ, *An Illustrated History of Interior Decoration. From Pompeii to Art Nouveau*, Thames & Hudson, Londres, 1964.

jeu dans ce qu'il appelle le « sens de la maison » dépasse de très loin la simple préoccupation esthétique.

Les vertus surestimées du mouvement perpétuel

Comme le renversement éphémère des hiérarchies traditionnelles lors du carnaval, l'échelle de valeurs que décrète Mario Praz ne peut cependant nous procurer qu'une revanche et un réconfort passagers. Sans compter que, dans mon cas, il y a une circonstance aggravante : je suis journaliste. Une journaliste casanière : voilà un oxymore embarrassant. Je suis à peu près aussi crédible qu'une charcutière végétarienne. Vivement que le naufrage définitif de la profession vienne mettre fin à cette situation compromettante. Après quinze ans dans le métier, dont presque dix dans un mensuel d'information internationale, j'en ai croisé un certain nombre, de ces confrères qui rongent leur frein tant qu'ils n'ont pas un reportage en vue, dont les yeux brillent lorsqu'ils vous annoncent un départ prochain, et qui ne se sentent jamais aussi vivants que lorsqu'ils débarquent dans un pays dont ils ont tout à apprendre. Je les admire, et ils ne manquent pas de me donner des complexes. J'hésite à leur dire que la sédentarité me convient très bien. Quand je le fais, j'ai du mal à les persuader que je ne souffre pas d'un manque de curiosité, mais que je dirige simplement la mienne ailleurs.

Une fois tous les mille ans, il m'arrive de partir, moi aussi. Je le fais parce qu'un sujet présente un attrait suffisant pour m'arracher à ma tanière, mais aussi (surtout ?) par sens du devoir, pour renouer avec un semblant de normalité, pour me prouver que j'en suis capable. Peut-être aussi pour en imposer à mon entourage : comme j'ai eu l'occasion de le vérifier, annoncer « Je pars en reportage à Beyrouth » suscite chez vos interlocuteurs bien plus de « ah ! » et de « oh ! » respectueux, de commentaires enthousiastes, de « Tu me raconteras » que « Je compte passer le week-end enfermée chez moi à écrire ». Difficile, dans ces conditions, d'avouer que ces articles-là ne m'apportent pas une satisfaction aussi grande que ceux composés à partir de mes lectures et de mes ruminations. Je n'en retire pas le même sentiment d'accomplissement, la même impression d'avoir donné le meilleur de moi-même, d'avoir établi une communication aussi profonde que possible avec le lecteur. Devoir m'en tenir à raconter ce que j'ai observé m'apparaît comme une limitation frustrante.

J'aimerais bien que l'on accepte, dans le métier, d'abaisser un strapontin – ou même d'installer dans un coin une méridienne – pour les rêveurs fourvoyés tels que moi. J'aimerais bien que l'on reconnaisse leur compétence sur certains sujets, et leur contribution, même modeste, au déchiffrement de l'époque, au lieu de vouloir à tout prix les changer, comme autrefois les gauchers dans les écoles. Mais c'est une revendication peu audible, tant la mystique du terrain est puissante. Elle accrédite ce préjugé binaire : sortir c'est bien, rester assis sur sa chaise c'est mal. Le terrain garantirait la pertinence et l'ouverture d'esprit, alors que la sédentarité dénoterait un repli coupable menant inévitablement à l'erreur et à l'abrutissement. Ce qui reflète une valorisation sociale plus générale du mouvement perpétuel et de l'arrachement à soi.

Loin de moi l'idée de contester l'intérêt et la nécessité d'aller à la rencontre des lieux et des gens, ou de cracher sur la chance que cela représente de pouvoir être payé pour le faire ; une chance que beaucoup de journalistes se battent aujourd'hui pour conserver, refusant d'être condamnés à fabriquer à la chaîne des produits calibrés, débilitants et racoleurs. C'est la figure idéale du grand reporter, récurrente dans les romans que je dévorais, qui m'a donné envie de faire ce métier. Par la suite, l'expérience m'a appris ce pour quoi j'avais le plus d'aisance, ce qui me procurait le plus de plaisir, mais sans altérer outre mesure ma vision de la profession – raison pour laquelle je ne revendique pas davantage qu'un strapontin. Simplement, on s'illusionne en croyant pouvoir produire de bons professionnels rien que par un grand coup de pied au cul. Si, par exemple, les éditorialistes représentent un tel fléau dans la presse française [2], ce n'est pas, comme on le prétend souvent, parce qu'ils ne « sortent jamais » : c'est parce qu'ils cumulent une vertigineuse quantité de tares dont la sédentarité est franchement la moindre. La preuve en est que, lorsqu'il leur arrive de jouer les envoyés spéciaux (que l'on pense aux reportages d'anthologie publiés par Bernard-Henri Lévy dans *Le Monde*), l'air du dehors n'y change rien : calamiteux ils étaient, calamiteux ils demeurent.

Le terrain, à lui seul, ne fait pas de miracles. Nous ne sommes pas des récipients vides, des supports vierges que le nombre de kilomètres parcourus ou de pays visités viendrait emplir de clairvoyance. Relatant un voyage en Grèce qui avait changé sa vie, Henry Miller se montrait conscient de l'insuffisance du simple déplacement dans l'espace : « Le sens du voyage peut flétrir et mourir. Il est des aventuriers qui pénètrent jusqu'aux régions les plus éloignées du globe, et qui vont traînant vers un but stérile leur cadavre doué de mouvement [3]. » Le monde ne se donne jamais de manière brute, immédiate, évidente. Il exige que l'on mûrisse une vision qui permettra de l'accoucher. L'arrogance, la condescendance, les œillères idéologiques vous laissent à sa porte. Pour pouvoir y pénétrer et le restituer, il faut avoir développé un univers propre susceptible de lui faire pièce. Il faut avoir porté à

2 *Cf.* Mona Chollet, Olivier Cyran, Sébastien Fontenelle et Mathias Reymond, *Les Éditocrates*, La Découverte, Paris, 2009.

3 Henry Miller, *Le Colosse de Maroussi* [1941], traduit de l'anglais (États-Unis) par Georges Belmont, Buchet-Chastel, Paris, 2013.

incandescence certaines qualités, avoir aiguisé une capacité de perception unique. Pour mieux écouter, observer et sentir, il faut avoir lu, réfléchi, rêvé. Il faut conserver un mélange de passion, de pureté et d'honnêteté intellectuelle intransigeante, et ne jamais relâcher sa vigilance face à la tentation des grilles de lecture trop simples. Il faut aussi, lorsqu'on est journaliste, rejeter le confort facile et valorisant de l'esprit de corps, se dégager d'une culture professionnelle qui corsète et formate, savoir échapper à un milieu capable de vous rattraper n'importe où sur la planète et de vous emprisonner dans ses filets mentaux, avec ses vérités convenues.

Routes de terre, routes de papier

L'exemple du Suisse Nicolas Bouvier, devenu l'un des plus grands écrivains voyageurs du XXe siècle, témoigne du feu d'artifice que peut produire un esprit idéalement formé lorsqu'il s'élance sur les routes – non, pas un esprit : un être. Parti en 1953 avec son ami le peintre Thierry Vernet vers la Yougoslavie, la Turquie, l'Iran et l'Afghanistan pour une odyssée qui allait durer deux ans et leur inspirer un livre mythique, *L'Usage du monde* [4], il fait preuve d'une érudition stupéfiante pour un jeune homme de vingt-cinq ans : dans les villes où ils s'arrêtent, il gagne un peu d'argent en donnant des conférences sur Montaigne ou Stendhal devant des cercles francophones sous le charme. Gamin, il a passé d'innombrables dimanches de pluie, à plat ventre sur le tapis, à dévorer « tout Jules Verne, Curwood, Stevenson, London, Fenimore Cooper [5] ». Il n'est pas pour rien le fils du directeur de la

---

4 Nicolas Bouvier, *L'Usage du monde* [1963], dessins de Thierry Vernet, La Découverte, Paris, 2014. Ou *Œuvres*, Gallimard, « Quarto », Paris, 2004.

5 Nicolas Bouvier, *L'Échappée belle. Éloge de quelques pérégrins*, Métropolis, Genève, 1996.

Bibliothèque publique universitaire de Genève – le fils d'un homme qui, regrettant d'avoir lui-même si peu voyagé, lui avait dit dès son adolescence : « Va voir et écris-moi. » Mais, pour autant, son savoir n'a jamais été purement livresque : il le puise à toutes les sources, nobles ou moins nobles, et en fait le carburant de sa sagesse personnelle. Il ne sépare jamais le sublime du trivial, le poétique du pragmatique, la vie intellectuelle de la vie tout court.

Au passage, c'est peut-être bien cette qualité particulière que Mario Praz guette et espère à travers le « sens de la maison ». Dans un décor accueillant, intensément habité, il lit le signe d'un certain rapport à la connaissance ; le signe qu'elle irrigue toute la personne, tous les domaines de l'existence, au lieu de rester cantonnée au cerveau et au commerce des idées – les philosophes, fait-il remarquer perfidement, appartiennent souvent à la race des gens qui ne s'intéressent pas aux maisons. Ce sens, nul doute que Bouvier en était doté. L'un de ses textes tardifs est consacré à sa « chambre rouge » du Vieux-Toit, la propriété familiale de la campagne genevoise où, entre deux voyages, il a vécu et écrit pendant plus de quarante ans [6].

Un épisode illustre son rapport très direct et pratique à la culture. Au cours d'une hibernation forcée à Tabriz, en Iran, où ils pensaient ne passer qu'une nuit et où la neige les a surpris, Vernet et lui découvrent un quatrain du poète persan Hafiz qui leur paraît saisir la quintessence de l'état nomade. Enthousiastes, ils demandent à un calligraphe de le peindre sur la carrosserie de la Fiat Topolino dans laquelle ils voyagent. Lorsqu'ils repartent, au printemps, le poème, ajouté à la taille minuscule du véhicule, fait sensation auprès des Iraniens. Bouvier raconte les scènes auxquelles donne lieu leur arrivée : « Retrouvé, aux étapes, ces meutes de curieux serrés autour de la

---

6 Nicolas Bouvier, *La Chambre rouge*, Métropolis, Genève, 1998, ou *Œuvres*, *op. cit.*

voiture, et le flic qui déchiffre laborieusement sur notre portière cette inscription qui pourrait être subversive. Dès le second vers, le public enchaîne en chœur, l'exercice se transforme en récitation murmurante, les visages grêlés s'éclairent, et les verres de thé qu'il était, tout à l'heure, impossible d'obtenir surgissent comme par enchantement [7]. » Plus tard, en Inde, continuant seul le périple, il remplace Hafiz par Rainer Maria Rilke. Mais il déplore, dans une lettre à Vernet, que l'artisan local ait peint la citation « comme une réclame Suchard » (marque de chocolat suisse) : « Il faudra ça refaire, en plus petit en plus discret. Horrible, mes excuses à Rilke [8]. » Voilà peut-être la plus juste manière de voyager : se lester de trésors partageables, emporter qui l'on est et s'en faire un sésame, au lieu de se retrancher derrière une neutralité qui, en plus d'être impossible, n'est que la mauvaise excuse de l'ignorance, de la paresse ou de la veulerie.

Vers la fin de sa vie, rendant hommage à quelques-uns de ses semblables, Bouvier lui-même soulignait que les écrivains voyageurs ne sont pas « des broussards intrépides et incultes, mais des bibliothèques d'érudition ambulante et d'immenses bouffeurs de livres [9] ». Leur curiosité, leur intimité avec le monde se déploie par toutes les voies possibles. Le savoir livresque et l'expérience – ce qu'il appelle la connaissance « par la plante des pieds » – ne cessent de dialoguer, de s'éclairer et de se rehausser mutuellement, gagnant en ampleur jusqu'à se confondre.

Ils étaient d'ailleurs confondus, dès le départ, dans la mère de toutes les métaphores : celle de l'univers comme un livre que

---

7 Nicolas Bouvier, *L'Usage du monde, op. cit.*

8 Nicolas Bouvier et Thierry Vernet, *Correspondance des routes croisées. 1945-1964*, texte établi, annoté et présenté par Daniel Maggetti et Stéphane Pétermann, Zoé, Genève, 2010.

9 *Idem.*

nous sommes appelés à déchiffrer. C'est ce que nous souffle, à l'autre bout du spectre des écrivains classés par degré de mobilité, l'un des plus sédentaires – encore que ce soit très relatif, s'agissant d'un Argentin qui a grandi en Israël et passé vingt ans au Canada : Alberto Manguel. Auteur d'une *Histoire de la lecture* [10], il vit depuis une quinzaine d'années dans un ancien presbytère médiéval, en Poitou-Charentes, au milieu des trente-cinq mille ouvrages de sa bibliothèque. Pour lui, tout lecteur est un « Robinson en chambre ». Le texte, fait-il remarquer, « s'étend visiblement dans le passé des pages déjà lues et dans le futur de celles à venir, de même que nous pouvons voir la route déjà parcourue et deviner celle qui nous attend [11] ». Chacun, en fonction de ses dispositions personnelles et des occasions qui s'offrent à lui, s'enfonce plus ou moins loin sur les routes de terre ou de papier ; mais ces routes mènent au même but. « Le sage n'a que faire de sortir de chez lui et de voyager ; c'est le sot qui cherche la marmite d'or au pied de l'arc-en-ciel, écrit Henry Miller. Mais l'un et l'autre sont inexorablement prédestinés à se rencontrer et à s'unir. Leur point de rencontre, c'est le cœur du monde, où commence et finit le Chemin [12]. »

Une vision étonnamment réductrice de l'esprit humain laisse donc croire que le voyage suffit à faire le voyageur. De même, elle empêche d'envisager que l'on puisse s'épanouir dans un environnement restreint et monotone – ou qui paraît tel au premier coup d'œil. Cette erreur, les grands aventuriers sont trop sages pour la commettre. « On peut inscrire l'universel dans une géographie limitée », rappelle Nicolas Bouvier,

---

10 Alberto Manguel, *Une histoire de la lecture* [1996], traduit de l'anglais (Canada) par Christine Le Bœuf, Actes Sud, « Babel », Arles, 2000.

11 Alberto Manguel, *Le Voyageur et la Tour. Le lecteur comme métaphore*, traduit par Christine Le Bœuf, Actes Sud, Arles, 2013.

12 Henry Miller, *Le Colosse de Maroussi*, *op. cit.*

citant en exemple de grands romanciers qui ne sont jamais sortis de chez eux, comme la Suédoise Selma Lagerlöf, l'Albanais Ismaïl Kadaré... ou le Français Guy de Maupassant (seul un Suisse pouvait sans doute avoir la cuistrerie d'assimiler la patrie de l'universalisme à une « géographie limitée »). Les illuminations qui le frappent lors des instants de grâce qu'il connaît sur la route peuvent aussi bien, il en est conscient, « tomber comme foudre d'un ciel bleu sur l'ermitage d'un bonze ou la cellule d'un moine franciscain ». « Je n'accorde aucune supériorité à la littérature pérégrine sur celle des sédentaires, assure-t-il. Il y a des écrivains qui ont besoin de géographies et d'autres de concentration : des voyageurs et des voyants. J'appartiens à la première famille [13]. »

Inutile de s'illusionner : il ment comme un arracheur de dents. En formulant la même idée dans *L'Usage du monde*, il laissait d'ailleurs percer une fausse modestie pénible et un dédain souverain à l'égard des provinciaux autosatisfaits qui l'entouraient : « À mon retour, il s'est trouvé beaucoup de gens qui n'étaient pas partis pour me dire qu'avec un peu de fantaisie et de concentration ils voyageaient tout aussi bien sans lever le cul de leur chaise. Je les crois volontiers. Ce sont des forts. Pas moi. J'ai trop besoin de cet appoint concret qu'est le déplacement dans l'espace [14]. » Mais, après tout, cette duplicité de sa part n'est pas très étonnante. On parle tout de même d'un type qui, au cours des périodes où il ne pouvait pas voyager, allait s'attabler dès l'aube au buffet de la gare de Genève pour regarder les trains partir ; qui joue en maître, après l'avoir lui-même subie lorsqu'il était enfant, de la fascination produite par les lieux exotiques évoqués dans ses récits, très conscient du prestige qu'ils lui attirent. Il n'y a qu'à retourner *L'Usage du monde* et à le secouer pour qu'il en tombe, comme de la poudre d'or, de ces sonorités

---

13 Nicolas Bouvier, *L'Échappée belle, op. cit.*

14 Nicolas Bouvier, *L'Usage du monde, op. cit.*

auxquelles l'orientalisme nous a conditionnés à vibrer : Alexandropolis, Constantinople, Smyrne, Trébizonde, Tabriz, Ispahan… (Je laisse de côté « Kaboul » et « Kandahar », qui, depuis, se sont chargés de connotations moins romantiques.) C'en est presque écœurant. Dès lors qu'il a inscrit en haut d'une feuille blanche le lieu où il se trouve, il a déjà abattu la moitié du boulot – même si ce perfectionniste torturé, qui a laissé des pages belles à pleurer sur la pauvreté et l'insuffisance fondamentales du langage, était très loin de s'en contenter. Bref, il ne *peut pas* être tout à fait sincère lorsqu'il fait ce genre de déclaration respectueuse sur la sédentarité. Mais peu importe. Autant le prendre au mot ; ça m'arrange. Écrivain voyageur ou écrivain « voyant », le mot décisif reste « écrivain ». Bouvier rappelle d'ailleurs la forte réplique de Blaise Cendrars à Pierre Lazareff qui lui demandait s'il était réellement allé jusqu'à Kharbine (Mandchourie) : « Qu'est-ce que ça peut te foutre, puisque je t'y ai emmené ? »

Tours d'ivoire assiégées

Même voyageur, l'écrivain est une sorte d'archétype du casanier. S'il n'y avait pas de longues périodes de réclusion, de routine paisible, il n'y aurait pas d'œuvre. Beaucoup de ses confrères, dit Bouvier, ont, comme lui, « de petites maisons poétiques et sauvages où le cri de la chouette descend sur le potager obscur, les dahlias, les lupins [15] ». Lui-même, « contrairement au cliché paresseusement entretenu de l'écrivain voyageur », est au moins autant un « écrivain en chambre », remarque sa consœur Sylviane Dupuis ; on peut le rapprocher de Proust autant que de Cendrars [16]. De fait, s'il n'avait pas aussi

---

15 Nicolas Bouvier, *L'Échappée belle*, *op. cit.*

16 Sylviane Dupuis, « La chambre-matrice du *Poisson-Scorpion* », *Europe*, n° 974-975, juin-juillet 2010.

bien rendu compte des sortilèges de l'abri, de la magie sensuelle qui y opère, je ne lui vouerais sans doute pas un amour aussi dévorant, et mes recherches pour ce livre ne m'auraient pas ramenée tout droit à lui. De Tokyo, il conclut par ces mots une lettre à Thierry Vernet et à sa femme : « Bonsoir mes croques-croques ; tout est blanc ici, la neige fait un bruit d'abeilles contre les murs de papier de ma chambre. » À son retour en Suisse, occupant quelque temps leur maison en leur absence, il leur écrit : « L'immobilité, les éclairs sur le lac, lire, bosser, dormir, écouter du Bach, les appuis faciaux, corriger des pages en sabrant des adjectifs voilà ma vie. Sédentaire avec la même passion que j'étais voyageur. [...] Vous voyez, bernard-l'ermite, escargot, j'ai cette maison dans les os, et ce soir je ne peux parler que de ça. » Parfois, ô merveille, c'est la Terre entière qui, s'inclinant devant la force d'une amitié, revêt l'apparence familière et chaleureuse d'une habitation humaine, quand, toujours de Tokyo, Bouvier s'adresse au peintre : « Je viens de lire ta lettre et bien qu'un peu noir, je veux aussitôt glisser un mot sous cette grande porte qui a à présent vingt mille kilomètres de large [17]. »

Les écrivains, ou les artistes en général, sont aussi les seuls casaniers socialement acceptables. Leur claustration volontaire produit un résultat tangible et leur confère un statut prestigieux, respecté (à ne pas confondre toutefois avec une profession, puisque la plupart gagnent leur vie par d'autres moyens [18]). Il faut le bouclier de la renommée pour pouvoir déclarer tranquillement, comme le faisait le poète palestinien Mahmoud Darwich : « J'avoue que j'ai perdu un temps précieux dans les voyages et les relations sociales. Je tiens à présent à m'investir totalement dans ce qui me semble plus utile, c'est-à-dire l'écriture et la lecture. Sans la solitude, je me sens perdu.

---

17 Nicolas BOUVIER et Thierry VERNET, *Correspondance des routes croisées*, *op. cit.*

18 *Cf.* Bernard LAHIRE, *La Condition littéraire. La double vie des écrivains*, La Découverte, Paris, 2006.

C'est pourquoi j'y tiens – sans me couper pour autant de la vie, du réel, des gens... Je m'organise de façon à ne pas m'engloutir dans des relations sociales parfois inintéressantes [19]. »

Beaucoup, sans être artistes, éprouvent un besoin tout aussi régulier de solitude. Mais il leur sera très difficile d'en imposer la légitimité. La société continue de prendre cette revendication comme un affront. Vouloir rester chez soi, s'y trouver bien, c'est dire aux autres que certains jours – certains jours seulement –, on préfère se passer de leur compagnie ; et cela pour se consacrer à des occupations ou, pire, à des absences d'occupation qui leur paraîtront incroyablement vaniteuses ou inconsistantes. Qui oserait refuser une invitation en expliquant en toute simplicité qu'il est mieux chez lui ? On le jugera capricieux, snob, égoïste ; on l'accusera de jouer les divas, on se demandera pour qui il se prend. Mieux vaut trouver une excuse plus solide : on a du travail, on est un peu malade... À cet égard, l'humanité n'a pas évolué du plus petit soubresaut depuis Sénèque, qui faisait déjà remarquer : « Personne ne revendique le droit d'être à soi-même. On est parcimonieux s'il s'agit de garder intact son patrimoine ; mais quand il s'agit de perdre son temps, on est prodigue dans le seul domaine où l'avarice serait honorable [20]. » Le tort que nous nous infligeons en nous refusant le droit à ces plages régulières de quant-à-soi, de recul, de lenteur et de plénitude rêveuse, en le refusant aux autres, est incommensurable. Ce n'est pas un état productif, ou pas toujours, mais c'est un état fécond, et même vital, qui permet la respiration de l'être, son ancrage dans le monde.

En 1859, le romancier russe Ivan Gontcharov a donné à tous les casaniers leur saint patron : Oblomov, jeune aristocrate qui passe sa vie à dormir ou à rêvasser entre son lit et son divan, vêtu

---

19 Mahmoud Darwich, *Entretiens sur la poésie*, traduit de l'arabe (Palestine) par Farouk Mardam-Bey, Actes Sud, Arles, 2006.

20 Cité par Thierry Fabre, *Éloge de la pensée de midi*, Actes Sud, Arles, 2007.

de sa robe de chambre. À ses yeux, aucune occasion de sortie ne peut rivaliser d'attrait avec la perspective de rester chez lui. Il y a quelque chose de très angoissant dans la totale incapacité à agir d'Oblomov, dans sa façon de se complaire dans une virtualité permanente, jouant avec les idées et les projets sans jamais en amorcer le moindre début de réalisation. Ce roman très riche a prêté à de multiples interprétations. Beaucoup ont vu dans le portrait de cet aristocrate aboulique, léthargique et décadent une prémonition de la révolution russe à venir. Impossible, pour autant, d'ignorer la force subversive du personnage, son exigence envers la vie, son idéalisme poignant. Par contraste, les visiteurs qui viennent virevolter brièvement sur son seuil avant de retourner, tout excités, à leurs intrigues mondaines ou professionnelles paraissent pitoyables, dérisoires. Volkov, par exemple, énumère chez qui il dîne chaque soir de la semaine et conclut, les yeux brillants : « Ainsi, tous les jours sont pris ! » Avant de tourner les talons : « Vraiment, il faut que je me sauve, je dois courir au moins en dix endroits. Dieu, que de plaisirs dans le monde ! » Oblomov, lui, est atterré : « Dix endroits en un seul jour ! Le malheureux. Ce n'est pas une vie. » Il s'interroge : « Où est l'homme, dans tout cela ? Pourquoi se fragmente-t-il, s'éparpille-t-il ainsi ? » Pour éconduire ceux qui voudraient l'entraîner dans ce tourbillon, il invoque – sans trop faire illusion – les seules excuses acceptables : « Je ne me sens pas très bien. Et puis j'ai beaucoup à faire [21]... » Auteur, quelques décennies plus tôt, de *Voyage autour de ma chambre*, Xavier de Maistre se lamentait en voyant sa réclusion arriver à son terme : « Le joug des affaires va de nouveau peser sur moi ; je ne ferai plus un pas qui ne soit mesuré par la bienséance et le devoir [22]. »

---

21 Ivan GONTCHAROV, *Oblomov* [1859], traduit du russe par Arthur Adamov, Gallimard, « Folio Classique », Paris, 2007.

22 Xavier DE MAISTRE, *Voyage autour de ma chambre* [1794], Garnier Flammarion, Paris, 2003.

Aimer rester chez soi, c'est se singulariser, faire défection. C'est s'affranchir du regard et du contrôle social. Cette dérobade continue de susciter, y compris chez des gens plutôt ouverts d'esprit, une inquiétude obscure, une contrariété instinctive. Prendre plaisir à se calfeutrer pour plonger son nez dans un livre expose à une réprobation particulière. « Tout lecteur, passé et présent, a entendu un jour l'injonction : "Arrête de lire ! Sors, vis !" », constate Alberto Manguel. En français et en allemand, le mépris du « fou des livres », cette créature chétive et navrante, a donné naissance à l'image peu flatteuse du « rat de bibliothèque », qui, en espagnol, est une souris, et en anglais carrément un ver (*bookworm*), inspiré du véritable ver du livre, l'*Anobium pertinax* [23]. C'est un fond irréductible d'anti-intellectualisme qui s'exprime là. Ce peu de confiance et de crédit accordé à l'activité intellectuelle se retrouve dans le milieu journalistique. Il explique cette tendance à minimiser l'importance du bagage personnel que chacun se constitue et enrichit continuellement – ou pas – et à faire plutôt du terrain une sorte de *deus ex machina*. Il se manifeste en particulier à travers une expression que l'on emploie : on parle de « jus de crâne » ; non pas à propos d'un article existant, ce qui pourrait se justifier (les tissus d'élucubrations illisibles, cela existe), mais pour estimer par exemple que, sur tel sujet, il faudrait un reportage, « et pas du jus de crâne ». Que l'on juge un mode de traitement plus adapté qu'un autre, rien de plus légitime ; mais il est révélateur qu'on le formule à travers une image aussi péjorative et grossièrement erronée, comme si nos cerveaux étaient des organes en bocal, situés hors d'un monde abusivement qualifié d'« extérieur ». Et comme si nos bibliothèques, nos salons, nos bureaux étaient des prisons stériles aux fenêtres aveugles, coupées du flux de la vie. Ce même anti-intellectualisme, cette même vision d'un cerveau humain incapable de fonctionner de

---

23 Alberto MANGUEL, *Le Voyageur et la Tour*, *op. cit.*

façon satisfaisante en dehors d'un afflux continuel de stimulations environnementales frénétiques, telle une balle rebondissant indéfiniment d'un bumper à l'autre sur le plateau d'un flipper, expliquent le scepticisme de ceux pour qui le fait de rester beaucoup chez soi dénote une vie pauvre, monotone, pusillanime.

Plaidoyer pour mon carton à chapeaux

Non seulement on vous regardera comme une créature misérable, mais on vous soupçonnera aussi d'être un individualiste indifférent à la marche du monde, un esclave de la société de consommation uniquement soucieux de cultiver son petit confort. Indéniablement, cette attitude existe. Toute une industrie nous vend de la félicité domestique jusqu'à l'écœurement. Aménager, équiper et décorer sa maison : ces activités sont devenues le dernier refuge, la dernière source de plaisir, de beauté et de fantaisie de millions de gens qui ne croient plus pouvoir trouver le bonheur ailleurs – et qui, malheureusement, ont quelques raisons de ne plus le croire.

On n'a pas le droit d'habiter sa maison, sous peine de se heurter à une censure immédiate. On n'a le droit que de la consommer. On retrouve là le double standard moral dont notre société est prisonnière : dureté envers soi-même, exigence de rendement, mortification et sacrifice dans la plupart des domaines de la vie ; satisfaction immédiate de tous les désirs, réconfort et consolation dans le seul domaine de la consommation. Le slogan « Parce que je le vaux bien » est unanimement considéré comme une grande réussite marketing ; mais s'il apparaissait, par exemple, sur une pancarte dans une manifestation pour la défense des retraites, il susciterait un déluge de commentaires désapprobateurs, indignés. Vous avez droit à un shampoing brillance bourré de silicones, mais pas à une vieillesse sereine. Vous avez droit à un canapé *king size* payable par mensualités – il est même de votre devoir d'en acquérir un –, mais pas à de longues heures de rêverie dans votre vieux fauteuil. Cette dualité, je l'ai déjà rencontrée en travaillant sur un tout autre sujet [24] : la philosophe américaine Susan Bordo l'invoque pour expliquer l'articulation entre anorexie et boulimie. L'anorexie, dit-elle, est du côté de l'éthique du travail et de ses valeurs de mortification, tandis que la boulimie représente un abandon sans frein à la condition de consommateur [25]. L'alternance des deux comportements traduit l'injonction paradoxale à laquelle nous sommes soumis en permanence. Je rêve de la société entièrement nouvelle qui naîtrait si l'on parvenait à pulvériser ce cloisonnement, et à faire sortir de la sphère consumériste la conviction que nous méritons des vies dignes de ce nom.

Curieusement, l'investissement obsessionnel des produits proposés à notre convoitise, les pouvoirs presque magiques prêtés à la consommation cohabitent assez bien avec un vieux fond chrétien de condamnation du matérialisme. Dans notre inconscient rôde encore, semble-t-il, la figure idéale de François d'Assise renonçant au faste de la maison de son père, se dépouillant de ses vêtements luxueux et de toutes ses possessions pour partir sur les chemins à la rencontre de ses frères humains et de la beauté du monde naturel. Nous sommes accoutumés à valoriser le détachement par rapport aux objets, censé représenter une force. Moi qui ai tendance à confondre voyage et déménagement, et qui ne me déplace jamais sans mon carton à chapeaux, je peux témoigner de la surveillance

---

24 Mona Chollet, *Beauté fatale. Les nouveaux visages d'une aliénation féminine*, Zones, Paris, 2012 ; La Découverte, « Poches/Essais », Paris, 2015.

25 Susan Bordo, « Reading the slender body », *Unbearable Weight. Feminism, Western Culture, and the Body* [1993], University of California Press, Berkeley, 2003.

sociale qui s'exerce à l'encontre de votre volume de bagages, et qui vous attire une sanction immédiate, sous la forme d'un commentaire acerbe, quand celui-ci est jugé excessif. La grande reporter Anne Nivat raconte qu'elle emporte en tout et pour tout un carnet de notes, des Bic et un téléphone satellite (elle achète ses vêtements sur place), et cette aptitude à la légèreté participe de l'admiration qu'elle suscite [26].

Or, si un tel dépouillement rend assurément service sur les routes de Tchétchénie, il ne correspond pas à l'ordinaire de notre condition. Non seulement nous sommes une espèce fragile qui a besoin de toutes sortes d'artefacts pour survivre, mais nos cinq sens nous rendent profondément perméables à notre environnement matériel. Depuis vingt-cinq ans, j'ai régulièrement pris en photo mes bureaux successifs et tout ce qui s'y trouvait : livres, lampes, cahiers, images, cartes, petits mots, bougeoirs et boîtes d'encens, bols et théières, confiseries, bijoux, stylos, tubes de colle ou de crème. Quand je les regarde, ces natures mortes me replongent aussitôt, comme si je respirais un parfum, dans l'atmosphère d'une période de ma vie, dont ces décors se sont gorgés comme des éponges.

Nous sommes mal armés pour assumer à quel point il se produit une effusion de notre être dans notre cadre de vie. Au fondement de la notion de « privé », lorsqu'elle est apparue, au cours du Moyen Âge, il y avait, écrit l'ethnologue Pascal Dibie, le besoin de « circonscrire cet abri où les hommes se retirent pour dormir et serrer ce qu'ils ont de plus précieux [27] ». Ce « précieux » peut s'entendre au sens de la richesse matérielle, qu'il s'agit de défendre contre plus pauvre que soi – de tous les plaisirs offerts par la maison, celui de la possession est « le plus

---

26 « Anne Nivat : "Rester léger pour bouger vite" », Le Maine Livres, 12 août 2013, http://lemainelivres.blogs.lemainelibre.fr.

27 Pascal Dibie, *Ethnologie de la chambre à coucher*, Grasset, Paris, 1987.

laid », écrit Mario Praz [28]. Mais il peut aussi désigner un ensemble d'objets chargés de sens, de souvenirs, ou constitutifs d'un héritage. Un héritage dont ils sont le support et qu'ils symbolisent, mais qui n'est pas que matériel ; qui peut même n'avoir aucune valeur, ni pécuniaire, ni même esthétique. C'est d'ailleurs la seule circonstance atténuante que Praz est capable d'imaginer lorsqu'il frémit devant l'intérieur hideux d'un confrère : *peut-être que ces horreurs ont une valeur affective.* Cette valeur affective se révélera encore plus forte si un objet représente le dernier lien avec des lieux et des êtres aimés, s'il condense en quelques centimètres et quelques grammes un monde perdu à jamais. L'attachement des migrants aux choses s'oppose ainsi au détachement des voyageurs. Les réfugiés palestiniens de 1948 conservent dans les camps les clés des maisons qu'ils ont dû abandonner ; Tsetan Kalsang, jeune Tibétaine qui a fui seule en Inde, montre à un photographe le porte-bonheur transmis par sa mère, morte quelques mois après son départ : deux perles de corail et une de turquoise, aux couleurs intenses, enfilées sur un cordon [29].

Même s'ils affichent une désinvolture de bon aloi, beaucoup gardent dans un coin de leur tête, de façon plus ou moins consciente, une topographie intime de leur logement et savent exactement ce qu'ils auraient à cœur de sauver si, pour une raison ou une autre, ils devaient quitter les lieux précipitamment : les objets irremplaçables, les plus singuliers, les plus chargés de sens, ceux qui pourraient servir de première pierre pour rebâtir ailleurs cette concrétion de son identité, de son histoire, de ses aspirations, par laquelle on fait son trou dans le monde, par laquelle on ouvre des canaux entre passé et futur. Impossible, cependant, de deviner comment on réagirait si

---

28 Mario Praz, *An Illustrated History of Interior Decoration, op. cit.*

29 « Tibetan photographer shares lonely stories of fellow exiles », NBCnews.com, 5 novembre 2014.

cette menace devait se concrétiser. Il y a longtemps, j'avais rencontré un jeune Californien qui vivait près de Santa Barbara. Une nuit, lorsqu'il était adolescent, un incendie avait ravagé la maison familiale. Ses parents et lui avaient pu s'enfuir à temps. Une fois en sûreté, il avait baissé les yeux pour regarder ce que, dans son affolement, il avait eu le réflexe d'attraper dans sa chambre avant de se ruer dehors. Consterné, il avait découvert qu'il tenait entre ses mains le *Petit Livre rouge* de Mao Zedong...

Plus un objet vous accompagne longtemps et plus il vous donne le sentiment de participer de votre identité, de la soutenir ; plus il vous donne le sentiment que votre environnement est vraiment *vôtre*. Il faut un long ajustement pour qu'il se crée une harmonie entre les diverses composantes d'un intérieur, mais aussi entre l'occupant des lieux et le décor où il évolue. « Dans une chambre digne de ce nom, les couleurs ont pris le temps de s'expliquer, de parvenir par usure et compassion réciproque à un dialogue souhaité et fructueux [30] », observe Nicolas Bouvier. L'écrivain américain Michael Pollan se souvient d'une table à café en noyer qui se trouvait dans le salon de ses parents lorsqu'il était enfant : des décennies plus tard, les nœuds à la surface du bois restent présents à son esprit, « aussi vivaces et intimes que des taches de naissance [31] ». Du buste qui orne la pièce où il se tient et qui, de toutes ses possessions, est celle qui « contribue le plus » à son embellissement, Xavier de Maistre écrit : « C'est le diapason avec lequel j'accorde l'assemblage variable et discord de sensations et de perceptions qui forme mon existence [32]. »

La petite voiture en métal laqué, extérieur noir, intérieur rouge, que mon père m'avait achetée à la boutique du bateau

---

30 Nicolas BOUVIER, *Le Poisson-Scorpion* [1982], Gallimard, « Folio », Paris, 1996.

31 Michael POLLAN, *A Place of My Own. The Architecture of Daydreams*, Dell Publishing, New York, 1997.

32 Xavier DE MAISTRE, *Voyage autour de ma chambre*, *op. cit.*

lors d'une traversée entre Ancône et Corfou, lorsque j'avais quatre ans, trône toujours sur un rayonnage de la bibliothèque, au salon. Je conserve sur mon bureau, depuis vingt ans, la trousse en veau velours brun (trouée sur un côté parce qu'elle a un jour pris feu) d'une marque qui, lorsque je vivais encore en Suisse, représentait à mes yeux la quintessence de l'élégance et du raffinement parisiens ; mais aussi le carnet recouvert d'un tissu bordeaux et orné d'une étiquette rétro qu'une très chère amie grecque m'avait rapporté d'Athènes et dans lequel j'ai longtemps recopié mes citations préférées. Sans même parler des cadeaux reçus, il y a un plaisir particulier à adopter un objet qui nous a tapé dans l'œil, en profitant d'une circonstance qu'à l'avenir il nous rappellera, d'une occasion furtive, d'une fenêtre que les hasards de la vie nous ont ouverte, puis à le garder avec soi, déménagement après déménagement, en le laissant manifester sa présence et exercer son influence durant des années. C'est ce compagnonnage que décrit le sociologue Hartmut Rosa : les affaires que vous gardez longtemps, que parfois vous réparez vous-même, auxquelles vous imprimez votre marque et qui vous impriment la leur, « deviennent partie intégrante de votre expérience vécue quotidienne, de votre identité et de votre histoire. En ce sens, le moi s'étend vers le monde des choses, et les choses à leur tour deviennent des habitantes du moi [33] ».

Aujourd'hui, cependant, l'obsolescence programmée et l'accélération de la production menacent cette appropriation. Nous changeons de vêtements, de chaussures, d'outils de travail, fait remarquer Rosa, à un rythme qui aurait médusé nos ancêtres. Il coûte souvent moins cher de remplacer un appareil que de le réparer. Sans compter que l'« usure morale » précède

---

33 Hartmut Rosa, *Aliénation et accélération. Vers une théorie critique de la modernité tardive* [2010], traduit de l'anglais par Thomas Chaumont, La Découverte, « Théorie critique », Paris, 2012.

l'usure physique : il faut acheter du neuf parce que le marché nous soumet à une tentation à peu près irrésistible en nous proposant mieux que ce que nous avons. Ainsi, « les processus de construction de l'identité impliquant de s'approprier les choses progressivement, voire de s'attacher à elles, sont de plus en plus hypothétiques [34] ». Et le monde se fait moins hospitalier. Encore une fois, la société de consommation paraît, si l'on s'en tient à une analyse superficielle, flatter nos aspirations domestiques, mais en réalité elle entrave notre capacité à habiter.

Il faut la mort, parfois, pour que l'on mesure à quel point les personnes débordent sur les choses, et réciproquement. Il paraît presque impossible de se persuader que le disparu ne va pas entrer et tirer un livre de sa bibliothèque, s'asseoir dans son fauteuil ou revenir occuper sa place à la table du déjeuner, alors qu'un décor demeuré intact parle encore de lui, de ses goûts, de ses habitudes, de sa personnalité ; alors que tout porte la marque familière de son corps et la patine des années qu'il a vécues ici : ses vêtements imprégnés de son odeur dans le placard, sa montre sur le rebord du lavabo... D'où la nouvelle tragédie que représente le démantèlement d'un assemblage auquel on attribue obscurément le pouvoir de sécréter une présence. Cette présence, certes, n'advient plus jamais, mais elle donne l'impression d'être toujours sur le point de se manifester, et ce sentiment, ce « presque », si perturbant soit-il, apporte aussi un certain réconfort. La dimension magique de cette configuration exerce sur ceux qui y sont sensibles une emprise irrésistible. Certains collectionneurs, raconte Mario Praz, consacrent leur vie à rechercher, en remuant ciel et terre, les meubles et les objets d'une demeure qui ont été dispersés aux quatre vents. C'est, dit-il, comme s'ils « reconstituaient un

---

34 Hartmut Rosa, *Accélération. Une critique sociale du temps* [2005], traduit de l'allemand par Didier Renault, La Découverte, Paris, 2010.

puzzle [35] ». Qui sait quels champs magnétiques mystérieux ils espèrent réactiver le jour où ils apposeront la dernière pièce ?

Une telle impression d'absence, et en même temps d'empreinte très forte, se dégage des photos prises peu après la mort de Pablo Picasso dans sa propriété de Notre-Dame-de-Vie, à Mougins, par David Douglas Duncan ; le livre qui les réunit s'intitule *L'Atelier silencieux* [36]. Les maisons d'artistes fascinent tout particulièrement, car elles sont le théâtre d'une « effusion d'être » portée à son paroxysme. Autant qu'un morceau du monde, la maison est un monde en soi : celui que son propriétaire porte dans sa tête et qu'elle matérialise. « L'être humain est le seul animal à être un artiste, et l'art d'habiter fait partie de l'art de vivre. Une demeure n'est ni un terrier ni un garage [37] », insiste Ivan Illich. Peintres et écrivains habitent donc en artistes parmi les artistes. L'abri de jardin où travaillait Virginia Woolf, celui de Roald Dahl, la cabane de Henry David Thoreau : à distance raisonnable du monde, ces nids solitaires impressionnent d'autant plus que leur exiguïté est inversement proportionnelle aux univers qui s'y sont déployés. On les contemple pour le plaisir de découvrir ce qu'un auteur avait devant les yeux lorsqu'il a composé une œuvre qui nous importe, et pour essayer de déceler un lien entre les deux. On s'émerveille du retentissement à travers l'espace et le temps qu'a pu avoir l'humble travail de confection réalisé dans ce lieu si intime [38].

Car il faut le remarquer : si la société mène la vie dure aux casaniers et aux solitaires, une fois qu'ils ont fait la preuve de ce

---

35 Mario Praz, *An Illustrated History of Interior Decoration*, *op. cit.*

36 David Douglas Duncan, *The Silent Studio*, Norton, New York, 1976 ; *L'Atelier silencieux*, Fayard, Paris, 1976.

37 Ivan Illich, « L'art d'habiter », *Dans le miroir du passé. Conférences et discours, 1978-1990* [1992], traduit de l'anglais par Maud Sissung et Marc Duchamp, Descartes & Cie, Paris, 1994.

38 Cambria Bold, « Famous writers' small writing sheds and off-the-grid huts », Apartment Therapy, 3 février 2011, www.apartmenttherapy.com

qu'ils pouvaient lui apporter, elle ne leur mégote pas son admiration. Elle oublie comme par enchantement tous ses sermons sur la nocivité mortelle d'une atmosphère confinée. L'injonction citée par Alberto Manguel, « Sors, vis ! », peut alors se changer en son exact contraire, comme l'expérimente aujourd'hui, sans doute plus qu'aucun autre, l'auteur de *fantasy* américain George R. R. Martin. Toujours en cours, sa saga du *Trône de fer*, entamée en 1996 (seize tomes parus en français) et adaptée en série par HBO, tient en haleine ses lecteurs au point que certains se laissent gagner par une hystérie presque menaçante. Lorsque, sur son blog, son assistant annonce qu'ils ont travaillé ensemble à une application iPad et iPhone dédiée à son œuvre, il doit s'empresser de préciser : « Non, l'avancement de *Winds of Winter* [le prochain tome du *Trône de fer*] n'en a pas souffert. Je l'ai obligé à le faire pendant qu'il déjeunait. Oui, il se plaint quand je l'oblige à travailler pendant le déjeuner [39]. » Contraint de s'enfermer pour trimer sans relâche, Martin gémit qu'il ne sait pas quand il pourra à nouveau « respirer le parfum des roses [40] ». Qu'il se fende d'un billet pour raconter un voyage ou une courte escapade, et on se frappe la poitrine à l'idée de tout ce temps qu'il n'a pas passé à écrire. Bref, qu'il s'agisse de vous traîner dehors quand vous vous sentez d'humeur casanière ou de vous cloîtrer à double tour quand l'envie vous démange de vagabonder par monts et par vaux, vos semblables trouvent toujours le moyen de vous empêcher de vivre. Ayons une pensée pour celui ou celle qui sera le George R. R. Martin des années 2050 et qui doit pour le moment subir les remontrances de son entourage parce qu'il ou elle ne sort pas assez.

---

39 « World of ice and fire app », Not A Blog, 30 novembre 2012, http://grrm.livejournal.com.

40 « The beast », Not A Blog, 16 mars 2013.

Le recours à l'antre

Il y a douze ans, c'était déjà un besoin de m'arrimer à la vie par des liens plus solides, de trouver des moyens de résister à la dureté des temps et à ses effets minants, qui m'avait poussée à écrire un précédent livre, dont un chapitre portait sur l'idée du foyer [41]. La découverte émerveillée de Gaston Bachelard, à l'époque (essentiellement *La Poétique de la rêverie* et *La Poétique de l'espace* [42]), avait eu un effet régénérant, libérateur. Jamais je ne m'étais jetée sur un auteur avec une telle avidité ; j'avais raflé tout le rayon à la librairie en bas de chez moi. Enfin, quelqu'un, quelqu'un qui était par ailleurs un grand philosophe des sciences, un personnage doté d'une autorité indiscutable, affirmait que mon besoin régulier de repli, de solitude, d'évasion dans l'imaginaire ne relevait pas d'une tentation coupable, régressive, infantile, mais d'une pulsion essentielle, bénéfique. En y consacrant plusieurs livres – et quels livres ! –, il en proclamait la légitimité. Il me donnait l'assurance nécessaire pour combattre les assertions venimeuses et culpabilisantes de la culture dominante, les préjugés diffus qu'elle charrie, ses injonctions à se secouer, à se faire violence, à « ne pas s'écouter ». « La maison abrite la rêverie, la maison protège le rêveur, la maison nous permet de rêver en paix. Il n'y a pas que les pensées et les expériences qui sanctionnent les valeurs humaines [43]. » Peu importe les angoisses que m'inspiraient tant l'état du monde que ma propre situation : « *Respire !* » me soufflait Bachelard.

Mais c'est comme si, depuis, la noirceur qui nous assiégeait avait encore grandi, comme si elle était devenue encore plus

---

41 Mona CHOLLET, « "Un lieu, je veux un lieu !" », *La Tyrannie de la réalité* [2004], Gallimard, « Folio Essais », Paris, 2006.

42 Gaston BACHELARD, *La Poétique de la rêverie* [1960], PUF, Paris, 1999 ; *La Poétique de l'espace* [1957], PUF, Paris, 2001.

43 Gaston BACHELARD, *La Poétique de l'espace*, *op. cit.*

étouffante. Il me semble vivre dans une société vermoulue, voir des illusions s'effondrer par pans entiers, n'être entourée que de formes et de structures caduques, dépassées, inopérantes. Les nuages politiques s'accumulent, on lutte contre le pressentiment d'une catastrophe, et la situation écologique empêche même de se raccrocher à l'espoir qu'après un épisode de violence généralisée on pourrait tout recommencer à zéro comme sur une belle page blanche. Sur Facebook, un jour de février 2014, l'une de mes connaissances confie qu'elle n'aurait « jamais cru vivre une époque comme celle-ci ». Il lui semble « que l'air devient irrespirable, que les amis sont rares et lointains, que la solitude est le meilleur refuge ». Peu de temps auparavant, une camarade de lycée, qui venait comme moi d'atteindre les quarante ans, me confiait combien, avec le recul, elle enviait le mode de vie insouciant et festif de ses parents dans les années 1970, lorsqu'elle-même était enfant, et combien son quotidien, en comparaison, lui semblait lourd, syncopé, angoissé. Un quotidien asphyxié par la disparition de la confiance en l'avenir.

Me voilà donc, entre mes quatre murs, tentant de préserver des vents froids du dehors une petite flamme d'enthousiasme, demandant à mes rêveries de jouer le rôle d'une baguette de sourcier, pillant la bibliothèque à la recherche de trésors de vitalité chez les auteurs qui en ont à revendre. Puisque j'y suis, autant entreprendre d'en faire le tour. Autant chercher à augmenter, en les décrivant, les pouvoirs de la maison, en même temps qu'à leur donner la dignité que la pensée leur refuse souvent. Et si une ouverture se dessinait grâce à l'exploration d'un sujet dont on croit volontiers, *a priori*, qu'il n'y a rien à dire ? Au point où j'en suis, je ne l'exclus plus. L'intellectuel Jean Sur parle du « recours à l'antre » : « C'est par ces grottes, par ces caches que nous avons en nous qu'il faut communiquer, qu'il faut se faire présents. Pour partager les secrets, non pas d'alcôve ou d'argent – ça, ce sont des secrets de polichinelle –, mais les secrets du rêve : tout ce dont on ose rêver *en dépit de*... Et voilà qui redonne le goût de vivre [44]. »

J'en tire même une morale professionnelle. Le strapontin dont je parlais, je l'ai déplié moi-même, sans attendre qu'on m'y autorise (bientôt la méridienne). Ayant vocation à rendre compte de l'état du monde, le journalisme se heurte aujourd'hui à des difficultés dans la réception de son récit. Récemment, lorsque la profession a été endeuillée par la perte de certains de ses membres, tués en Syrie, au Mali ou en Centrafrique, les hommages des confrères se sont parfois teintés d'amertume : *ils sont morts pour que vous sachiez, et vous vous en foutez*. Un sentiment de révolte compréhensible, évidemment. Mais c'est que, pour pouvoir s'intéresser à ce qui se passe dans le monde, pour avoir encore envie de le comprendre, il faut n'avoir pas perdu tout élan vital, tout espoir en l'avenir. Il faut disposer d'un minimum de repères, de répit et de stabilité dans sa propre vie, dans son propre univers. En enquêtant dans les livres, en essayant de prendre à bras-le-corps notre situation, de l'interroger, les journalistes casaniers pourraient proposer une façon de se préoccuper des aspirations du lecteur autrement qu'en lui parlant du dernier parfum ou du dernier restaurant à la mode ; et ils pourraient peut-être aussi par là rendre plus audibles les reportages de leurs collègues sur des réalités lointaines.

---

44 Mona CHOLLET, « Un intellectuel clandestin. Jean Sur, écrivain et formateur », Peripheries.net, mars 2003.

2

Une foule dans mon salon. De l'inanité des portes à l'ère d'Internet

Dans son livre *Geography of Home*, l'écrivaine américaine Akiko Busch explore tour à tour différentes pièces de la maison : cuisine, buanderie, bureau, chambre à coucher, salle de bains, garage... Elle consacre un chapitre à la bibliothèque, espace destiné à « contenir la sagesse humaine », qui « reflète notre relation au savoir » et dont l'usage fut inauguré au XVIe siècle par l'aristocratie anglaise [1]. Après avoir été un simple cabinet attenant à la chambre de l'homme de la famille, la bibliothèque devient deux siècles plus tard une pièce à part entière, et une pièce de réception : en plus des livres, des tableaux et des statues, on y trouve des instruments de musique ; on y joue au billard et à d'autres jeux. Les femmes s'y aventurent enfin. Mais, même si elle est devenue un lieu de sociabilité, elle conserve une caractéristique déterminante : elle est dotée d'une porte. La poursuite de la connaissance, souligne Akiko Busch, « est considérée comme une affaire qui requiert le calme et la solitude », la sécurité et le confort. Les boiseries sombres et les lourds rideaux renforcent encore cette atmosphère d'« exil intellectuel volontaire ».

---

1 Akiko BUSCH, *Geography of Home. Writings on Where We Live*, Princeton Architectural Press, New York, 1999.

Dans la maison de mon enfance, la bibliothèque n'avait pas de porte. Elle n'en avait pas besoin. C'était une sorte de balcon tout en longueur ménagé, à l'étage, entre le mur extérieur de la chambre d'amis et la balustrade donnant sur le salon. L'ouverture dans la paroi se remarquait à peine ; elle permettait de disparaître, de s'éclipser comme par enchantement. Il n'y avait la place de caser là qu'un fauteuil et un repose-pied. Une fois installé, vous découvriez, à votre gauche, un mur garni de rayonnages du sol au plafond, avec un choix de livres vertigineux. À votre droite, l'espace qui s'offrait à votre regard était aussi vaste que celui où vous vous teniez était exigu : vous aviez une vue imprenable sur le rez-de-chaussée, à travers la vitre de la balustrade, ou, si vous leviez le nez, sur les poutres et la charpente de la maison. Dans votre dos, en hauteur, une petite fenêtre donnait sur les arbres de la forêt. C'était la planque rêvée pour espionner le reste de la famille, ou pour jouer au dentiste avec les copains, comme l'inclinaison du fauteuil y invitait irrésistiblement. Mais c'était surtout un recoin où se faire oublier pendant des heures, en s'absorbant dans des lectures plus ou moins de son âge. J'y ai dévoré toutes les histoires de la mythologie grecque et tous les numéros du magazine de bande dessinée *À suivre*, auquel mon père était abonné.

Plus tard, quand on a déménagé en ville, j'ai récupéré pour ma chambre un petit canapé que j'ai encastré entre les montants de mon lit surélevé, le tout placé devant la fenêtre. J'avais retenu qu'un coin de lecture devait être à la fois un nid où se pelotonner et un poste d'observation, ou de contemplation. J'appliquais sans le savoir l'une des préconisations que l'architecte américain Christopher Alexander s'est attaché à répertorier, en 1977, dans un livre célèbre parmi ses confrères : *A Pattern Language*. Il y dessine par petites touches ce qu'il estime être un aménagement idéal de l'espace, tant public que privé. À l'entrée « Window place », il affirme que tout le monde aime les bow-windows et les sièges placés près des fenêtres, car ils résolvent la tension entre les deux impulsions qui nous animent lorsque nous entrons dans une pièce : s'approcher de la source de lumière d'une part, et trouver un endroit confortable où s'installer d'autre part [2]. J'avais donc ma petite bibliothèque personnelle et ma tranquillité était bien gardée – si l'on excepte, bien sûr, les incursions régulières de mes parents venus me houspiller pour que je sorte un peu plus. Quand, le dos bien calé sur les coussins, je renversais la tête en arrière, mon front touchait presque les lattes du sommier. Au printemps, la brise entrait par la croisée entrouverte, et les ciels roses et transparents des couchers de soleil semblaient n'exister que pour mes yeux.

Geography of Home date de 1999, c'est-à-dire de l'époque où l'usage d'Internet commençait seulement à se répandre dans le grand public. Mais son auteure devine déjà les bouleversements que le numérique va provoquer dans notre relation au savoir. Celui-ci ne réside plus, ou plus seulement, dans des livres concrets et dénombrables tapissant les murs d'une pièce : il se réfugie dans le disque dur des ordinateurs, et ces ordinateurs sont *connectés*. Vous pouvez bien chasser le monde par la porte : il revient par la fenêtre qui scintille sur votre bureau. Et cela change tout. Dès lors, s'isoler chez soi ne revêt plus du tout la même signification.

Pour être précise, ce qui, dans mon cas, a tout changé, ce n'est pas Internet en tant que tel, mais les réseaux sociaux. Avant cela, je jetais des coups de sonde désordonnés dans cet océan de productions diverses à portée de souris, comme pour mieux me persuader que le monde entier, ou du moins une bonne partie du monde, était bien là, à se presser derrière mon écran. Mais cette phase n'a pas duré. L'infini des possibilités était si déconcertant que, assez vite, je me suis contentée de tracer dans l'immensité du Web de modestes itinéraires balisés,

---

2 Christopher ALEXANDER, *A Pattern Language*, *op. cit.*

auxquels je me suis tenue. J'appréciais d'accéder si facilement à toute la documentation dont j'avais besoin ; de temps en temps, mes collègues et moi aimons encore nous donner des sueurs froides en imaginant ce que signifierait la vérification de l'information si tout à coup Internet cessait d'exister. Mais ces recherches restaient circonscrites et ponctuelles, dictées par les impératifs de mon travail. Bien sûr, des découvertes, des surprises faisaient parfois dévier le cours de ma navigation (la fameuse sérendipité, ou le fait de trouver autre chose que ce que l'on cherchait), mais ni plus ni moins qu'au cours d'une visite en bibliothèque. Je passais toujours de longues heures à lire loin de l'ordinateur. Ma sérénité, comme ma quiétude domestique, n'était pas entamée.

Puis je me suis inscrite sur Facebook et, de fil en aiguille, sur Twitter, sur Seenthis [3], sur Pinterest. Je me suis dotée d'un lecteur de RSS, qui permet de récupérer les nouveaux articles de tous les sites qui vous intéressent en les classant par thème. À partir de là, c'est comme si, après des années où j'étais restée solidement campée sur le rivage, à me contenter de lancer de temps à autre mon hameçon dans le flot numérique, une main géante en avait émergé et m'avait empoignée pour m'y faire plonger la tête première.

Fini les petites balades régulières sur une poignée de sites, toujours les mêmes : le système de la recommandation de liens me propulse d'un bout à l'autre du cyberespace, tel le Baron de Münchhausen sur son boulet de canon. Et impossible de m'en détourner en décrétant qu'il s'agit d'une perte de temps, d'une occupation futile ou inepte : le plus souvent, en dépit de la posture dédaigneuse qu'il est de bon ton d'adopter à ce sujet, si l'on tend ses filets aux bons endroits, *c'est intéressant* – et c'est bien cela le pire. Alors qu'après quelques années on pourrait me

3 Site à mi-chemin entre le réseau social et la plateforme de microblogging : http://seenthis.net.

supposer blasée, le matin, au moment où je dépose mon mug de thé sur le bureau et où j'allume l'ordinateur, j'ai souvent encore un frémissement d'impatience à l'idée de découvrir mes prises de la nuit et de retourner me joindre aux conversations.

Pouvoir accéder aux informations diffusées par les autres, contribuer à la circulation de certains articles (y compris les miens, le cas échéant), partager ce que j'ai glané au cours de mes lectures en ligne et hors ligne continue de me procurer un émerveillement béat. Quand on a connu l'époque des fanzines qu'il fallait dactylographier, photocopier, agrafer, mettre sous pli, distribuer de la main à la main ou déposer en piles dans les rares lieux qui voulaient bien les accepter, avec l'espoir de toucher au mieux quelques dizaines de personnes, il y a de quoi tomber à genoux en remerciant le ciel. Un nombre inédit de gens ont désormais la possibilité d'exercer leur droit à la liberté d'expression, alors qu'auparavant ce droit restait lettre morte pour l'immense majorité de la population. Même si l'apprentissage peut être difficile, comment nier le progrès que cela représente ? (Je pense aussi à ces générations de journalistes qu'un refus de leur rédaction en chef condamnait à remiser un sujet dans leurs cartons, et aux ulcères, aux rancœurs qui en ont résulté ; aujourd'hui, il leur suffit de le traiter sur leur blog.) Ma pulsion de partage et de communication est si bien comblée que j'ai parfois peur de me réveiller et de me rendre compte que j'ai rêvé, que ce n'était qu'un fantasme, qu'en réalité ce miracle que dans mon délire j'ai baptisé « Internet » n'existe pas. Et les réseaux sociaux savent rendre cette pulsion aussi efficace que possible – raison pour laquelle je reste désespérément sourde aux discours avertissant de leurs dangers et des noirs desseins de leurs créateurs.

De lien en lien, il se présente à mon attention assez d'objets dignes d'intérêt pour m'absorber dans une interminable divagation interactive. Les matins de week-end, lorsque rien ne presse, je m'y laisse aller avec volupté. Le problème, cependant, c'est que, tandis que vous vous livrez à ces explorations potentiellement infinies qui pourraient facilement dévorer votre journée, les autres sollicitations, les autres activités possibles ou nécessaires, que vous aviez déjà du mal à caser dans votre emploi du temps, ne disparaissent pas pour autant. Comment se limiter ? À quel moment décider que, bien que ce site semble des plus alléchant, on ne l'ajoutera pas à son lecteur de RSS, parce que ce serait avoir les yeux plus gros que le ventre ? J'ai ouvert des robinets que je n'arrive plus à refermer. Je me sens parfois devenir l'esclave de ces flux, en particulier lorsque je dois écoper après quelques jours de déconnexion. « En somme, c'est comme si tu avais cinq ou six comptes e-mail *en plus* de tes e-mails ? » me demande une amie, incrédule. Et un autre : « Ce que tu me décris là, c'est ma conception de l'enfer. » Constat affolant : sur mes divers comptes, les nouveautés tombent à une telle cadence que je pourrais passer tout mon temps à les écluser, à les dépouiller, à les partager, à les commenter. Je pourrais ne faire *que cela*.

Sans compter qu'au problème de l'« infobésité » vient s'en ajouter un autre, qui relève davantage de la dépendance névrotique. Avec les réseaux sociaux, il existe désormais, nichés dans les signets de votre navigateur, des lieux où les autres sont *toujours là*, jour et nuit. Connaissant l'existence de cette sorte de bivouac numérique, il faut résister en permanence à la tentation d'aller voir ce qu'ils font, ce qui leur arrive, de quoi ils parlent, quelles sont leurs dernières trouvailles ou comment ils ont accueilli celles que vous avez vous-même postées un peu plus tôt. Au lieu de vaquer à ses propres occupations et de se consacrer à des tâches de longue haleine, il est très tentant de se reposer sur la communauté, de se décharger sur elle du soin de définir le programme, au risque de se retrouver exilé de toute vie autonome. « J'ai noté quelques subtilités récentes de la technologie pour nous rendre dépendants, augmenter indéfiniment les surfaces d'échanges, j'ai noté le recul des possibilités d'autarcie [4] », écrit Emmanuelle Pireyre. À vrai dire, la façon dont le Web 2.0 m'enchaîne au temps social me pose bien plus de problèmes concrets et immédiats que la question des données personnelles et de la protection de la vie privée. Moi qui me voyais comme une femme indépendante, attachée à sa solitude, toujours frustrée de manquer de temps pour ses projets d'écriture, je m'inquiète de ma sensibilité à ces dispositifs.

Cette possibilité de bavarder avec les autres et d'échanger des informations avec eux aussi longtemps que je le souhaite offre à la procrastination une brèche où s'engouffrer. L'inhibition qui peut me saisir au moment de m'attaquer à des tâches rebutantes, mais aussi, étrangement, au moment de m'attaquer à ce que j'ai le plus envie de faire, y trouve une occasion idéale d'étendre son empire. Une sorte de glu me colle aux semelles, m'amollit, me retient en arrière. Internet menace de faire de moi une Oblomov flottant dans l'indécision, consumant sa vie à jouer avec des milliers d'idées sans jamais en suivre une seule sérieusement. Alors je lutte pour ne pas me laisser engloutir, tel un Ulysse moderne mis à la torture par le chant des sirènes de Twitter et de Facebook. Les réseaux ne se privent d'ailleurs pas d'exploiter les faiblesses des malheureux qu'ils ont ferrés. Lorsque vous vous déconnectez de leurs sites, ils vous balancent des publicités pour leurs applications mobiles, avec des messages fourbes et onctueux : « Ne ratez rien ! » (Twitter), ou : « Vous partez déjà ? » (Facebook). De quoi donner des envies de rébellion, de provocations bravaches. *Parfaitement, je pars ! Tu ne m'en crois pas capable ? Watch me, Mark Zuckerberg !*

Très répandue, la peur de « rater quelque chose » est absurde, quand on y pense : autant elle pourrait avoir du sens, à la limite, dans l'univers des médias traditionnels, qui existent

---

4 Emmanuelle Pireyre, *Féerie générale*, Éditions de l'Olivier, Paris, 2013.

en nombre restreint, autant, sur Internet, on est *forcément* toujours en train de rater des *millions* de choses. Tant d'articles qui pourraient nous passionner et qui n'arriveront jamais jusqu'à nous ; tant de blogs ou de comptes Twitter dont on pourrait faire son miel et dont on ignore l'existence. Mais j'ai beau le savoir, une force presque hypnotique me pousse à remonter le fil des publications jusqu'à ce que je me retrouve au point où je m'étais déconnectée la dernière fois. Quand je me vois incapable de m'arracher à Twitter, il m'arrive, dans un sursaut exaspéré, de fermer brusquement ma fenêtre de navigation, avec la sensation de sauter d'un train fou et de rouler sur le bas-côté.

Un trou noir au pouvoir d'attraction irrésistible

Deux mouvements se combinent. Le premier va de l'extérieur vers l'intérieur. Vous avez à peine tapé votre identifiant et votre mot de passe qu'une foule, constituée pour une large part de parfaits inconnus, fait irruption dans votre salon ou votre chambre à coucher. Une foule caquetante, claironnante, murmurante ; une foule persifleuse, pensive, révoltée, chahuteuse, euphorique, dubitative, furieuse, hilare. Cela revient un peu à donner une fête permanente et à voir votre chez-vous envahi par une troupe où se mêlent les amis, les visages familiers, et les amis d'amis, ou ceux qui ont tapé l'incruste, parmi lesquels il y aura autant de rencontres lumineuses que d'emmerdeurs. C'est sympathique, mais, à la longue, c'est fatigant : on rêverait de flanquer tout le monde à la porte, de savourer le calme et le silence, de se retrouver seul avec ses pensées. Sans compter que Twitter, par exemple, avec sa façon de confronter sous une forme standardisée, comme sur un circuit d'autos tamponneuses à l'échelle mondiale, des individus qui peuvent être à tous égards aux antipodes les uns des autres, expose à la polémique, aux accrochages violents, aux insultes, aux bouffées de haine, à toutes sortes d'agressions dont on est censé être protégé entre ses quatre murs. Ces incidents, quand ils se produisent, vampirisent vos ressources mentales, annulent les bienfaits de la solitude.

Parallèlement à cette invasion, il y a le second mouvement : de l'intérieur vers l'extérieur. Comme si une sorte de trou noir au pouvoir d'attraction irrésistible dévorait nos existences. Il me semble parfois voir les éléments du décor qui m'entoure voler à travers la pièce pour être avalés par l'ordinateur, et moi-même je dois me cramponner aux meubles pour ne pas suivre le même chemin. Un grand nombre d'activités qui autrefois impliquaient des postures physiques variées, des déplacements dans l'espace de la maison ou à l'extérieur, le recours à des outils et à des appareils divers, se réduisent aujourd'hui à un face-à-face avec l'écran : téléphoner, lire, écrire une lettre, écrire tout court, dessiner, s'informer, faire ses courses, écouter de la musique, regarder un film... Certes, depuis quelques années, avec les smartphones et les tablettes, on peut se connecter à Internet n'importe où dans la maison : sur son canapé, dans son lit, à la table de la cuisine, voire dans son bain, grâce aux pochettes étanches. Mais l'ordinateur trônant sur un bureau reste une configuration courante, qui conduit à négliger le reste de l'espace domestique. Pour ma part, je justifie ce repli par le fait que mon appartement manque de confort. C'est vrai, mais il en manque d'autant plus que, en me tenant toujours au même endroit, j'ai peu à peu renoncé à l'entretenir, à remédier à ses défauts, à l'investir suffisamment pour le rendre accueillant.

Le changement dans la façon d'habiter est temporel autant que spatial : les heures passées en ligne tendent à aplanir, à uniformiser le temps. Les journées où je n'ai pas réussi à m'arracher assez tôt à l'écran me paraissent plus courtes, comme si on me les avait volées. Je ne me détends plus aussi bien qu'à l'époque où je me laissais aller entre les bras de l'appartement, où je me laissais porter d'une pièce à l'autre en profitant des possibilités offertes par chacune, et où les rituels des jours de congé sculptaient le temps, l'organisaient, lui donnaient une profondeur, une sensorialité. Je n'ai plus cette impression, quand vient le moment de ressortir dans le monde, d'avoir été *ailleurs*, retranchée, inatteignable. Internet rend plus rare cette impression de dépaysement réparateur et enrichissant que les casaniers éprouvent dans leur propre intérieur.

J'ai toujours aimé glaner des cartes postales dans les boutiques des musées ou les librairies, découper les images qui me plaisaient dans les journaux, conserver les programmes de spectacle ou les flyers, et les afficher aux murs ou les coller dans mon agenda. Cette activité-là aussi s'est déplacée en ligne quand je me suis inscrite sur Pinterest (réseau social de partage d'images) [5] ; et elle aussi, au passage, est devenue publique. Lisant un article sur les « reines de Pinterest », c'est-à-dire celles à qui leurs compilations particulièrement réussies de photos de robes de mariée, d'acteurs sexy, de mannequins filiformes, de collections de prêt-à-porter, de maisons de rêve, de recettes de cuisine, de conseils de bricolage et de jeux pour enfants – les thèmes les plus populaires dans cet univers [6] – ont valu des dizaines ou des centaines de milliers d'abonnés, je scrute avec suspicion les intérieurs impeccables, d'un goût très sûr, dans lesquels elles posent. Je parierais qu'elles ont tout briqué et rangé en catastrophe avant l'arrivée du photographe. Il me paraît inévitable que l'absorption dans le jeu du réseau social, surtout à ce niveau, implique une certaine négligence de son environnement matériel. Quand les images que vous assemblez en ligne sont vues par des milliers de personnes,

5 *Cf.* Mona Chollet, « D'images et d'eau fraîche – Ode à Pinterest », Peripheries.net, 31 mars 2013.

6 *Cf.* Tammy Oler, « Pinned down », Bitch Media, 2013, www.bitchmagazine.org.

elles finissent par vous définir davantage que votre espace domestique, qui, lui, n'est vu que par quelques dizaines de visiteurs, au mieux. Sans compter la compulsion pure qui peut vous saisir, en dehors de tout calcul : un dessin humoristique montre l'utilisatrice type de Pinterest (*the typical pinner*, l'« épingleuse type »), en culotte, scotchée à son écran, son casque sur les oreilles, devant un bureau encombré d'assiettes et de tasses vides, au milieu d'un désordre apocalyptique... Internet, comme le dit le philosophe Stéphane Vial, « augmente notre capacité de manipulation symbolique [7] ». Dès lors, forcément, le temps et l'énergie que nous y consacrons sont perdus pour nos capacités de manipulation concrète.

Dans *A Place of My Own* (« Un lieu à moi »), Michael Pollan raconte comment il a éprouvé, peu avant la naissance de son fils, le besoin de construire au fond de son jardin, dans le Connecticut, un abri où il pourrait écrire, réfléchir et rêver en paix (sa femme, peintre, disposait d'un atelier où elle se rendait tous les jours) [8]. Il tenait à le construire de ses propres mains : ayant toujours été plus à l'aise dans l'abstraction, il ambitionnait de produire, pour une fois, un « objet de commentaire », un « ajout dans le monde » et non un « commentaire sur quelque chose d'existant ». Comme il prévoyait d'y installer une ligne téléphonique, un fax et un modem, il se félicitait de ce que son architecte lui ait dessiné un abri susceptible de fournir « un contrepoids efficace aux flux de signes et d'informations appelés à traverser ce lieu – et [sa] tête par la même occasion ». Ainsi, il disposerait d'un « Ici suffisamment crédible » pour lui permettre de « rencontrer le Là-Bas en ligne ». Il livre en effet une description glaçante de ce à quoi peut se réduire l'architecture dans la société de l'information : à

7 Stéphane VIAL, *L'Être et l'Écran. Comment le numérique change la perception*, PUF, Paris, 2013.

8 Michael POLLAN, *A Place of My Own*, *op. cit.*

la construction d'un simple toit sous lequel se trouve « un fauteuil confortable et ergonomique, dans lequel se tient un homme avec un casque de réalité virtuelle sur la tête, une intraveineuse dans le bras pour le nourrir et un système de toilettes au-dessous de lui ». Et encore : cet agencement n'est que provisoire, en attendant que l'on réalise le rêve de « télécharger complètement la conscience humaine ».

À l'inverse, la « hutte primitive » de Pollan met son corps à l'honneur, au lieu d'en faire un reliquat. Cette construction en apparence si modeste sollicite tous ses sens avec un luxe de raffinement et l'amène à se sentir vivant par tous les pores de sa peau. L'espace se rétrécit lorsqu'on approche de la cabane, dont l'entrée voisine avec un gros rocher, avant de s'élargir à nouveau quand on pénètre à l'intérieur, pour le plus grand plaisir des yeux ; le parfum et la texture du bois sont omniprésents ; un poêle réchauffe l'atmosphère. Un « lit de jour » permet de s'allonger pour réfléchir, rêvasser ou faire une sieste – comme la femme de Pollan est enceinte au moment de la construction, l'architecte leur prédit que c'est là que leur enfant perdra sa virginité un jour. La vue que l'on découvre lorsqu'on est assis devant le bureau, ou encore les subtiles intrications du plafond offrent d'excellentes raisons de lever régulièrement le nez de la page ou de l'écran. Les différents modèles de fenêtres induisent, pour les ouvrir ou les fermer, des gestes tantôt amples, énergiques, tantôt plus petits, élégants et précis. Chacune, suivant le côté où elle donne, laisse entrer un air d'une qualité spécifique, de même qu'elle attire l'attention sur une portion de paysage particulière. Lorsqu'un orage éclate, quelques jours après la pose du toit, Pollan se rue dans le jardin sous la pluie d'été pour en vérifier l'étanchéité, qui se révèle parfaite. Il reste là un long moment, à regarder les gouttes dégouliner des feuilles des arbres et cribler la surface de l'étang tout proche, à les écouter marteler les bardeaux au-dessus de sa tête : « Je crois que je n'ai jamais autant apprécié la pluie. »

Vivre à la campagne, où le monde naturel, plus présent, offre des stimulations sensorielles plus fortes et plus nombreuses, où l'espace est plus généreux, le rythme moins trépidant, aide certainement à résister à l'attraction du trou noir. En ville, c'est plus difficile. Certains jours, cependant, miracle : je réussis à m'arracher à la fascination de l'écran et à réoccuper le reste de l'appartement, en mettant une distance impressionnante entre l'ordinateur et moi – genre un mètre et demi (je peux difficilement faire mieux : je suis parisienne). Je m'installe sur le lit avec un livre ou un magazine. Mais voilà : au bout de vingt minutes, l'auteur se réfère à un ouvrage qu'il a consulté pour écrire le sien et qui me paraît furieusement intéressant. Déjà l'envie me démange d'aller voir ce qui s'en dit sur Internet. Ou je lis un passage remarquable et j'ai envie de le recopier pour en faire profiter au plus vite mes amis sur Facebook. Ou je lis un article et je brûle d'aller le tweeter. Ou une reproduction d'art ou une photo me tape dans l'œil, et il faut absolument que je l'épingle sur Pinterest. (Encore) plus inquiétant : parfois, un article retient mon attention non pas pour son intérêt intrinsèque, mais pour sa qualité de munition politique, pour les points qu'il me paraît susceptible de me rapporter dans cette sorte de jeu de la corde auquel se résument souvent les échanges sur Twitter. Dans son *Guide des métiers pour les petites filles qui ne veulent pas finir princesses*, Catherine Dufour cite quelques exemples permettant de faire mentir l'assertion selon laquelle les femmes n'ont jamais rien inventé, avant de conclure : « Je crois que vous en savez désormais assez pour troller [9] sur Internet [10]. » C'est exactement cela : ce que je demande à une partie de l'information dont je me nourris, ce

9 Faire le troll, c'est-à-dire polémiquer.

10 Catherine Dufour, *Guide des métiers pour les petites filles qui ne veulent pas finir princesses*, Fayard, Paris, 2014.

n'est pas qu'elle m'enrichisse, mais qu'elle me permette de troller.

À ma vive contrariété, lorsque je m'ouvre de tous ces symptômes à quelqu'un qui a dix ou vingt ans de plus que moi, ou à quelqu'un de mon âge qui ne fréquente Internet que de façon lointaine et épisodique, il pose sur moi un regard effaré, avec l'air de se dire que je suis bonne pour la camisole de force. Je me venge en accablant à mon tour de ma commisération l'un des geeks trentenaires de mon entourage, dont le niveau de fébrilité, par comparaison, me ferait passer pour une nonne zen : *le pauvre garçon, il est complètement ravagé.* Pour me rassurer, je me rappelle que, lorsque je suis en compagnie de personnes qui me sont chères, je ne pense pas une seconde aux réseaux sociaux. Qu'il m'arrive de planter là mon compagnon pour retourner devant l'écran, mais que j'éprouve aussi régulièrement le besoin de le retrouver. Qu'au moins la télévision a disparu de ma vie – bon débarras. Que, d'une manière générale, j'utilise peu mes applications mobiles.

Mais il faut se rendre à l'évidence : je peux bien refermer sur moi toutes les portes que je veux, désormais, je ne suis plus jamais seule. J'ai muté. J'ai dans la tête un tumulte infernal. Mon cerveau est ouvert à tous les vents. Il ressemble à un poste de radio qui changerait de fréquence toutes les deux minutes. Ma pensée saute sans cesse du coq à l'âne ; ce qui, je le sais bien, est le propre de la pensée, mais pas *à ce point.* Je continue d'éprouver un besoin impérieux de solitude, et d'apprécier ces moments, mais ce n'est plus la même qualité de solitude. Je ne retrouverai jamais l'intégrité mentale, la paix et la concentration des heures de lecture dans la bibliothèque de mon enfance ou sur le canapé de mon adolescence. Comme le dit si bien une image diffusée par l'écrivain Douglas Coupland, qui a beaucoup circulé... sur Internet : « Mon cerveau d'avant Internet me manque » (« *I miss my pre-Internet brain* »). Je suis plus anxieuse, plus impatiente. Je développe une exigence déraisonnable de fonctionnalité, de facilité, de rapidité. Un ami à qui je décris mon usage des outils numériques en répétant que je les trouve « pratiques » m'objecte : « Mais tout n'a pas à être pratique, dans la vie... Le "pratique" n'est pas la valeur suprême ! » *Misère, il a raison. Que suis-je en train de devenir ?*

Sur un blog, je tombe sur un texte signé d'un mystérieux « Institut de la conscience précaire » et intitulé « Nous sommes tous très anxieux ». Il développe la théorie selon laquelle « chaque phase du capitalisme est marquée par un affect qui le maintient en vie ». Cet affect prédomine jusqu'à ce que des forces contestataires en prennent conscience et le désignent comme l'ennemi. Au XIXe siècle et jusqu'à la moitié du XXe, c'était la *misère*. Le mouvement ouvrier l'a dénoncée, obtenant un grand nombre d'avancées sociales. Puis, au cours de l'après-guerre, l'*ennui* a pris le relais (ce qui ne signifie pas pour autant que la misère avait cessé d'exister) : les travailleurs jouissaient de la sécurité de l'emploi, mais leur vie n'avait pas de sens ; ce contre quoi s'insurgea, par exemple, l'effervescence de Mai 68. Au XXIe siècle, c'est l'*anxiété* (ce qui ne signifie pas que la misère et l'ennui ont cessé d'exister). Une anxiété produite par la précarité, par la surveillance généralisée, mais aussi « par l'exposition, délibérée et intentionnelle, de notre consommation visible de points de vue choisis dans le champ des opinions possibles sur les médias sociaux, à l'heure où des alter ego virtuels s'observent continuellement [11] ».

Rien d'étonnant si les stages de méditation connaissent un tel succès. Est-il encore possible, dans ces conditions, de préserver, ou de retrouver, sa sérénité et ses capacités de concentration ? En tout cas, la connexion permanente aura eu pour autre effet notable de rendre caducs tous les conseils subtils que des générations d'écrivains se sont échinées à rédiger à l'intention

---

11 INSTITUT DE LA CONSCIENCE PRÉCAIRE, « Nous sommes tous très anxieux », Élodie Chatelais, 17 juin 2014, http://traduction.pokapok.net.

de ceux qui voulaient embrasser la même carrière qu'eux. Elle a réduit l'abondante littérature produite sur ce sujet à deux mots : COUPEZ. INTERNET. Si vous y parvenez, le Goncourt ou le Pulitzer ne devraient plus être qu'une formalité. Au lieu de leur demander, comme ils avaient coutume de le faire, à quels rituels ils ont recours pour favoriser l'inspiration, les journalistes demandent désormais aux auteurs comment ils s'y prennent pour déjouer cette machination de Satan. Philippe Jaenada raconte que, au cours de la rédaction de son dernier roman, il employait les grands moyens : « J'enlevais le fil qui reliait mon ordinateur à mon modem et j'allais le mettre sous l'oreiller à côté de ma femme qui dormait. » Bret Easton Ellis, pour sa part, déclare qu'il n'arrive tout simplement plus à écrire [12].

Une « dilatation du moi »

Devoir concilier sa boulimie d'information et son besoin de concentration : il y a de quoi se rendre fou. Au début, je me faisais violence : je me déconnectais de tous mes comptes, je fermais mon navigateur. Le seul résultat, c'était que, une demi-heure plus tard, je devais me fatiguer à le relancer, puis à retaper tous mes identifiants et mes mots de passe (non ! pas la camisole de force !). Alors j'ai renoncé à lutter. Désormais, je laisse toutes mes fenêtres de navigateur ouvertes en même temps que mon fichier de traitement de texte. Je travaille et, de temps à autre, en particulier lorsque je bute sur une difficulté, je fais une pause. Je vais voir ce qui se raconte ici ou là, je regarde mes notifications, je parcours les dernières dépêches. Je me fends d'un tweet, d'un commentaire.

---

12 Imanol Corcostegui, « Être écrivain aujourd'hui : "J'ai désactivé mon compte Facebook" », Rue89.com, 22 mars 2014.

Tu tiens absolument à revenir par la fenêtre, cher monde extérieur ? D'accord : reviens. Et, surprise : ma productivité n'en souffre pas. Au journal, j'abats sans problème ma part de boulot. À la maison, je vois prendre forme mes articles ou mes chapitres de livre. Il m'arrive de ne même pas comprendre comment ils ont pu accéder à l'existence : il fallait vraiment qu'ils y tiennent, les pauvres. Et puis je me rappelle : dans l'écriture, comme dans beaucoup d'autres domaines, sans doute, le volontarisme n'est pas ton ami. Réfléchissant aux mystères de la littérature, Christian Salmon remarque qu'il s'agit d'arracher l'œuvre à la virtualité, mais pas au prix d'un effort acharné : paradoxalement, elle naît plutôt d'un abaissement de la garde de l'auteur, d'une défaite de sa volonté, qui permet une « dilatation du moi [13] ». Quand on lui demande comment il fait, lui, pour écrire dans ce monde ultraconnecté, Dany Laferrière a cette réponse déconcertante, mais profondément juste : « Je n'ai jamais voulu écrire ; je ne cherche pas à écrire [14]. »

Ce phénomène, je l'expérimente à mon modeste niveau. À partir du moment où je cesse de résister, il se crée des résonances étonnantes entre mes propres préoccupations et celles que je vois surgir sur les réseaux où je musarde. Au lieu de conspirer contre mon travail, la sociabilité numérique paraît s'en faire la complice. Ainsi, j'ai à peine mis ce livre en chantier que je surprends un dialogue entre deux jeunes militantes féministes que je suis sur Twitter. L'une, qui vit en cité universitaire, soupire qu'elle n'en peut plus de sa chambre minuscule, qu'elle rêve d'avoir son propre appartement, que ce doit être merveilleux d'être chez soi. L'autre lui répond qu'elle a une passion pour les maisons, qu'elle adore les émissions de décoration à la télévision… C'est la première fois depuis que je suis

13 Christian Salmon, *Tombeau de la fiction*, Denoël, Paris, 1999.

14 Imanol Corcostegui, « Être écrivain aujourd'hui : "J'ai désactivé mon compte Facebook" », art. cit.

abonnée à leurs comptes qu'elles abordent ce sujet, ou alors c'est la première fois que j'y prête attention. Je ne suis d'ailleurs pas seule à observer cette sorte de télépathie : je vois passer, toujours sur Twitter, des témoignages signalant avec incrédulité des coïncidences semblables. Les mots « intelligence collective » prennent alors un sens très concret, comme si tous ensemble on formait un seul gros cerveau en ébullition permanente, ce qui est à la fois fascinant et assez terrifiant. Moi qui aime observer la porosité des individus, la circulation et la convergence des idées, me voilà comblée.

Les jours de découragement, face à l'avalanche continuelle de liens et de messages, ou lorsqu'on constate à quelle vitesse un sujet chasse l'autre, on se demande à quoi bon tout cela. Pourtant, les bouteilles que chacun balance à la mer trouvent leur destinataire. Si je continue, c'est pour la satisfaction que j'éprouve toujours lorsque je tombe sur *la* pépite et parce que, même lorsque je poste quelque chose sans trop y croire, j'ai de bonnes surprises : ayant tweeté, bien que je sache le peu de succès rencontré sur ce réseau par tout ce qui n'a pas un lien direct avec l'actualité, une image poétique de l'auteure finlandaise Tove Jansson, je la retrouve le lendemain en illustration d'un article de blog. Cette circulation d'images, de mots, de pensées nous touche à une profondeur qu'on ne mesure pas toujours. Un jour, sur Facebook, l'une de mes amies annonce à une amie commune qu'elle a rêvé d'elle. Elle lui raconte son rêve, elles en plaisantent ensemble. Je n'accorde à leur échange que quelques secondes d'attention amusée en parcourant mon fil d'actualités. Mais, la nuit suivante… je rêve d'elles !

Même la mise en commun du temps, si angoissante par certains côtés, n'est pas dénuée de charme. Quand, à mon réveil, je remonte mon fil Twitter, je tombe souvent sur des messages laissés à trois ou quatre heures du matin par un ou plusieurs utilisateurs qui ne parvenaient pas à trouver le sommeil : ils soliloquent, ils demandent s'il y a quelqu'un, ils discutent entre eux.

Sur Facebook, le 6 avril 2014, par exemple, je lis : « Il est 5 h 20 (ici en tout cas) ; j'ai réussi à choper un wi-fi ; je suis dans la zone d'embarquement de l'aéroport Atatürk d'Istanbul ; je côtoie les cartouches de cigarettes, bouteilles de whisky et autres parfums Chanel du duty-free ; je bois mon dernier thé turc ; si quelqu'un m'entend : je m'emmerde et j'ai sommeil ; je répète : je m'emmerde et j'ai sommeil. » De même, les veilles de reprise du travail ou de l'école, à la fin du week-end ou des vacances, j'aime savoir, en lisant les lamentations des autres, qu'ils partagent mon blues du dimanche soir. Un lundi matin, je vois circuler une fausse affiche d'un film de série B intitulé *The Return of Monday*, avec des gens affolés qui courent dans tous les sens sous l'effigie d'un calendrier et d'un réveil menaçants, et le slogan : « Survivrez-vous à cette horreur ? »

Je trouve belle cette façon d'approfondir son quotidien et d'accompagner les autres dans le leur en dénichant les images et les textes appropriés. J'aime aussi que, sur Pinterest ou sur Tumblr, beaucoup d'utilisateurs postent des photos de neige et de feux de cheminée en hiver, ou d'arbres en fleur au printemps, comme pour rehausser les sensations de la saison. La banalité de ces images ne les empêche pas d'agir, au contraire. Alors qu'auparavant je me croyais obligée de disqualifier la banalité, ou de ne la savourer qu'en douce, la lecture de Bachelard m'a autorisée à l'apprécier. Il m'a rendue attentive à la force qu'elle peut receler quand elle permet de « ruminer de la primitivité », selon sa superbe expression. « Les centres de rêverie bien déterminés, écrit-il, sont des moyens de communication entre les hommes du songe avec la même sûreté que les concepts bien définis sont des moyens de communication entre les hommes de pensée [15]. »

15 Gaston BACHELARD, *La Poétique de l'espace*, *op. cit.*

De pauvres gens qui n'ont pas de vie ?

On traite habituellement avec mépris les réflexions livrées en vrac sur Twitter ou Facebook ; on les disqualifie en bloc, on les tourne en dérision, les jugeant narcissiques, vaines, dénuées d'intérêt. C'est parfois justifié, évidemment. Mais pas toujours ; loin de là. Constatant que mon expérience contredit les idées reçues à ce sujet, je m'enhardis. Je tente de démêler les problèmes réels que me pose Internet et ce qui relève selon moi de préjugés idiots, d'erreurs d'appréciation. D'une certaine manière, le discours sur les usagers des réseaux sociaux me rappelle celui tenu sur les casaniers : de pauvres gens qui n'ont pas de vie. Plusieurs sociologues, ces dernières années, se sont attachés à démonter cette représentation. L'un d'eux a publié une étude montrant que, « contrairement à l'idée répandue selon laquelle les réseaux nous empêchent de participer au monde, ceux qui les utilisent ont tendance à avoir des relations plus étroites avec les autres et à être plus impliqués dans des activités civiques et politiques que ceux qui ne les utilisent pas [16] ».

« Discuter avec mes amis sur Facebook, très peu pour moi, je préfère aller boire une bière avec eux » : voilà probablement le lieu commun qui m'agace le plus. Les réseaux sociaux permettent avant tout de maintenir une forme de contact avec les autres dans des circonstances où, *de toute façon,* vous êtes séparé d'eux : parce que vous vivez à des centaines ou des milliers de kilomètres ; parce que vous êtes au travail et que votre patron ne semble pas enthousiaste à l'idée de vous laisser tout planter là pour aller boire une bière. Même lorsque je décide de m'enfermer chez moi pour écrire, le fait que je m'interrompe de temps à autre pour admirer une photo ou commenter un statut ne signifie pas que je regrette mon choix.

---

16 Hubert GUILLAUD, « Internet nous rend-il seuls ? Non ! », InternetActu, 2 mai 2012, www.internetactu.net.

Derrière ce genre de réflexion, il y a le présupposé selon lequel Internet nous rendrait plus seuls. Ce discours exaspère Zeynep Tufekci, sociologue à Princeton. Le Net, affirme-t-elle, ne crée pas la solitude contemporaine, mais offre au contraire à beaucoup de gens un moyen de la combattre. Grâce à lui, ils peuvent tenter de se rejoindre, ou rester en contact, en dépit des nombreux obstacles que le monde moderne dresse entre eux : « la vie en banlieue qui nous isole les uns des autres », « les longues heures passées au travail et dans les transports », « les migrations qui dispersent les familles à travers le globe », la difficulté de faire des rencontres qui permettent de partager ses centres d'intérêt [17]. En effet, ce qui se produit en ligne ne cesse de venir provoquer et relancer des événements dans la vie hors ligne. Notre aveuglement à cette dynamique est révélateur de la vision dominante et erronée qui fait du concret et de l'abstrait deux registres étanches. Raison pour laquelle, même si je vois ce qu'il veut dire, la distinction établie par Michael Pollan entre « quelque chose que l'on commente » (sa cabane) et les « commentaires sur quelque chose d'existant » (ses livres) me paraît simpliste [18]. Les échanges sur Internet, comme la pensée, l'imaginaire, le commentaire, ont des répercussions tout à fait tangibles ; ils contribuent à façonner le visage de notre monde. Pollan en fournit lui-même un excellent exemple lorsqu'il dit que sa lecture de *La Poétique de l'espace* de Bachelard a été décisive pour l'aider à formuler son désir, alors encore vague, d'un « lieu à lui ». Le sous-titre de son essai, *An Architecture of Daydreams* (« Une architecture de la rêverie »), témoigne de cette influence. Un livre écrit dans la France des années 1950 a donc contribué au surgissement, près de quarante ans plus tard, d'un abri de jardin au fond du Connecticut ; mais aussi à la

---

17 Zeynep Tufekci, « Social media's small, positive role in human relationships », *The Atlantic*, 25 avril 2012.

18 Michael Pollan, *A Place of My Own*, *op. cit.*

publication d'un autre livre, qui raconte la genèse de cet abri et qui, voyageant à son tour à travers le monde, donnera peut-être naissance à d'autres cabanes.

À écouter les technophobes, sans Internet, nous vivrions au paradis. Or la plupart des gens, rappelle Tufekci, « ne choisissent pas entre une balade à Cape Cod et les réseaux sociaux, mais entre les réseaux sociaux et la télévision », « média de l'aliénation ultime ». Elle dit son malaise chaque fois qu'elle pénètre dans une maison où le poste est allumé en permanence et où les occupants l'utilisent pour « tuer la conversation ». Non seulement, en effet, la télévision pollue et stérilise la vie domestique, non seulement elle condamne à la passivité, mais elle laisse seul face à la violence du monde. Dans le climat politique actuel, je préfère que les propos ou les événements déprimants me parviennent indirectement, sur un réseau social, par le biais de quelqu'un qui partagera ma consternation, plutôt que de les prendre en plein visage en regardant le journal télévisé. Bien sûr, il se trouvera toujours des intellectuels pour déplorer, comme le sociologue Dominique Wolton, que sur Internet chacun se réfugie auprès de ceux qui pensent comme lui et pour prétendre que les médias de masse sont irremplaçables, car eux seuls auraient la capacité de rassembler. Mais je ne vois pas, pour ma part, en quoi le point de vue sur l'actualité de David Pujadas serait plus pertinent ou moins discutable que celui de quelqu'un que je suis sur Twitter, ni pourquoi je devrais me l'infliger.

Inutile de nier, pour autant, que les réseaux produisent un mode de relation déconcertant. On peut y être en contact quotidien, à travers leurs publications, leur photo de profil ou leur avatar, avec des gens que l'on ne voit que très rarement, ou que l'on n'a jamais vus et que l'on ne verra jamais. Mais, après tout, on aime aussi retrouver certaines signatures dans les journaux et on n'a jamais jugé absurde de lire les articles de tel journaliste sous prétexte qu'on ne le rencontrera probablement jamais. De même, en voyant quelqu'un plongé dans un roman, on n'aurait pas l'idée de l'engueuler en lui enjoignant d'aller plutôt parler à son voisin de palier. Auparavant, seuls les journalistes ou les artistes, écrivains, peintres, musiciens, cinéastes, avaient la capacité de mettre en circulation leur production symbolique ; aujourd'hui, cette possibilité s'est démocratisée. Autant se faire à cette idée.

La communication en pointillé avec des proches, alternant les moments passés ensemble et ceux où l'on échange en ligne – soit directement, soit en suivant les publications de chacun sur un réseau et/ou un blog –, peut poser davantage de problèmes. Elle peut créer des trous d'air dans la relation, laisser proliférer les non-dits, favoriser les malentendus, les illusions. Elle accroît encore la part de fantomatique qu'engendrent entre les individus, depuis des siècles, les lettres et le téléphone. Mais il arrive aussi que ce fantomatique permette une forme de communication plus profonde que la rencontre en face à face, qu'il donne davantage d'espace où se mouvoir, qu'il autorise à révéler d'autres aspects de soi.

Dans ma chambre d'adolescente, en apparence si bien close sur elle-même, les autres étaient déjà là. Ils étaient là dans les livres et les magazines que je lisais ; dans les lettres que j'écrivais et recevais ; dans mes conversations téléphoniques (même si c'était avant le portable, donc, techniquement, dans la pièce voisine, avec les parents qui râlaient pour qu'on libère la ligne). Peut-être le Web 2.0 a-t-il simplement intensifié cette présence ? Peut-être faudra-t-il encore quelques années pour que, l'effet de nouveauté s'estompant, on apprenne à équilibrer la place qu'on lui accorde, à la tenir en respect ? Voir mon cerveau transformé en bande FM – un phénomène lié à la prolifération des voix, mais aussi, plus largement, à l'éparpillement de l'attention, requise par trop d'objets – m'effraie davantage. Peut-être que, même si aujourd'hui ils morflent, nos organismes s'adapteront ? Après tout, ils en ont vu d'autres... Ou peut-être que l'on se dirige vers le *burn-out* généralisé. Qui sait ? En attendant, il n'est pas impossible que les pages qui suivent portent, comme d'ailleurs celles qui précèdent, la trace de mes visites régulières à divers bivouacs numériques.

3

La grande expulsion. Pour habiter, il faut… de l'espace

Trois heures du matin, par une nuit de janvier. Étendus côte à côte sous une grande couverture matelassée, impeccablement bordés, offrant une image de conjugalité paisible, leurs effets personnels à portée de la main, ils dorment. Mais les bonnets dont ils sont coiffés ne relèvent pas d'une coquetterie vieillotte qu'expliquerait leur âge : leur lit est encastré dans une entrée d'immeuble, au ras du trottoir de la rue Commines, dans le troisième arrondissement de Paris. D'une certaine manière, le confort qu'ils ont tenté de recréer, l'ordre fragile dont ils ont su s'entourer rendent leur situation plus choquante encore que s'ils étaient recroquevillés dans des sacs de couchage ou sur un bout de carton. Ils rendent encore plus manifeste le fait qu'il *manque quelque chose* ici : une frontière, une limite. Quelque chose qui les protégerait du regard des passants, du froid et des intempéries, des agressions involontaires ou délibérées, des vols, de la saleté du bitume, du vrombissement des voitures, du vacarme du boulevard tout proche. Cette scène est *déplacée*, au sens premier du terme : elle appartient à la sécurité d'une chambre. Mes yeux n'auraient jamais dû se poser sur elle. Le contraste entre l'intimité d'un lit et le grand air nocturne d'un paysage urbain a pu produire les images oniriques de *Little Nemo in Slumberland*, la bande dessinée de Winsor McCay, dont le héros retrouve au matin les murs solides de la demeure familiale [1] ; ici, il trahit simplement un naufrage qui n'en finit pas de vous commotionner.

Le spectacle des gens à la rue, sorte de pilori moderne, exerce un extraordinaire pouvoir disciplinaire. Il incite ceux qui en sont témoins à se demander non pas comment ils pourraient améliorer leur propre vie, mais comment ils pourraient éviter qu'elle se dégrade davantage. Plutôt tout accepter sans moufter que de courir le risque de connaître ce sort-là. Mais c'est aussi un spectacle traumatisant parce qu'il vient déchirer l'illusion créée par les susurrements dont nous berce le discours consumériste. Les messages publicitaires qui saturent notre univers quotidien veulent nous faire croire que nous évoluons dans un cocon d'abondance, de paix et de sécurité, où nous n'aurions plus à nous soucier que d'identifier et de satisfaire le moindre de nos désirs ; et, afin de nous y aider, ils flattent sans relâche nos appétits, nos aspirations, notre narcissisme. Le propre de ce discours, comme l'a écrit Jean Baudrillard, est de « nier la rationalité économique de l'échange marchand sous les auspices de la gratuité [2] ». Sa vocation ne se limite pas à fourguer des produits à ceux qui peuvent les acheter : elle consiste à vous persuader que le capitalisme vous aime en tant qu'être humain, et non en tant que client. Certes, nombreux sont ceux à qui leurs conditions d'existence, même s'ils ont encore un toit sur leur tête, ont pu communiquer quelques doutes à ce sujet. Mais la vision d'un de vos semblables jeté dans le caniveau reste à cet égard le démenti le plus brutal.

On s'y habitue sans s'y habituer, parce que c'est impossible. On parle souvent de la maison comme d'un second vêtement :

---

1 Alexander Braun, *Winsor McCay. The Complete Little Nemo, 1905-1927*, Taschen America, Los Angeles, 2014.

2 Jean Baudrillard, *La Société de consommation* [1970], Gallimard, « Folio Essais », Paris, 2002.

comme lui, quoique à un autre niveau, elle protège, elle dissimule, elle assure le bien-être du corps, elle offre un minimum de surface sociale et permet une forme d'expression. Ne pas pouvoir s'extraire de la multitude, échapper à son harcèlement, se soustraire aux regards, refermer une porte derrière soi, arpenter quelques mètres carrés où l'on est souverain, souffler, reprendre des forces, faire ses besoins, se laver, se préparer à manger, entreposer en lieu sûr les objets auxquels on tient, c'est n'avoir qu'un vêtement sur les deux qui nous sont nécessaires.

De toutes ces impossibilités, celle de s'abriter dans la vulnérabilité du sommeil est peut-être la plus intolérable. Si, en allant se coucher le soir, on croit faire défection, on se trompe, remarque Pascal Dibie. On rejoint au contraire « la cité redevenue ce qu'elle était à l'origine : une association de dormeurs et de propriétaires de lits [3] ». Une ville serait donc avant tout une communauté dont les membres se témoignent assez de confiance pour dormir les uns à côté des autres, et se promettent de protéger ensemble le sommeil de chacun. L'essayiste américain Jonathan Crary, lui aussi, estime que le sommeil, cette affaire intime qui requiert un haut degré d'organisation collective, « représente la durabilité du social ». Cette thèse contrarie nos idées reçues : à l'école, passé la préhistoire, on vous parle plutôt de la démocratie athénienne ou du contrat social, qui font des ciments plus nobles pour les groupes humains. Cependant, si l'on veut bien admettre la persistance de cette dimension, alors l'existence de sans-abri implique la trahison d'un pacte fondamental. Crary situe au XVIIe siècle la fin du « modèle paternaliste de la vigilance » : auparavant, explique-t-il, les dominants avaient le devoir de veiller sur le sommeil de tous, y compris de la « populace la plus vile » ; désormais, le droit à des nuits sereines devient un privilège de possédant. Ceux qui troublent la quiétude des bourgeois sont

3 Pascal Dibie, *Ethnologie de la chambre à coucher*, *op. cit.*

justement ces pauvres et ces gueux autrefois « pleinement inclus dans le groupe des dormeurs [4] ».

Si l'on voulait tolérer malgré tout cette hérésie que constitue l'existence de citoyens privés de toit, on pourrait au moins essayer d'adoucir leur sort autant que possible. Dans *A Pattern Language*, on trouve une entrée intitulée « Dormir en public ». Christopher Alexander y recommande de disposer dans l'espace public de larges bancs et de créer des emplacements confortables, en retrait de la circulation, où le passant puisse s'installer pour piquer un somme : « S'il n'a nulle part où aller, nous, les habitants de la ville, devrions être heureux qu'il puisse au moins dormir sur les bancs et les chemins. Et, bien sûr, il pourra aussi s'agir de quelqu'un qui a quelque part où aller, mais qui aime faire la sieste dans la rue [5]. »

Il définit là un idéal assez beau pour que l'on désire tendre vers lui, même si le degré de pacification de la société requis pour que l'on puisse ainsi s'abandonner en toute confiance paraît presque inatteignable, et même si le problème du froid et des intempéries reste difficile à résoudre. Comme chacun aura pu le constater – et lorsqu'il écrivait, dans les années 1970, Alexander lui-même le savait bien –, les villes contemporaines tendent résolument vers l'inverse [6]. Elles ne tolèrent le spectacle ni de la pauvreté ni de ce qu'elles interprètent comme de la paresse. De toute façon, elles sont de plus en plus conçues comme des espaces fonctionnels, de purs lieux de passage orchestrant des flux avec une efficacité maximale, et non comme des lieux que l'on s'approprie, où l'on s'arrête, où l'on traîne, où l'on vit. C'est aussi cette évolution que tentaient

---

4 Jonathan Crary, *24/7. Le Capitalisme à l'assaut du sommeil*, traduit de l'anglais (États-Unis) par Grégoire Chamayou, Zones, Paris, 2014.

5 Christopher Alexander, *A Pattern Language*, *op. cit.*

6 *Cf.* Gilles Paté et Stéphane Argillet (réal.), *Le Repos du Fakir*, 2003, www.gilfakir.com.

d'enrayer en 2011, de New York à Madrid, les campements des « 99 % » ou des Indignés [7].

Les militants de ces mouvements ont pu découvrir à cette occasion ce que signifiait la vie dans la rue. À New York, pour les campeurs de Zuccotti Park, racontait la journaliste Barbara Ehrenreich, « une question a éclipsé toutes les autres, y compris celles des licenciements massifs, de la destruction de la classe moyenne et du règne des 1 % les plus riches : *où vais-je bien pouvoir pisser ?* ». Les toilettes publiques étant rares dans les villes américaines, il faut se débrouiller pour se soulager comme on peut, en s'exposant à de graves ennuis si l'on est pris sur le fait. Dans un rapport intitulé « Criminaliser la crise », une organisation d'aide aux sans-abri signale le cas d'une famille qui, en 2010, alors qu'elle était à la rue depuis un an, avait enfin obtenu un appartement. Mais, le jour de la signature du bail, l'homme a manqué le rendez-vous parce qu'il avait été arrêté pour avoir « uriné en public ». L'appartement a été attribué à quelqu'un d'autre. En mars 2011, cette famille était toujours en quête d'un logement. Le même rapport cite le cas d'une femme enceinte et sans abri qui, après avoir été chassée du musée où elle tentait de se réfugier, puis du banc devant le musée, puis d'un parc public, a fini par accoucher d'un enfant mort-né [8].

Rien de spécifique aux États-Unis : « Si encore on pouvait vraiment se mettre quelque part ; mais on dérange toujours », constate Wenceslas, l'un des sans-abri parisiens filmés par Claus Drexel dans *Au bord du monde* (2014). La société américaine, cependant, semble savoir mieux qu'aucune autre vous reprocher ce qu'elle a fait de vous. La ville de Tampa, en Floride, a par exemple ordonné en 2013 à ses policiers d'arrêter quiconque

---

7 *Cf.* Max ROUSSEAU, « Le mouvement des immobiles », *Le Monde diplomatique*, juillet 2011.

8 Barbara EHRENREICH, « Homeless in America », TomDispatch.com, 23 octobre 2011.

serait surpris en train de dormir ou d'« entreposer des effets personnels » dans un lieu public [9]. Les activités les plus anodines, les fonctions corporelles élémentaires, la simple présence des sans-abri sont illégales. En revanche, « aucune loi n'oblige les villes à fournir de la nourriture, un abri ou des toilettes » à leurs citoyens qui en sont privés. Ils sont priés de disparaître, et s'ils pouvaient le faire sans laisser un cadavre puant derrière eux, ce serait encore mieux. Ehrenreich estime que la montée de cette intolérance, dont elle situe l'origine au début des années 1980, a été parallèle à la financiarisation de l'économie, comme si l'abstraction triomphante imposait sa phobie du corps des pauvres. Seul indice d'un changement d'attitude : l'Utah, État pourtant républicain, a entrepris de fournir un appartement à tous ses sans-abri, après s'être aperçu que cela revenait moins cher que de les harceler et de les emprisonner [10]. Cette approche, baptisée *Housing First* (« Un logement d'abord »), lui a valu des louanges dans tout le pays [11].

Pour Ehrenreich, les véritables inspirateurs du mouvement des « 99 % », en 2011, n'étaient ni les révolutionnaires tunisiens ou égyptiens, ni les Indignés espagnols, mais les sans-abri américains et leurs « villes de tentes », qui se sont multipliées dans le pays à partir de 2009 [12]. Avec la crise, mais aussi les coupes dans les aides sociales, de plus en plus de gens perdaient alors leur logement. Pour autant, le phénomène, bien sûr, n'était pas neuf. Au cours de son premier mandat (1981-1985), Ronald Reagan avait réduit de moitié le budget du logement social et privé d'allocations cinq cent mille personnes handicapées : « Auparavant, il n'existait quasiment pas de sans-abri », déclare un responsable associatif de Sacramento,

---

9 Terrance Heath, « Utah is ending homelessness by giving people homes », Nation of Change, 23 janvier 2014.

10 *Idem.*

11 James Surowiecki, « Home free ? », *The New Yorker*, 22 septembre 2014.

12 Barbara Ehrenreich, « Homeless in America », art. cit.

en Californie. La hausse des prix de l'immobilier a fait le reste. « On a vu les salaires baisser et les loyers augmenter. Les deux ont fini par entrer en collision », analyse John Kraintz, ancien électricien et occupant de l'une des tentes [13].

La « collision » implique qu'un job ne garantit plus un toit. Aux États-Unis, en dépit de la difficulté à établir des statistiques précises, la Coalition nationale pour les sans-abri estimait en 2009 que, sur trois millions et demi de personnes qui passaient chaque année de plus ou moins longues périodes dans la rue, 19 % avaient un emploi [14]. En France, c'est le cas d'un quart des sans-abri [15]. À l'été 2013, les travailleurs des fast-foods américains, particulièrement concernés par les bas salaires, ont lancé une grève d'une ampleur inédite. Beaucoup d'entre eux, contrairement à une idée répandue, ne sont pas des jeunes sans diplôme en quête d'un gagne-pain provisoire, mais des adultes d'âge mûr, parfois diplômés, avec des familles à charge. La plupart dépendent des bons alimentaires du gouvernement pour survivre. « L'administration utilise l'argent du contribuable pour les empêcher de crever de faim et conforter leurs employeurs dans la jouissance des profits ainsi dégagés », résume le journaliste Thomas Frank. Parmi eux, lors d'un reportage en Caroline du Nord, il a rencontré Willietta Dukes, qui, après avoir travaillé durant seize ans et élevé deux enfants, ne parvient même pas à se loger : son fils aîné l'héberge dans sa chambre d'amis. Elle raconte que, un jour, le manager de son équipe lui a confié sa « technique de réduction du stress : le soir, à la maison, se prélasser dans un bain chaud ». « Alors que moi, je n'ai même pas de maison [16] ! » soupire-t-elle.

---

13 Ben Ehrenreich, « Tales of tent city », *The Nation*, 22 juin 2009.

14 « How many people experience homelessness ? », National Coalition for the Homeless, www.nationalhomeless.org.

15 Catherine Rollot, « Un quart des sans-domicile ont un emploi régulier ou un temps partiel », *Le Monde*, 8 avril 2014.

16 Thomas Frank, « Révolte américaine contre les ogres du fast-food », *Le Monde diplomatique*, février 2014.

Vies entravées

La tornade de saisies immobilières qui a balayé les États-Unis après l'éclatement de la bulle des *subprimes* en 2008 offre un symbole puissant de la façon dont le monde contemporain s'emploie à mettre en échec le besoin d'enracinement des « 99 % ». Des deux côtés de l'Atlantique, rares sont ceux qui ne ressentent pas, d'une façon ou d'une autre, l'évolution antagoniste des salaires et de l'immobilier. Début 2014, la Fondation Abbé Pierre dénombrait « 141 500 personnes à la rue, dont 30 000 enfants », et faisait état d'une augmentation de 50 % du nombre de sans-abri depuis 2001 [17]. Elle recensait 3,6 millions de personnes privées d'un domicile à elles ou vivant dans des conditions très difficiles, auxquelles s'ajoutait un « halo » de cinq millions de personnes fragilisées par la crise du logement [18]. D'autres encore sont condamnées aux petits espaces si elles vivent dans les centres urbains, de plus en plus réservés à une minorité de privilégiés, ou aux trajets quotidiens usants si elles ont dû s'exiler en périphérie. Même la Suisse n'est pas épargnée par la gentrification. Contemplant, aux côtés d'une ancienne voisine, les gravats de l'immeuble du centre-ville de Lausanne où toutes deux avaient vécu des décennies, détruit pour laisser place à une population plus fortunée, Aline Clerc disait rêveusement : « C'est comme si on n'était plus de ce monde [19]. » Ce qui amène à s'interroger : qui, au juste, a encore les moyens d'être de ce monde ?

En France, entre 1998 et 2011, les prix de l'immobilier ont grimpé de... 158 %. Et encore est-ce une moyenne : ils ont

---

17 Linda Maziz, « Logement : "Les gens sont dans la merde et la réponse donnée n'est pas suffisante" », Basta !, 31 janvier 2014, www.bastamag.net.

18 Fondation Abbé Pierre, « L'état du mal-logement en France. 19e rapport annuel », 2014, www.fondation-abbe-pierre.fr.

19 Cédric Louis et Michel Zendali, « Les riches rachètent les villes », *Temps présent*, Radio Télévision suisse, 9 mai 2013.

presque triplé en Provence-Alpes-Côte d'Azur et quadruplé à Paris [20] ! À la stagnation des salaires s'ajoute une pénurie massive d'appartements : les pouvoirs publics n'ont anticipé ni l'augmentation de la population, ni l'allongement de l'espérance de vie, ni le divorce d'un couple sur trois [21]. En 2012, 455 000 HLM ont été attribués, mais le nombre de demandeurs s'élève à 1,7 million [22]. Au début des années 1980, les foyers consacraient 25 % de leurs revenus à l'alimentation et 13 % au logement ; trente ans plus tard, le rapport s'est inversé. Certains voient leur loyer dévorer la moitié de leur paie, comme ce technicien de l'audiovisuel rencontré par *Libération* en 2013 : avec un salaire net de 1 460 euros, pas si éloigné du salaire moyen (1 624 euros), il payait 753 euros par mois pour un studio de trente mètres carrés à Paris. Cela l'obligeait à faire ses courses exclusivement en magasin discount et lui interdisait ne serait-ce que le plaisir d'un verre en terrasse [23].

La hausse des prix de l'immobilier, soulignent les économistes Jézébel Couppey-Soubeyran et Marianne Rubinstein, est la « principale cause de l'accroissement des inégalités de patrimoine ». Elles parlent d'un « tsunami silencieux ». Entre 1998 et 2010, « les 10 % de ménages français les plus pauvres ont vu la valeur de leur patrimoine brut croître de seulement 20 % (soit une quasi-stagnation en euros constants), contre 131 % pour les 10 % les plus riches [24] ». Aux héritiers les mains pleines : en 2011, il était devenu impossible d'effectuer un premier achat

---

20 Jézabel Couppey-Soubeyran et Marianne Rubinstein, *L'Économie pour toutes*, La Découverte, Paris, 2014.

21 Luc Le Chatelier, « Crise du logement : l'habitat en pièces », *Télérama*, 29 mars 2012.

22 Fondation Abbé Pierre, « L'état du mal-logement en France », art. cit.

23 Tonino Serafini, « "Je sacrifie la qualité de la nourriture" », *Libération*, 16 mai 2013.

24 Jézabel Couppey-Soubeyran et Marianne Rubinstein, *L'Économie pour toutes*, *op. cit.*

immobilier à Paris avec les seuls revenus de son travail ; il fallait disposer d'une « aide parentale importante [25] ». C'est dans ce contexte déjà critique que, à l'été 2014, le gouvernement de Manuel Valls a décidé d'accorder aux propriétaires un abattement fiscal pouvant aller jusqu'à 54 000 euros pour un logement occupé par des membres de leur propre famille. Autrement dit, des ménages déjà aisés pourraient toucher des aides publiques pour augmenter encore leur patrimoine immobilier [26] ; et cela, soulignait l'ancienne ministre du Logement Cécile Duflot, avec un coût pour la collectivité trois fois supérieur à celui de la construction d'un HLM [27]. Était également annoncé, tant qu'on y était, un abattement fiscal de 100 000 euros pour les parents effectuant une donation d'un logement ou d'un terrain constructible à leurs enfants.

Ceux qui doivent se contenter de logements précaires, insalubres ou trop petits souffrent du contraste entre leur situation et celle des plus riches. Dans le webdocumentaire *À l'abri de rien*, Daniel Oliviero, un homme vivant avec sa compagne dans une cahute envahie par les souris et les rats à Berre-l'Étang, témoignait de ce sentiment de révolte qui lui faisait perdre le sommeil : « Je me réveille dans la nuit, je tourne en rond comme un fou. Ça me mange. Je n'en peux plus de voir tout ça. Dernièrement, je voulais me tirer dessus. Je n'arrive pas à comprendre qu'il y ait des personnes qui arrivent à avoir tout, et que nous, on n'ait rien [28]. » La quête d'un toit, cette condition élémentaire d'une vie digne de ce nom, confronte en outre

---

25 Tonino SERAFINI, « À Paris, l'immobilier bétonne les inégalités », *Libération*, 27 mai 2011.

26 Tonino SERAFINI, « Immobilier : vers un cadeau aux nantis », *Libération*, 27 août 2014.

27 « Duflot : "On fait payer à tout le monde la constitution du patrimoine des plus riches" », Liberation.fr, 29 août 2014.

28 Samuel BOLLENDORFF et Mehdi AHOUDIG (réal.), *À l'abri de rien*, 2011, www.a-l-abri-de-rien.com.

à des rapports de domination particulièrement crus et violents. La pénurie excite chez certains les instincts les plus vils quand ils sont en position d'en tirer profit. Des marchands de sommeil extorquent aux exclus du marché officiel des loyers exorbitants pour des taudis. Des locataires ou des propriétaires proposent à de jeunes femmes une cohabitation ou un studio contre des rapports sexuels. Rencontré par une journaliste qui avait répondu à son annonce, un haut fonctionnaire énumérait ses exigences : « Se promener nue le plus souvent possible. Écarter les jambes sur le canapé pour m'exciter. Pas de contrainte de fréquence pour les rapports sexuels, mais faudra pas se foutre de ma gueule non plus. Au début, je risque d'avoir envie souvent. » La liste s'allongeait au fil de l'entretien : « Je veux pouvoir vous observer aux toilettes. J'aimerais que vous soyez là le soir quand je rentre. Ce serait bien si on pouvait dormir ensemble. Je veux du ménage et du repassage. » Il affirmait avoir « viré celles qui ne respectaient pas leurs engagements ». Un autre se rassurait : « Peut-être que les filles sont poussées à ça par leurs difficultés. Mais, au final, chacun y trouve son compte [29]. »

Plus banalement, toute personne ayant un jour cherché un appartement à Paris aura eu le privilège d'observer le délire de toute-puissance que peut susciter la possession du moindre placard susceptible d'être mis en location. Je me souviens du soupir de découragement unanime poussé par les visiteurs qui se pressaient entre les murs d'un deux pièces quand l'un des candidats, cadre dans une entreprise publique, avait glissé son dossier en béton au propriétaire. Mais celui-ci, après avoir feuilleté le document, avait encore trouvé le moyen d'aboyer : « Et qu'est-ce qui me garantit que dans deux ans vous ne serez pas muté à l'étranger ? »

---

29 Ondine Millot et Elhame Medjahed, « "Loue studette contre pipe" », *Libération*, 6 février 2008.

En 2011, une annonce parue sur le site Leboncoin.fr avait déclenché une vague de fureur sur les réseaux sociaux [30]. Une femme de cinquante-trois ans y proposait d'héberger gratuitement une « F/JF exclusivement » dans son appartement des Hauts-de-Seine, en contrepartie de deux heures par jour de ménage ou de repassage, à effectuer « sous mes directives et en ma présence » : « Les plannings seront établis ensemble d'avance chaque semaine, et à respecter impérativement ensuite à la minute près ! » L'heureuse élue dormirait dans la propre chambre de sa logeuse, sur la mezzanine surplombant son lit : « Attention, je peux regarder la TV – avec casque – et fumer très très tard dans la nuit ! » Les visites seraient interdites ; « ne prévoir que très peu d'affaires (1 gros sac maximum) car placards de rangement trop insuffisants » ! Afin « d'éviter les personnes pensant pouvoir être hébergées gratuitement sans rien faire en échange » (« Je ne suis pas là pour vous héberger gratuitement non plus à vous regarder dormir ! »), elle avait mis au point un système sophistiqué : elle exigerait en début de mois le paiement d'un loyer qui serait remboursé jour après jour, au rythme de 5 euros par heure de travail, au fur et à mesure que les tâches seraient effectuées. Elle demandait en outre une caution, une attestation de revenus et la participation aux charges, et précisait que l'arrangement serait à reconduire « chaque semaine », le départ pouvant être, « selon votre comportement, avec ou sans délai ». Ayant suscité un déluge d'insultes (elle donnait son numéro de portable), son annonce a été retirée très vite. Comme certains l'ont fait remarquer, il s'agissait probablement d'une pauvre femme un peu dérangée. Mais, en tentant de reproduire à son niveau le despotisme primaire que tant de gens semblent prendre plaisir à infliger à plus pauvre qu'eux, elle avait touché une corde trop sensible.

---

30 « Une annonce très sérieuse », Megaconnard.com, 8 juin 2011.

Dans de telles conditions, lorsqu'on a un logement, on s'y accroche, même s'il est inadapté. Le parc immobilier ressemble à un grand jeu de chaises musicales dont les joueurs refuseraient de bouger. Au passage, l'impossibilité de se loger à bon marché réduit à néant bon nombre des progrès qui sont pourtant au cœur de la haute idée que les sociétés occidentales se font d'elles-mêmes. Que devient le droit à l'épanouissement individuel quand des adultes parfois proches de l'âge de la retraite sont contraints de vivre en colocation, subissant ainsi une situation proche de celle des appartements communautaires en URSS, brandis à l'époque comme un repoussoir ? À quoi bon tout le travail effectué pour lutter contre les violences conjugales lorsque les femmes battues n'ont le choix qu'entre les coups et la rue ? Que valent l'idéal du mariage d'amour et l'institution du divorce quand des conjoints qui ne s'entendent plus n'ont pas les moyens matériels de se séparer ? En Espagne, avec l'effondrement de la bulle immobilière, en 2008, des couples se sont retrouvés pris au piège : ils ne peuvent pas vendre, puisque les prix se sont effondrés et que plus personne n'achète. Ils doivent donc continuer à payer les traites et il est hors de question de louer ne serait-ce qu'un studio en plus. Le nombre de divorces est en baisse. Il faut continuer à cohabiter coûte que coûte, dans des conditions souvent infernales. Un couple trentenaire, « autrefois gai, intelligent, entouré d'amis », uni par une entente parfaite, a totalement sombré. Lui l'aime encore et ne supporte pas qu'elle soit tombée amoureuse d'un autre : « Ça me rend dingue qu'elle dorme avec notre fils, qu'elle refuse que l'on mange tous les trois ensemble. J'ai pété les plombs deux fois, elle cherche à me faire passer auprès de nos amis pour un mec violent [31]. » Quant à ceux qui parviennent malgré tout à se séparer, ils le paient

31 Diane CAMBON et Blandine GROSJEAN, « En Espagne, coloc' forcée et rupture impossible pour les couples endettés », Rue89.com, 23 juin 2012.

cher : en France, même si le coût du logement n'est pas seul en cause, 32 % des familles monoparentales, essentiellement des femmes avec enfants, vivent en dessous du seuil de pauvreté [32].

On voit même se gripper la simple dynamique des générations, le principe élémentaire selon lequel les enfants, une fois adultes, sont appelés à gagner leur autonomie et à acquérir une situation au moins équivalente à celle de leurs parents. Là encore, il faut le noter, les inégalités jouent à plein : en 2010, 71 % des enfants de cadres supérieurs ne vivaient plus chez leurs parents trois ans après avoir quitté l'école, contre seulement 45 % des enfants d'ouvriers et 47 % des enfants d'employés [33]. Si certains couples n'ont pas les moyens de rompre, d'autres n'ont pas les moyens de s'installer ensemble : ils continuent de vivre chacun de son côté, tout en ayant parfois déjà un enfant [34]. Ou alors ils limitent la taille de leur famille, faute de place. Beaucoup connaissent un faux départ et doivent retourner vivre chez leurs parents pour une période plus ou moins longue. Un graphiste parisien raconte combien il a mal vécu, alors qu'il approchait de la quarantaine et qu'il avait un fils, de devoir retourner durant près de deux ans chez papa-maman : « Mes parents habitent une cité. C'est un endroit où je ne me suis jamais senti à ma place. J'ai toujours éprouvé la nécessité de partir pour ne pas stagner. » Il s'est vu retomber dans des schémas anciens qui l'angoissaient : « Les parents font de nouveau attention à l'heure où tu rentres, ils te demandent : "Comment s'est passée ta journée ? Est-ce que tu vas bien ?" C'est gentil, mais on a l'impression de devoir tout le temps

---

32 Christophe Robert, « Comment la crise du logement influe sur l'évolution des familles… et vice versa », Le Plus, 1er février 2013, http://leplus.nouvelobs.com.

33 « Les jeunes de milieu populaire accèdent difficilement à l'autonomie », Observatoire des inégalités, 11 octobre 2014, www.inegalites.fr.

34 Christophe Robert, « Comment la crise du logement influe sur l'évolution des familles… et vice versa », art. cit.

rendre des comptes. » Pour fuir cette situation, lorsqu'il ne sortait pas, il restait confiné dans sa chambre « comme un adolescent ». Sa mère avait pris l'habitude de baisser tous les soirs le store de sa fenêtre, ce qu'il trouvait « oppressant » : « Il a fallu négocier dur. À la fin, c'était le rouleau à moitié fermé [35]. » Dans les pays du sud de l'Europe, cette tendance est exacerbée par la virulence de la crise ouverte en 2008. 51,6 % des Grecs ayant entre vingt-cinq et trente-cinq ans vivent chez leurs parents, de même que 46,6 % des Italiens, 44,5 % des Portugais et 37,2 % des Espagnols – et, non, la culture n'explique pas tout [36].

Comment hériter ?

Ainsi s'approfondit un double fossé : entre les classes sociales et entre les générations. En France, les jeunes subissent à la fois l'« emploi en miettes » et les loyers les plus élevés, selon Patrick Doutreligne, délégué général de la Fondation Emmaüs : « Ce sont souvent les petits logements, soumis à un fort *turn-over*, qui font l'objet d'une augmentation à la relocation [37]. » Les générations nées au cours des vingt années de l'après-guerre, elles, ont profité à la fois de conditions de travail plus stables et d'un marché de l'immobilier plus accessible ; de même, elles touchent des retraites d'un niveau que les suivantes ne connaîtront pas. Il y a une spécificité française à cet égard dans le monde occidental, comme l'a montré une enquête de Louis Chauvel et Martin Schröder. Les deux sociologues ont calculé que « si la génération née en 1975 avait eu la

35 Tonino Serafini, « "Quand j'ai dû retourner chez mes parents…" », *Libération*, 9 septembre 2009.

36 Pierre Haski, « Vous habitez chez vos parents ? La carte d'Europe qui raconte la crise », Rue89.com, 26 janvier 2014.

37 Linda Maziz, « Logement : "Les gens sont dans la merde et la réponse donnée n'est pas suffisante" », art. cit.

chance de suivre la tendance de croissance exceptionnelle dont ont bénéficié les cohortes nées entre 1920 et 1950, elle bénéficierait d'un niveau de vie 30 % plus élevé ». Ils mettent en cause la « baisse des salaires nets subie par les nouveaux entrants, dont l'ancienneté future ne permettra jamais de remédier au choc initial [38] ».

Une telle situation amène les plus âgés à voler au secours de leurs enfants ou de leurs petits-enfants. En Europe du Sud, région dont les pays talonnent la France en matière d'inégalités entre les générations et où la crise provoque l'envol des taux de chômage, des familles entières emménagent chez les grands-parents, faute de pouvoir encore payer un loyer, ou subsistent grâce à leur pension de retraite, qui, si maigre soit-elle, a encore le mérite d'exister. Se dessine alors un renversement du principe selon lequel les enfants, une fois devenus adultes, sont censés veiller à la sécurité matérielle de leurs parents. Ce sont d'ailleurs ces « solidarités privées » qu'ont invoquées certains confrères de Chauvel et Schröder pour contester leur analyse : « Les parents aident à payer le loyer, font des donations pour transmettre le logement... » Quand on prend en compte ces transferts privés, ont-ils affirmé, les inégalités résident au sein de chaque génération, davantage qu'entre les générations [39]. On peut cependant présumer que ces transferts ne sont pas seulement le fait des plus riches, mais aussi des classes plus modestes, qui font profiter leurs descendants de privilèges relatifs liés à la conjoncture dans laquelle s'est déroulée leur vie active. Cela implique que les jeunes isolés, ou dont les parents sont trop pauvres pour pouvoir les aider, s'en sortent très mal : dans les structures d'hébergement d'urgence, un quart de la

38 Louis Chauvel et Martin Schröder, « Une France qui sacrifie sa jeunesse », *Le Monde*, 9 juin 2014.

39 « Inégalités entre les générations : la jeunesse française est-elle sacrifiée ? », *Le Monde*, 9 juin 2014.

population a moins de vingt-cinq ans [40]. Et amène à poser cette question : que se passera-t-il quand les générations relativement bien loties s'éteindront et quand leurs descendants auront fini de consommer les ressources accumulées grâce à elles – ou, en d'autres termes, quand le type de société façonné par la politique de ces dernières décennies apparaîtra dans sa réalité nue ? Tous ceux qui n'auront pas acquis une position lucrative et/ou hérité d'un patrimoine risquent de connaître alors un décrochage violent.

Cette première question en appelle une seconde : dans ces conditions, comment hériter ? Je me le demande moi-même en réinvestissant le domicile de mes parents. À chacune de mes visites, j'éprouve le même plaisir à retrouver cet appartement spacieux, lumineux, parfaitement entretenu et chauffé. (Avant de découvrir les calamiteux convecteurs électriques qui équipent tant de logements français, dont le mien, je n'avais jamais apprécié à sa juste valeur l'omniprésence du chauffage central en Suisse. Lisant un roman de David Lodge durant mes études à Genève, je me souviens d'avoir ri aux éclats avec mes amis à la description de petits-bourgeois anglais dont le plus grand rêve était d'avoir le chauffage central. Avec le recul, je m'en mords les doigts.) Son confort me procure un bien-être physique, mais pas seulement. Matérialisant depuis plus de vingt ans mes racines dans ce monde, il me donne un sentiment de sécurité, de permanence. Un logement est toujours à la fois un lieu de vie pratique et une sorte de musée, essentiellement à travers les photos de famille qui tapissent les murs. Les deux dimensions se confondent parfois – par exemple lorsque je fais infuser des feuilles de verveine séchées dans la tisanière en porcelaine à fleurs qu'utilisait déjà ma grand-mère au milieu du XXe siècle dans sa maison du bord du lac de Morat, dans le canton de Vaud.

---

40 Linda MAZIZ, « Logement : "Les gens sont dans la merde et la réponse donnée n'est pas suffisante" », art. cit.

Ici s'accumulent non seulement les affaires qui m'ont accompagnée durant toute mon enfance, mais aussi celles transmises par mes grands-parents, grands-oncles et grands-tantes, tant suisses qu'égyptiens, qui en avaient parfois déjà hérité eux-mêmes. Cet appartement est le déversoir où ont atterri les témoins inanimés de la vie de mes ancêtres. Je redoute le jour où ce décor cessera d'exister (c'est une location : seuls 37 % des Suisses sont propriétaires de leur logement, le taux le plus faible d'Europe). Où que je pose les yeux, je vois des meubles et des objets dont il me paraît impensable qu'ils puissent un jour être dispersés. Évidemment, d'autres pourront ne pas comprendre cette crainte. Ils n'aspireront qu'à faire table rase du passé, au contraire, à se débarrasser de vieilleries au milieu desquelles ils se sentent étouffer. Mais décider de tout balancer, ce n'est pas la même chose que de *devoir* tout balancer.

Cette perspective m'angoisse d'autant plus que, selon toute probabilité, lorsque ce jour viendra, je ne serai pas en mesure de reproduire l'opération qu'ont réussie mes parents : se ménager un lieu raisonnablement confortable et spacieux où l'on s'entoure des choses qu'on a acquises soi-même, mais aussi des reliques familiales qu'on a choisi de conserver, de faire siennes, de réinterpréter [41]. Comment mon compagnon et moi pourrions-nous y parvenir dans un deux pièces déjà surchargé, et dont la mauvaise isolation, de surcroît, abîme les objets ? Par rapport à la moyenne française, nous appartenons aux classes aisées ; par rapport à la moyenne parisienne, c'est une autre histoire. Vivre dans l'une des villes les plus chères du monde limite sérieusement votre capacité à vous approprier l'espace environnant. Pour les gens de mon âge, cette frustration – ou alors, la contrainte de trajets quotidiens usants – s'ajoute à une autre : celle d'être traité, dans sa vie professionnelle, soit comme un

---

41 *Cf.* Lydia Flem, *Comment j'ai vidé la maison de mes parents*, Seuil, « La librairie du XXIe siècle », Paris, 2004.

éternel *outsider* condamné à la précarité, soit comme un éternel débutant, un « petit jeune », jusqu'à quarante ans passés. Tout cela se conjugue pour donner l'impression d'une impuissance à occuper pleinement sa place en tant que génération.

Quand on évoque le mode de vie des très riches, on insiste en général sur leurs habitudes de consommation somptuaires, sur le luxe et le raffinement de leur quotidien. De même, lorsqu'on évoque le mal-logement, on insiste sur la forme de persécution physique permanente qu'il représente. À raison, bien sûr : le webdocumentaire *À l'abri de rien* montre à quel point l'inconfort et l'insalubrité sont minants, destructeurs – voire carrément meurtriers, quand une mauvaise installation électrique provoque un incendie, quand des enfants souffrent de saturnisme à cause du plomb contenu dans la peinture des murs, ou quand une femme est expulsée de son appartement en pleine chimiothérapie. Il décrit des situations si insupportables qu'on voudrait les croire exceptionnelles, alors que chacune, justement, a été choisie parce qu'elle était représentative. À Marseille, une femme et son fils adolescent vivent dans un garage, sans aucune lumière naturelle, de sorte qu'ils se ruinent en électricité, et voient se déverser chez eux la merde de tout l'immeuble lorsque le caniveau déborde. À Issor, dans les Pyrénées-Atlantiques, un berger qui cumule les périodes d'intérim et l'élevage de brebis, resté seul dans sa maison de famille, sans chauffage, ni douche, ni toilettes, n'a pas les moyens de l'entretenir : il accroche des calendriers aux murs pour tenter d'empêcher le vent de s'engouffrer par les fissures et grelotte dans son lit lorsque le thermomètre atteint – 4 °C. À Marignane, trois ouvriers maghrébins, en France depuis des décennies, louent des lits à un marchand de sommeil dans un taudis indescriptible que l'un d'eux a baptisé la « maison du diable ». À Paris, une famille de six personnes s'entasse dans vingt-deux mètres carrés. Une mère qui habite dans une caravane à Pau raconte combien le simple fait de donner leur bain à ses deux enfants le soir est compliqué : « Je dois les emmener un par un dehors, les laver, puis mettre l'écharpe, le pyjama, le peignoir et, vite, le gros blouson par-dessus pour qu'ils n'attrapent pas froid [42]. »

Pourtant, au-delà de son aspect matériel évident, l'aspect symbolique du logement ne doit pas être sous-estimé. Certes, les deux sont liés : voir se déverser dans votre intérieur la merde de vos voisins vous donne une assez bonne idée de la considération que vous accorde la société dans laquelle vous vivez. Ce n'est pas seulement pénible : c'est humiliant. Mais ce qui se joue dans le logement, c'est aussi la possibilité d'entretenir une mémoire. Que l'on vive ou non au même endroit que ses ascendants, l'habitation relie à la généalogie à travers sa dimension muséale. Elle doit permettre d'être à la fois de plain-pied dans le monde, parmi ses contemporains, et relié au passé, à son histoire. Pierre Courreye, le berger qui témoigne dans *À l'abri de rien*, dit son refus de quitter sa maison, même réduite à l'état de ruine : « J'ai connu ici le grand-père, la grand-mère, l'oncle... On a dû être jusqu'à une dizaine. » Des portraits de famille en noir et blanc, dans des cadres dorés, ornent les murs lézardés. « C'est ma maison natale, celle où ont vécu mes ancêtres. On y est attaché. C'est ici, ou c'est le cercueil. Quand on est né là-dedans, on reste là-dedans. Désolé. »

Chercher un logement, c'est non seulement chercher un lieu où garder vivant le souvenir de ceux qui nous ont précédés, mais aussi, peut-être, chercher un lieu assez accueillant pour que l'on puisse s'y laisser aller sans retenue et lui confier son propre destin, dans la vie comme dans la mort. Derrière la quête d'un endroit où vivre se dessine la quête d'un endroit où mourir, voire d'un endroit où reposer. Alors qu'il arpentait le terrain entourant sa maison afin de trouver l'emplacement idéal pour édifier sa cabane d'écrivain, Michael Pollan raconte

---

42 Samuel BOLLENDORFF et Mehdi AHOUDIG (réal.), *À l'abri de rien*, *op. cit.*

avoir parfois eu l'impression étrange qu'il recherchait un site « propre à abriter non pas une construction, mais un cimetière [43] ». On retrouve le même rapprochement dans la bouche de Virginia Nebab, domestique philippine travaillant pour une riche famille américaine en Floride. À la documentariste Lauren Greenfield [44], elle confie, les larmes aux yeux, que le rêve de son père était d'avoir un jour une maison en béton. « Je lui ai promis, quand je suis partie, que si je gagnais assez d'argent, on pourrait y parvenir, on pourrait avoir notre propre maison. » Mais il est mort avant qu'elle ait pu tenir sa promesse. « Son rêve ne s'est jamais réalisé. Mais maintenant, il a une tombe en béton, et c'est à lui. Alors... Peut-être que c'est quand même bien pour lui. » Ce souci du lieu où l'on meurt et du lieu où l'on est enterré, qui viennent parachever un destin, lui donner toute son amplitude, sa tonalité définitive, se retrouve sur toute l'échelle sociale. Dans leur livre *Les Ghettos du gotha*, Michel Pinçon et Monique Pinçon-Charlot, sociologues spécialisés dans l'étude des riches, citent le témoignage du comte d'Estèbe : il se souvient d'une « vieille parente qui était malade chez une cousine, dans un appartement très confortable. Alors qu'elle avait déjà reçu l'extrême-onction, elle a tenu à rentrer chez elle : "Non, a-t-elle dit, je veux rentrer chez moi, je ne veux pas mourir dans un immeuble de rapport [45]. Je veux mourir dans mon hôtel [particulier] [46]" ».

Les demeures chargées d'histoire et transmises d'une génération à l'autre, dont les couloirs accueillent d'imposantes galeries de portraits, attestent de ce privilège supplémentaire dont jouissent les classes supérieures : celui de la monumentalité et de la

43 Michael Pollan, *A Place of My Own*, *op. cit.*

44 Lauren Greenfield (réal.), *The Queen of Versailles*, Evergreen Pictures, 2012.

45 Immeuble divisé en plusieurs appartements loués par un ou plusieurs propriétaires.

46 Michel Pinçon et Monique Pinçon-Charlot, *Les Ghettos du gotha. Comment la bourgeoisie défend ses espaces*, Seuil, Paris, 2007.

permanence. Les dimensions et la qualité de leurs habitations garantissent certes l'agrément de leur quotidien, mais elles assurent aussi leur ancrage terrestre, la manifestation de leur présence au monde, le déploiement de leur histoire. Les Pinçon-Charlot ont aussi rendu visite à Denis de Kergorlay, propriétaire du château de Canisy, dans la Manche. Cet édifice classé, situé dans un parc de trente hectares, entre dans son deuxième millénaire, et il a toujours appartenu à la famille. Le domaine comprend une ancienne chapelle privée devenue l'église paroissiale. Les ancêtres de Denis de Kergorlay sont enterrés dans la crypte et lui-même sait qu'il les y rejoindra un jour : « Je ne sais pas quand, mais je sais où [47] », résume-t-il. Une sorte de luxe suprême, à l'heure de l'instabilité résidentielle, de la mobilité imposée, de la précarité généralisée, des migrations sans précédent. C'est à cette inégalité de plus que tente de remédier le collectif Les Morts de la Rue : il veille à donner aux sans-abri des funérailles dignes de ce nom, afin de ne pas les condamner à l'anonymat jusque dans la tombe, en même temps qu'il alerte sur le nombre, la précocité et la violence de ces morts [48].

L'ère des contorsionnistes

En matière de logement, les membres des classes populaires et d'une bonne partie des classes moyennes se retrouvent donc dans une situation comparable à celle des héros de *La Guerre des étoiles* (1977) quand, pour échapper aux soldats de l'Empire, ils sautent dans un conduit à ordures et que, au bout de quelques minutes, à leur grand affolement, les parois de la fosse commencent à se rapprocher lentement l'une de l'autre – « Ce qui est sûr, c'est qu'on va tous maigrir un grand coup »,

47 *Idem.*
48 www.mortsdelarue.org.

lance Han Solo à ses camarades. Comme eux, des millions de locataires et d'aspirants propriétaires multiplient les acrobaties, se raccrochent à ce qu'ils peuvent, essaient de bloquer de leur mieux les mâchoires du piège. Sauf que si, dans le film, la scène ne dure que quelques minutes, jusqu'à l'intervention providentielle de R2-D2 qui trafique les circuits de la station et arrête le mécanisme, ici, la cure d'amaigrissement continue devient la norme. Au point qu'on s'y adapte et que l'on perd de vue, la plupart du temps, son caractère scandaleux et intenable.

« Une maison n'a pas besoin d'être grande, seulement d'être intelligente », clamait la couverture du catalogue Ikea 2012. Le manque d'espace engendre un marché : il permet de vendre des solutions de rangement « malin », des mezzanines (« Une pièce en plus sans déménager ! »), des lits escamotables... Il provoque aussi une prolifération des garde-meubles. L'un des prestataires du secteur s'appelle, là encore, Une pièce en plus. En 2004, *Libération* consacrait un article au « self-stockage », qui, venu d'Amérique du Nord, n'existait en France que depuis 1997. Offrant aux clients un accès individuel, sept jours sur sept et vingt-quatre heures sur vingt-quatre, avec leur propre clé, le concept séduisait surtout les Parisiens : « En province, il y aura toujours une grange ou un garage vide appartenant à un parent ou un ami. » Des sans-abri qui en avaient les moyens (30 euros le mètre cube, tout de même) y mettaient en sûreté leurs effets personnels et trouvaient dans leur box un « chez-soi » où ils pouvaient même « piquer un petit somme », à condition d'échapper aux caméras de surveillance [49]. Dix ans plus tard, le succès n'a fait que croître. En 2013, on comptait environ deux cent cinquante centres. Les pères fraîchement séparés y recourent lorsqu'ils doivent chercher un nouveau logement, la garde des enfants et le domicile familial étant le plus souvent

49 Alexandre Lévy, « Le garde-meuble, nouveau grenier des urbains mal logés », *Libération*, 14 septembre 2004.

attribués à la mère [50]. Surfant sur le succès de la consommation collaborative, deux entrepreneurs ont lancé en 2013 ce qu'ils espéraient voir devenir le « Airbnb [51] du stockage » : leur plateforme, Costockage.fr, met en relation les particuliers disposant d'espace à louer et ceux qui, dans la même zone géographique, ont besoin de place pour entreposer des affaires.

Là où les prix de l'immobilier crèvent le plafond, comme à Paris, même des ménages aisés, dans l'incapacité d'acheter plus grand, éprouvent le besoin d'optimiser l'espace. Des architectes se sont spécialisés dans cette prestation : « Faire surgir des dressings et des pièces à vivre là où nous ne voyons que des angles morts et de longs couloirs aveugles. » En un été, une famille de quatre personnes vivant dans quatre-vingt-cinq mètres carrés dans le quartier des Batignolles a ainsi vu surgir trois nouvelles pièces : une chambre d'enfant, une buanderie et une salle de bains. L'opération a coûté « un peu plus que ce qu'auraient coûté les frais de notaire, mais beaucoup moins que l'achat d'un nouvel appartement ». Un professionnel commente : « Nous pressentions le besoin et l'envie, mais nous ne pensions pas rencontrer si vite un tel succès [52]. »

Comme toutes les contraintes, la nécessité de faire avec de toutes petites surfaces stimule la créativité et offre une occasion de se distinguer. Certains contextes, sur la planète, favorisent particulièrement l'émergence des Géo Trouvetout du gain de place. Ainsi, au Japon, des architectes se révèlent capables de vous glisser une maison tout en longueur dans un mince interstice entre deux bâtiments existants, comme un livre qu'on coincerait sur un rayonnage de bibliothèque déjà encombré, et

---

50 Christophe Robert, « Comment la crise du logement influe sur l'évolution des familles… et vice versa », art. cit.

51 Site de location de vacances entre particuliers. *Cf.* Evgeny Morozov, « De l'utopie numérique au choc social », *Le Monde diplomatique*, août 2014.

52 Sixtine Dubly, « Tout changer sans déménager ! », *Marie Claire Maison*, février 2013.

de la doter comme par enchantement d'un intérieur généreux qui semble sans rapport avec sa situation [53]. On croirait voir la tente de camping de la famille Weasley dans *Harry Potter* : on y entre en se contorsionnant, à quatre pattes dans l'herbe, et on se retrouve dans un appartement de trois pièces avec salle de bains, cuisine et lits superposés. « J'adore la magie [54] », murmure Harry avec émerveillement lorsqu'il y pénètre pour la première fois. On le comprend.

Et puis il y a Hong Kong, l'une des zones les plus densément peuplées du monde. Le photographe Michael Wolf a réalisé des images vertigineuses de certains de ses immeubles. Ils sont pris de loin, de sorte que leurs façades se réduisent à des motifs abstraits, et pourtant on n'en devine ni le haut ni le bas. Ils semblent « coupés de tout contexte terrestre ou céleste [55] ». On a du mal à croire que ces points minuscules et innombrables sont en réalité des fenêtres derrière lesquelles des êtres humains vivent et respirent. Les prix de l'immobilier sont les plus élevés du monde et les logements sociaux manquent. Sur une population de sept millions de personnes, entre cent mille et cent soixante-dix mille vivent dans des « maisons-cages » : des pièces uniques de moins de dix mètres carrés. Certains habitent seuls dans trois ou quatre mètres carrés ; ils partagent la cuisine et les sanitaires avec une dizaine d'autres résidents. D'autres ne disposent que d'une couchette grillagée d'un mètre carré, un « lit-cage » où ils peuvent à peine s'allonger et où ils doivent faire tenir toutes leurs affaires. Une famille de quatre personnes peut s'entasser dans cinq mètres

---

53 *Cf.* en ligne, par exemple, la OH House d'Atelier Tekuto, la Near House de Mount Fuji Architects Studio ou la Promenade House de FORM/Kouichi Kimura Architects.

54 J. K. ROWLING, *Harry Potter et la coupe de feu* [2000], traduit de l'anglais par Jean-François Ménard, Gallimard, « Folio Junior », Paris, 2007 (la réplique de Harry n'existe que dans le film).

55 « Stunning photos of architectural density in Hong Kong », Demilked.com, 5 avril 2013.

carrés. La chaleur est infernale et l'aération, défaillante ou inexistante. Une série de photos prises depuis le plafond, réalisées à l'initiative d'une ONG locale, donnent une idée de la sensation d'oppression engendrée par de telles conditions de vie [56]. « On se croirait dans un cercueil [57] », déclare le locataire d'une couchette, M. Lam.

L'architecte hongkongais Gary Chang a passé son enfance dans un appartement de trente-deux mètres carrés où il vivait avec ses parents, ses trois sœurs et... une locataire. Il dormait dans le salon, qui se résumait plus ou moins à un couloir. Après le déménagement de sa famille, au terme de ses études, il a racheté l'endroit. En 2008, alors qu'il gagnait désormais bien sa vie, il y a mis en œuvre un projet baptisé *Domestic Transformer*. Il a abattu les murs et installé des parois coulissantes grâce auxquelles cet espace unique se transforme en différentes pièces au gré de ses besoins et de ses envies : cuisine, salle de bains avec baignoire et douche, chambre à coucher, salon de télévision, bibliothèque, coin lecture, home cinéma avec hamac, salle de jeux vidéo, chambre d'amis, buanderie, dressing... « Je ne bouge pas : la maison bouge pour moi [58] », explique-t-il. Il a installé des miroirs pour améliorer la luminosité et apposé sur la grande fenêtre un filtre qui crée une atmosphère chaude et dorée. Ironiquement, le projet lui a coûté plus de 200 000 dollars : il aurait été plus avantageux de déménager. Mais il considère ce lieu comme son laboratoire ; et, de fait, ses expérimentations lui ont valu une notoriété internationale [59]. L'émission *World's Greenest Homes*

---

56 Mathilde Sagaire, « Hong Kong, la vie en cage », Slate.fr, 1er mai 2013.

57 Anouk Burel et Didier Dahan, « Hong Kong, des hommes en cage », *Envoyé spécial*, France 2, 24 octobre 2013.

58 « The transformer : Hong Kong architect's tiny apartment has 24 room options », HuffingtonPost.com, 30 juin 2010.

59 Virginia Gardiner, « 24 rooms tucked into one », *The New York Times*, 14 janvier 2009.

(« Les maisons les plus vertes du monde ») de la chaîne américaine Discovery Channel lui a consacré un reportage.

On peut même faire mieux que s'accommoder des petits espaces : on peut les revendiquer comme un idéal. Aux États-Unis, Jay Shafer a connu la célébrité en 2007, quand l'émission télévisée d'Oprah Winfrey a popularisé son concept de *tiny house* (« toute petite maison »). Il vivait alors au vert dans une charmante habitation de neuf mètres carrés montée sur roues, bourrée d'idées ingénieuses, avec un toit à deux versants et un porche. Structure en bois clair, surfaces en aluminium, édredon blanc sur le lit en mezzanine : son design sobre conférait à son intérieur une rusticité élégante. Il avait même réussi à y caser une cheminée. En dix ans, entre son Iowa natal et la Californie, où il s'est installé, il a vécu dans trois *tiny houses* qu'il avait dessinées et construites lui-même. Après avoir cofondé en 2002 la Small House Society, il a lancé une entreprise de conception de maisons semblables à la sienne. Elles peuvent trouver place sur un bout de terrain acheté à cet effet, mais aussi au fond du jardin d'un tiers. Les prix ne dépassent pas 30 000 dollars.

Dédramatiser les questions de logement et de propriété dans une Amérique que ses crédits immobiliers pourris étaient en train de mener à la catastrophe, promouvoir une vie plus simple, plus équilibrée et plus écologique : le concept avait tout pour séduire. Shafer expliquait que, à ses yeux, un espace aussi exigu représentait le « vrai luxe » : comme sa maison n'engloutissait pas une grande part de ses revenus et qu'il ne perdait pas de temps à l'entretenir, il pouvait se concentrer sur les choses qu'il avait « vraiment envie de faire dans la vie [60] ». Si sa démarche a suscité beaucoup d'intérêt et de fantasmes, le nombre de ceux qui l'ont imité est resté modeste : quoique difficile à évaluer, il s'élevait en 2011 à quelques centaines ou un millier pour l'ensemble des

60 « Inside a 96-square-foot home video », www.oprah.com, février 2007.

États-Unis [61]. Parmi eux, Tammy Strobel, installée avec son mari dans une *tiny house* à Portland, raconte comment, il y a quelques années, elle subissait un quotidien absurde, passant chaque jour des heures dans les transports pour se rendre à un boulot qu'elle détestait afin de pouvoir acheter une camelote dont elle n'avait pas besoin. Désormais, entre deux cours de yoga, elle reste dans son intérieur chaleureux tapissé de pin, à lire devant la fenêtre en regardant la pluie tomber et en savourant un bon café, son chat à ses côtés [62].

Les adeptes du *living small* ne manquent pas d'arguments. Shafer souligne qu'entre 1950 et 2000, alors que la taille moyenne d'un foyer diminuait, la surface moyenne d'une habitation neuve aux États-Unis a plus que doublé : 218 mètres carrés, soit quatre fois la moyenne internationale [63]. Lui-même a grandi dans une maison de 370 mètres carrés qui représentait pour ses parents un signe de réussite sociale et dont certaines pièces, comme la salle à manger, n'étaient quasiment jamais utilisées [64]. « Nous aimons nos maisons comme nous aimons nos portions alimentaires : énormes et peu chères [*big and cheap*] [65] », assène-t-il. Alors que les constructeurs appliquent en général des finitions cache-misère sur les matériaux bon marché utilisés pour la structure, il a adopté le parti pris inverse : toujours privilégier la qualité sur la quantité, de sorte que, au mètre carré, ses maisons sont probablement les plus chères des États-Unis.

Dans de nombreux États américains, il existe une surface minimum légale pour les habitations, ce qui oblige les propriétaires de *tiny houses* à ruser : ils dotent leurs maisons de roues,

---

61 Alec WILKINSON, « Let's get small », *The New Yorker*, 25 juillet 2011.

62 Merete MUELLER et Christopher SMITH (réal.), *Tiny. A Story About Living Small*, Speak Thunder Films, 2013.

63 Jay SHAFER, *The Small House Book*, Tumbleweed Tiny House, Sonoma, 2009.

64 Alec WILKINSON, « Let's get small », art. cit.

65 Merete MUELLER et Christopher SMITH, *Tiny. A Story About Living Small*, *op. cit.*

même s'ils ne comptent pas les déplacer, de façon à ce qu'elles soient considérées comme des habitations temporaires et tombent sous le coup d'une réglementation différente (avec une surface maximum, et non plus minimum). Shafer peste contre ces législations qui contribuent selon lui à maintenir un grand nombre de gens à la rue, faute de logements abordables. Certains de ses compatriotes ont d'ailleurs vu dans la *tiny house* une solution pour les sans-abri. Dans le Wisconsin, des volontaires du mouvement Occupy Madison ont achevé en novembre 2014 la construction de neuf petites maisons en bois recyclé financées grâce à des dons. Au Texas, en Californie, dans l'Oregon, des villages semblables, regroupant des unités d'habitation individuelles autour d'une cuisine et de sanitaires communs, offrent une alternative « en dur » aux villes de tentes [66]. Dans une surenchère permanente à la réduction des coûts, un artiste californien propose même une *tiny house* à 100 dollars, qui évoque toutefois davantage une niche à chien qu'une habitation humaine [67].

Shafer se définit comme un « claustrophile », et quiconque a eu une cabane dans son enfance comprendra ce qu'il veut dire. Incontestablement, il y a une magie des petits espaces. Ils correspondent à l'archétype du refuge, à l'abri primitif dont les frontières se rapprochent autant que possible de celles du corps. Pouvoir embrasser d'un seul regard tous les éléments indispensables à la vie procure une sensation de réconfort et de sécurité, une satisfaction intense. Sous vos yeux, ils forment un tableau bien net : l'essentiel est là, à portée de la main. Vous n'habitez pas une maison parmi d'autres, mais une quintessence, un concentré, une matrice de maison. Dans une société qui ne cesse de vous inculquer de faux besoins et qui par là tend à faire de vous une créature débile dépendante d'innombrables prothèses, vous

---

66 Tim Murphy, « Home petite home », Buzzfeed.com, 16 janvier 2015.

67 Linda Federico-O'Murchu, « Tiny houses : a big idea to end homelessness », CNBC.com, 29 mars 2014.

éprouvez une fierté enivrante à l'idée de pouvoir vous contenter de peu. En outre, la petitesse de votre logement lui donne une dimension ludique, aventureuse, comme si vous aviez été catapulté dans la maison de poupées de votre enfance. Préparer un repas revient à jouer à la dînette. La vie perd de son sérieux ; elle s'allège.

L'écrivaine Nicole Cooley parle à juste titre de l'« énorme pouvoir du miniature ». Elle a consacré un texte magnifique à la maison de poupées et à la fonction qu'a remplie ce jouet si particulier pour plusieurs générations de femmes dans sa famille d'immigrés d'Europe de l'Est aux États-Unis : celle d'objet thérapeutique, de talisman, de sésame, d'ouvroir des possibles, de tremplin imaginaire. En reconstituant en modèle réduit le quotidien d'un foyer américain typique des années 1950, sa mère, encore petite fille, a accompli ses premiers pas vers une vie différente : « Les canapés de la maison de poupées ne sont pas recouverts de plastique pour les protéger. Personne ne cuisine de strudel, de goulasch ou de nouilles au fromage blanc dans la cuisine de la maison de poupées. Personne ne marmonne des prières la nuit, penché sur une bible croate. » Plus tard, à La Nouvelle-Orléans, où elles vivaient, sa mère a offert à Nicole une maison de poupées qu'elle avait fabriquée spécialement pour elle. Lors des inondations de 1978, toutes les affaires de la famille ont été emportées, sauf la maison de poupées : « Ma mère m'avait fabriqué un univers miniature parfait qui restait à l'abri pendant que le reste du monde s'écroulait [68]. »

L'essayiste et romancière Chantal Thomas, rendant hommage à la chambre de bonne qu'elle habitait durant ses études, écrit pour sa part : « Dans ce Paris étranger, dont j'ignorais encore tout, ma première chambre, tel le rectangle de douceur d'une serviette étendue sur la plage, m'offrait les contours sûrs

---

68 Nicole Coolie, « My dollhouse, myself : miniature histories », TheFeministWire.com, 14 août 2013.

d'un abri [69]. » Comme elle, je garde un souvenir ébloui de la pièce minuscule où j'ai emménagé en quittant le nid familial, à Genève. Avant mon arrivée, elle servait à mes colocataires de débarras et de chambre d'amis. Donnant sur le passage voûté qui reliait la rue à un jardin intérieur, elle ne recevait pas de lumière directe. Elle n'en était pas moins très belle, grâce au parquet fauve et aux murs immaculés qu'elle partageait avec le reste de l'appartement. Son atmosphère un peu sombre, où brillaient les lumières chaudes de mes lampes et de mes bougies, ne la rendait que plus intime. J'avais encastré un petit bureau en bois dans le renfoncement de la fenêtre, tapissé les parois de mes images fétiches, posé une planche sur le radiateur en guise de chevet, pincé une lampe métallique sur le tuyau du chauffage (central !) pour pouvoir lire au lit, habillé ma couette d'une housse d'un bleu foncé intense. Un placard aux dimensions généreuses suffisait à accueillir mes vêtements, mes livres et mes classeurs de la fac. C'était mon royaume ; c'était le paradis. Un an et demi plus tard, mon studio lillois, tout aussi minuscule et idyllique, mais inondé de soleil, devait tirer un charme supplémentaire de son adresse : *16, place de la Nouvelle-Aventure*. Le soir, je m'endormais bercée par le ronronnement du réfrigérateur, situé à environ un mètre de mes pieds, avec la sensation que lui, moi et tous les autres éléments qui m'entouraient formions une seule et même constellation domestique.

S'adapter, mais jusqu'où ?

Living small : autant dire qu'un tel mot d'ordre sonne de façon plutôt cocasse aux oreilles de beaucoup d'Américains des grandes villes. Le journaliste du *New Yorker* qui s'y est intéressé avoue sa perplexité devant la microtendance des *tiny houses* :

---

69 Chantal Thomas, *Comment supporter sa liberté*, Payot, Paris, 1998.

« D'une manière générale, les gens à New York souhaitent vivre dans un endroit plus petit aussi souvent que les passagers d'un avion désirent de plus petits sièges [70]. » Peut-être ma propre condition de Parisienne influe-t-elle également sur mon appréciation du phénomène ; mais tout de même... Et si l'enchantement des petits espaces était réservé aux commencements ? Et s'ils suscitaient une telle euphorie parce qu'ils représentent un pied dans la porte du monde des adultes, lorsque vous commencez à voler de vos propres ailes, que vous inventez la façon dont vous voulez vivre et que vous savourez votre liberté toute neuve ? Et s'ils ne convenaient qu'à cette période de l'existence ?

En dressant leur liste des composantes de l'habitation idéale, l'architecte Christopher Alexander et ses collègues ont bien tenu compte du besoin de se retrancher, de se pelotonner : on trouve dans leur livre des entrées intitulées « Alcôves » ou « Endroit secret » (un chapitre inspiré par Bachelard, là encore). Mais leurs petits espaces s'inscrivent dans le cadre de la maison ; ils ne *constituent* pas la maison [71]. Cela paraît sage. Il faut se méfier de la fatigue, de l'usure, des frustrations qu'ils font naître à la longue. On peut en avoir assez de devoir rentrer la tête entre les épaules pour éviter de se cogner au plafond en allant se coucher sur sa mezzanine mansardée, ou de devoir garder les coudes collés au corps en prenant sa douche. Quand on vit à deux ou plus, on peut avoir parfois envie de fermer une porte et de s'isoler une heure – et pas aux toilettes, si possible. Je parie qu'à Hong Kong Gary Chang s'énerve, le soir, quand le mécanisme de son lit escamotable se grippe alors qu'il tombe de fatigue. Je parie qu'ils ont tous plus de problèmes de stockage et de rangement qu'ils ne voudront jamais l'admettre. En 2014, l'*Oprah Winfrey Show* est retourné voir Jay Shafer pour sa séquence « Que sont-ils devenus ? ». Désormais marié et père de deux enfants, il avait déménagé dans un « palais »

---

70 Alec WILKINSON, « Let's get small », art. cit.

71 Christopher ALEXANDER, *A Pattern Language*, *op. cit.*

de quarante-six mètres carrés. Installée au fond du jardin, son ancienne habitation de célibataire lui sert de bureau [72]. Lucide, il déclare que la *tiny house* peut convenir lorsqu'on vit seul ou en couple, mais que les choses se compliquent avec une famille [73]. Entre une roulotte de neuf mètres carrés et la boursouflure d'une maison américaine typique, il y a de la place pour des solutions intermédiaires. Et s'il s'agit de loger les familles sans abri, on pourra préférer la « Maison des jours meilleurs », construction préfabriquée en bois de cinquante-sept mètres carrés que l'architecte français Jean Prouvé avait conçue à la demande de l'abbé Pierre en 1956, mais dont le prototype ne fut jamais homologué.

Car il ne s'en faut pas de beaucoup pour que le carrosse du petit espace « malin » redevienne la citrouille du mal-logement. En janvier 2013, alors qu'il était encore maire de New York, Michael Bloomberg avait annoncé la construction d'un complexe de micro-appartements – entre vingt-trois et trente-quatre mètres carrés – destinés à accueillir des couples ou des familles monoparentales. Le projet retenu, livrable à l'automne 2015, devait réduire autant que possible le sentiment d'oppression grâce à de grandes fenêtres, des balcons et des espaces communs : terrasse, buanderie, salle de gym... Des experts ont cependant alerté sur les illusions et les dangers d'une telle réponse au manque de logements abordables. L'un d'eux, spécialiste du design en lien avec la santé humaine, jugeait cette configuration « fantastique » pour des jeunes gens dans la vingtaine, mais conseillait vivement de l'oublier pour toutes les autres catégories de population. Il invitait à imaginer la claustrophobie des résidents lorsqu'ils n'auraient le choix, le soir, qu'entre leur unité d'habitation exiguë et des espaces communs envahis de voisins. De telles situations, prévenait-il, augmentaient les risques de

---

72 « Jay Shafer, the man with a tiny house, has had to expand – just a little », HuffingtonPost.com, 19 février 2014.

73 Merete Mueller et Christopher Smith, *Tiny. A Story About Living Small*, *op. cit.*

violences domestiques et d'addictions – à Hong Kong, la courbe des comportements abusifs à l'égard de proches s'est envolée en même temps que celle de la population [74]. De plus, s'ils peuvent être amusants les premiers temps, les lits et tables escamotables impliquent des tâches quotidiennes supplémentaires qui, à la longue, deviennent pesantes ; les occupants négligent alors de les replier et se retrouvent dans un environnement encore plus impraticable. Les enfants souffrent de troubles de la concentration, ce qui les pénalise dans leur scolarité. Enfin, le fait de ne pas pouvoir recevoir des amis nuit à la vie sociale et affective des locataires. Un professeur de psychologie remarque que les petits espaces n'envisagent le logement que sous son aspect pratique, alors qu'il doit aussi remplir d'autres fonctions [75]. Nous y revoilà…

Pouvoir inviter ses amis, oui. Pouvoir donner des dîners, des fêtes ; pouvoir pousser les meubles pour danser – ou même, soyons fous, *ne pas* pousser les meubles pour danser. Pouvoir héberger quelqu'un sans sacrifier l'intimité et le confort de tous. Disposer, dans une pièce au moins, d'un espace dégagé où l'on puisse étaler un tapis de gym, s'allonger, s'étirer, déplier ses bras et ses jambes, sans heurter les meubles… Une jeune femme sur le point d'emménager dans une nouvelle maison en Normandie me la décrit comme « une baraque de briques avec de grandes fenêtres partout, plein de ciel, une cheminée en état de fonctionnement et pas trop de murs pour qu'on puisse faire des bonds sans se cogner partout ». Dans *Les Ghettos du gotha*, les Pinçon-Charlot évoquent la « générosité de l'espace » dans les résidences de la bourgeoisie et détaillent ses implications pour les enfants qui y sont éduqués : « Le corps lui-même, dans les pièces communes, salle à manger et salon, est modelé par sa

74 Virginia Gardiner, « 24 rooms tucked into one », art. cit.

75 Jacoba Urist, « The health risks of small apartments », TheAtlantic.com, 19 décembre 2013.

mise en scène permanente devant le regard d'autrui. [...] Petit à petit, l'enfant s'habitue à gérer ses gestes sous le regard des autres. Celui qui a grandi dans un logement ouvrier étriqué, encombré, sait combien il est difficile de maîtriser son corps dans une situation publique où l'on se trouve exposé aux regards. Ces expériences, qui peuvent paraître mineures, sont fondatrices de l'aisance ou du malaise en public [76]. »

Parce qu'ils ont conscience de ces enjeux, formulés par leurs aînés après Mai 68, certains architectes français dénoncent aujourd'hui une « diminution progressive des surfaces habitables des logements neufs du parc HLM ». Et cela, soulignent-ils, alors que l'on observe une augmentation du temps passé à domicile, « du fait de la diminution du temps de travail, du chômage, et de l'accroissement des dépenses d'équipement domestique (télévision plasma grand écran, home vidéo, ordinateur, console de jeux, etc.) ». En outre, si l'enfant, devenu adulte, reste trop longtemps tributaire du soutien et du logement familiaux – ce qui, par les temps qui courent, n'est pas à exclure –, sa chambre de neuf mètres carrés risque de se transformer en « véritable cellule de pénitent [77] ».

Jay Shafer ne s'est jamais remis du temps que sa sœur et lui ont perdu à passer l'aspirateur dans l'immense maison de leurs parents. Il apprécie donc le fait que sa *tiny house* ne demande pas beaucoup d'entretien. Cependant, il peut être plus facile de nettoyer un logement de dimensions raisonnables et peu encombré qu'un petit espace saturé. Et puis, on peut juger acceptable de consacrer du temps au ménage si cela permet de jouir de tous les avantages d'une habitation digne de ce nom – après tout, bien vivre ne consiste pas tant à s'épargner toute fatigue qu'à choisir pour quoi on veut se fatiguer. Car une

---

76 Michel Pinçon et Monique Pinçon-Charlot, *Les Ghettos du gotha*, *op. cit.*

77 « Habitat social – Existenz minimum », Laboratoire Urbanisme insurrectionnel, mars 2013, http://laboratoireurbanismeinsurrectionnel.blogspot.fr.

maison ne peut jouer correctement son rôle de maison sans un minimum de surface. Parce qu'elle est à la fois un lieu dans le monde et un monde en elle-même, elle doit pouvoir se déployer. Elle doit tenir l'extérieur en respect, le ramener à une présence distante, si possible esthétique et agréable, ou du moins non intrusive. Tous ceux qui ont fait l'expérience d'une mauvaise isolation phonique, par exemple, savent que les bruits trop envahissants provenant du dehors ou de chez les voisins ruinent le concept même d'habitation. Pour cette raison, d'ailleurs, on peut présumer que la fascination si répandue pour les demeures des riches ne traduit pas forcément, ou pas seulement, chez les gens ordinaires, le rêve d'un train de vie luxueux ou un désir de distinction sociale : on les envie parce que leurs maisons, spacieuses, solides, parfois entourées d'hectares de terrain, sont des paroxysmes de maison. Elles sont des univers autonomes, puissants, protecteurs, pleinement capables de faire pièce au monde extérieur.

Sur l'un des innombrables blogs américains consacrés aux *tiny houses*, je tombe sur cette citation d'Albert Camus : « Le seul moyen d'affronter un monde sans liberté est de devenir si absolument libre qu'on fasse de sa propre existence un acte de révolte. » L'affichage d'une telle philosophie a de quoi laisser perplexe. Devient-on « absolument libre » en se pliant en quatre dans une roulotte ? La capacité de ruser avec un système, de trouver des moyens de lui échapper, est bien sûr précieuse. Mais peut-on éternellement éviter de l'attaquer de front ? Jusqu'à quel point peut-on persévérer dans la suradaptation à une situation subie ? Si on élude cette question, la rébellion finit par ressembler étrangement à une capitulation. Lorsque Shafer déclare qu'une petite maison est pour lui la solution idéale car elle présente l'avantage de ne pas engloutir tous ses revenus, il s'incline devant le coût actuel du logement aux États-Unis. Il en fait une sorte de loi naturelle, contre laquelle on ne pourrait rien, alors qu'il s'agit d'une donnée conjoncturelle, propre à un pays et à une époque, résultant d'un ensemble de décisions humaines, d'un rapport de forces politique.

À Hong Kong ou au Japon, le manque d'espace découle en partie de la densité de la population et de contraintes naturelles – en partie seulement : à Hong Kong, surtout, comme on l'a vu, les pauvres en subissent les conséquences bien plus que les riches. Mais, ailleurs, la densité ne joue aucun rôle. À Paris, 193 000 logements, soit 14 % du parc immobilier, « correspondent à des résidences secondaires, logements occasionnels ou biens vacants [78] ». L'Europe compte onze millions de logements vides, soit deux fois plus que de sans-abri [79]. La crise américaine des *subprimes* a été provoquée en 2007-2008 par l'irresponsabilité des banques, elle-même permise par la dérégulation de la finance et par la promotion de l'accès à la propriété immobilière comme solution universelle. Les adeptes du *small living* occupent donc exactement la place qu'un ordre social inique leur assigne. Ils se contorsionnent pour entrer dans le placard qu'on veut bien leur laisser et prétendent réaliser par là leurs désirs les plus profonds.

Dans son texte sur les maisons de poupées, Nicole Cooley admet qu'il y a aussi, dans sa fascination pour le miniature, dans son besoin de s'y projeter, un aspect problématique. Toute sa vie, dit-elle, elle a lutté pour réduire la taille de son corps, pour le contraindre. Elle a toujours désiré être plus petite qu'elle ne l'était. Elle comptait les calories, s'épuisait à faire du sport. Elle prenait des mesures de tous ses membres, de ses tours de poignet, de taille, de poitrine, et tenait des statistiques. Et si, un soir, en passant devant une vitrine, à New York, elle tombe en arrêt

---

78 Data Publica, « Les chiffres étonnants des résidences secondaires-occasionnelles et logements vacants à Paris », Slate.fr, 14 mars 2014.

79 Rupert Neate, « Scandal of Europe's 11m empty homes », *The Guardian*, 23 février 2014.

devant une splendide maison de poupées, c'est parce que l'objet la transporte dans un lieu où elle est « instantanément, merveilleusement petite et menue ». Mieux, même : « Si je reste assez longtemps devant cette vitrine, parfaitement immobile, à regarder de tous mes yeux, si je reste là assez longtemps, je n'ai plus du tout de corps [80]. » Cette impression de prendre toujours trop de place, quoi que l'on fasse, est une névrose féminine caractéristique, le résultat d'une oppression diffuse métabolisée en haine de soi, qui explique l'obsession de la minceur. Mais il me semble retrouver chez les adeptes des petits espaces la même culpabilité. Eux aussi obéissent à cette injonction à disparaître qu'on leur adresse. À Hong Kong, une jeune fille visite une sorte de placard sans lumière proposé à la location ; lorsqu'elle proteste qu'elle ne peut même pas y entrer, la propriétaire lui rétorque : « C'est parce que tu es trop grande [81] ! »

Ne faut-il pas, à un certain point, se décider à élargir le cadre, à exercer son esprit critique et à contester ce qui doit l'être ? Reprenons l'exemple de New York, troisième ville la plus inégalitaire des États-Unis. Entre 2005 et 2012, le loyer médian y a augmenté de 11 %. Plus de la moitié des locataires, dont le revenu, durant la même période, n'a crû que de 2 %, dépensent au moins un tiers de leur budget pour se loger. Au cours de ses trois mandats de maire (2002-2013), le promoteur des « micro-appartements », le républicain Michael Bloomberg, lui-même onzième fortune américaine selon le classement de *Forbes*, s'est montré « entièrement dévoué au bien-être et au confort de la minorité d'ultrariches, au prétexte qu'ils contribuent le plus aux recettes fiscales de la ville : 5 % des foyers new-yorkais se partagent 38 % des revenus globaux [82] ». Il voyait dans le manque de logements

---

80 Nicole Coolie, « My dollhouse, myself : miniature histories », art. cit.

81 Anouk Burel et Didier Dahan, « Hong Kong, des hommes en cage », *loc. cit.*

82 Eric Alterman, « Une timide brise de gauche souffle sur New York », *Le Monde diplomatique*, juillet 2014.

abordables un « bon signe », une preuve du dynamisme de l'économie de la ville [83]. Son successeur, le démocrate Bill de Blasio, élu en décembre 2013, a promis, lui, de créer deux cent mille nouvelles unités d'habitation à loyer modéré. Peu après son entrée en fonctions, il a engagé un bras de fer avec un promoteur et obtenu qu'il augmente le nombre de logements sociaux prévus sur le terrain d'une ancienne raffinerie de sucre à Brooklyn. Sa marge de manœuvre est faible et les adversaires ne manquent pas, y compris dans son propre camp ; mais, au moins, il semble vouloir essayer.

Quant à l'argument selon lequel les petits espaces seraient « écologiques »... On s'illusionne gravement si l'on croit pouvoir sauver la biosphère en se résignant à sa position de perdant dans la distribution des richesses. Pour Jay Shafer, « le bonheur tangible d'une vie bien vécue vaut un millier de protestations véhémentes ». Plutôt que de « gaspiller son énergie à essayer activement de changer cette société consumériste », il convient selon lui d'« enseigner par l'exemple [84] ». Pourquoi pas ; mais force est de constater que cela ne marche pas toujours. Cela n'a pas marché, en tout cas, avec celle à qui il doit sa notoriété. Oprah Winfrey a certes été enthousiasmée par ses idées, mais pas au point de se convertir elle-même à sa définition de la simplicité comme du « vrai luxe ». Outre un manoir à 85 millions de dollars sur une immense propriété baptisée « The Promised Land », en Californie, l'impératrice de la télévision américaine possède un appartement à Chicago, un chalet dans le Colorado, deux résidences dans le New Jersey, une dans la baie de Miami, une en Géorgie, ainsi qu'une maison de vacances à Hawaï (une propriété de onze chambres où Michelle Obama a fêté ses cinquante ans en 2014) et une autre sur l'île

---

83 Max Rivlin-Nadler, « Michael Bloomberg thinks lack of affordable housing is a "good sign" », Gawker.com, 19 octobre 2013.

84 Jay Shafer, *The Small House Book*, *op. cit.*

d'Antigua, aux Antilles [85]. Bien sûr, elle voyage de l'une à l'autre dans son jet privé. En 2009, elle clamait que c'était « génial d'avoir un jet privé », mettant en transe un blogueur du *Wall Street Journal* qui voyait dans une telle publicité un espoir de reprise après l'éclatement de la crise [86].

La part de richesse qui échappe aux classes moyennes et populaires ne s'évapore pas : elle est dépensée... par les riches [87]. Oprah Winfrey avait vendu à ses téléspectateurs la *tiny house* de Shafer comme « la plus petite maison du monde ». Dans son documentaire *The Queen of Versailles*, en 2012, Lauren Greenfield s'est intéressée, elle, au record inverse [88]. En 2004, en Floride, le milliardaire David Siegel et sa femme Jackie, ancienne reine de beauté, ont entrepris de bâtir pour eux et leurs huit enfants ce qui devrait devenir la plus grande maison pour une seule famille sur le territoire américain : une demeure de huit mille trois cents mètres carrés inspirée de Versailles [89]. Elle devrait abriter trente salles de bains, dix cuisines, une salle de bal, un bar à sushis, un bowling, un spa, deux cinémas, une aile spéciale pour les enfants avec une salle de spectacle, une autre aile pour les domestiques, un parking de trente places... Au début du film, la réalisatrice suit Jackie Siegel en visite sur le

---

85 Source : Wikipédia.

86 Robert Frank, « Oprah : "It's great to have a private jet" », *The Wealth Report*, 11 mai 2009.

87 *Cf.* Hervé Kempf, *Comment les riches détruisent la planète* [2007], Points, « Points Essais », Paris, 2014.

88 Lauren Greenfield, *The Queen of Versailles, op. cit.*

89 Les Siegel apparaissent toutefois comme de petits joueurs si l'on se souvient des demeures extravagantes construites par les super-riches à la fin du XIXe siècle et au début du XXe siècle (jusqu'en 1914, il n'existait pas d'impôt sur le revenu aux États-Unis). Le record historique de la plus grande maison privée reste détenu par Biltmore, le palais de 16 000 mètres carrés et 250 pièces que George Washington Vanderbilt se fit construire en 1888 en Caroline du Nord en s'inspirant, pour sa part, des châteaux de la Loire. *Cf.* Bill Bryson, *At Home. A Short History of Private Life*, Doubleday, Londres, 2010.

chantier avec une amie, ce qui donne des dialogues du genre : « Et là, ce sera ta chambre ? » « Non, ce sera mon placard ! » C'est pour les Siegel que travaille Virginia Nebab, la domestique philippine dont le père rêvait d'une maison en béton. Elle a demandé à pouvoir récupérer pour elle-même une cabane de jeux délaissée par les enfants ; bien qu'incapable de comprendre quel intérêt elle pouvait bien lui trouver, son employeuse la lui a accordée. Elle va s'y réfugier quand elle éprouve le besoin de fuir l'agitation continuelle qui règne dans l'imposant manoir des Siegel.

Au milieu du tournage, en 2007, la crise a éclaté. Les affaires de David Siegel ont durement souffert, l'obligeant à interrompre les travaux de « Versailles ». Greenfield continue à suivre le quotidien de la famille dans sa maison actuelle – dix-sept salles de bains seulement. Le couple se délite. Jackie Siegel répète mélancoliquement qu'elle a épousé cet homme « pour le meilleur et pour le pire », sans que l'on réussisse tout à fait à la croire. Lui, miné par les soucis, s'irrite parce qu'elle se révèle incapable de réduire son train de vie ; il devient méchant. « Je crois qu'il l'a épousée pour pouvoir l'exhiber comme un trophée et qu'il ne l'aime pas vraiment », déclare tranquillement à la caméra l'une des filles adolescentes du couple. Obligés provisoirement de prendre des vols commerciaux, les enfants, habitués aux jets privés, sont eux-mêmes un peu déconcertés et demandent à leur mère ce que tous ces étrangers font dans leur avion. Jackie Siegel conserve dans un entrepôt les milliers de meubles et de bibelots qu'elle destine à son futur palais. Une séquence la montre, à la veille de Noël, quadrillant avec sa progéniture les allées d'un magasin de jouets ; chacun pousse un chariot dans lequel il entasse frénétiquement tout ce qui lui tombe sous la main, au grand affolement de la domestique qui les accompagne. Question : combien faut-il de Jay Shafer pour compenser l'empreinte écologique d'une Oprah Winfrey ou d'une famille Siegel ? Et surtout, est-ce juste ?

Célébrer les mille et une ressources et l'inventivité de ceux qui s'arrangent le moins mal possible avec leurs conditions d'existence ; les persuader qu'ils ne sont pas les dindons de la farce, mais les pionniers d'un mode de vie plus écologique et plus convivial ; vanter la redécouverte des plaisirs simples : un procédé classique. En 2009, après l'éclatement de la crise financière, les magazines français avaient multiplié les articles annonçant « le temps des consomalins » (*Le Nouvel Observateur*) ou proposant le « guide des nouvelles combines » (*Le Point*). La presse américaine regorgeait d'odes à la « frugalité » ; le *New York Times* présentait à ses lecteurs les « Supermamans frugales » (« Frugal and fabulous moms ») de Springfield, Virginie. Confronté à la crise économique la plus grave depuis celle de 1929, contraint d'éponger les dégâts causés par l'avidité et l'irresponsabilité des banques, le citoyen ordinaire se retrouvait dans une panade sans nom. Qu'importe : les médias l'invitaient unanimement à voir le bon côté des choses, à biner son potager, à s'adonner aux joies du covoiturage, à pratiquer le « yoga du rire » et à « modifier son monde mental » – à défaut de modifier le monde réel [90].

Le graal de la propriété

La plupart des gens, cependant, n'espèrent pas desserrer les mâchoires du piège en s'installant dans neuf mètres carrés, mais en devenant propriétaires. Difficile de ne pas comprendre ce rêve : la certitude de conserver un toit au-dessus de sa tête quoi qu'il arrive, la possibilité de mettre ses enfants à l'abri et d'assurer la continuité de l'histoire familiale, le réconfort que procure le fait d'avoir un lieu à soi, un port d'attache

90 Mona Chollet, « Yoga du rire et colliers de nouilles », *Le Monde diplomatique*, août 2009.

dans ce monde... Le problème, c'est que ce rêve est de moins en moins accessible : selon la Fondation Abbé Pierre, les ménages modestes représentaient 45 % des acquéreurs de résidence principale en 2003, mais seulement 30 % en 2012. Au terme du mandat de Nicolas Sarkozy, qui avait promis en 2007 « une France de propriétaires », le pourcentage de propriétaires occupants n'avait progressé que de deux points (58 %) [91].

Sans même revenir sur la catastrophe provoquée aux États-Unis par les crédits immobiliers pourris fourgués à des foyers insolvables, la volonté de rendre les classes populaires propriétaires à tout prix vire souvent à l'entreprise criminelle. Dans le cadre d'une enquête fouillée sur le « scandale du logement », début 2014, deux journalistes de France 3 sont ainsi allées visiter la cinquantaine de « maisons Borloo » construites au Havre à l'initiative du maire UMP. Lancé en 2005, lorsque Jean-Louis Borloo était ministre du Logement, ce dispositif faisait miroiter des maisons à 100 000 euros. Mustapha et Nadine Merzougui, lui soudeur, elle femme au foyer, trois enfants, se sont laissé séduire par les images enchanteresses qui ornaient la brochure. La caution de la mairie leur a inspiré confiance. Ils racontent avoir vu les ouvriers « aller dans les poubelles chercher le matériel pour faire la maison ». Lorsqu'ils emménagent, en 2010, ils se retrouvent dans une bicoque mal conçue, pas finie, qui très vite se lézarde et pue l'humidité – et cela alors que le coût, dans le quartier, a finalement dépassé le prix annoncé de 30 % à 50 % [92]. Évidemment, impossible de vendre. Les travaux nécessaires sont estimés à 140 000 ou 150 000 euros. Où les trouver ? « Il faut que j'aille vendre de la drogue [93] », se désespère Mustapha Merzougui.

---

91 Luc Le Chatelier, « Crise du logement : l'habitat en pièces », art. cit.

92 Marie Conquy, « Maisons Borloo – Le coup de gueule des propriétaires », 29 novembre 2010, www.francesoir.fr

93 Linda Bendali et Amandine Chambelland (réal.), « Le scandale du logement », *La France en face*, France 3, 20 janvier 2014.

En tout, sept cent vingt mille ménages vivent dans des copropriétés invendables, car dégradées et/ou mal situées [94].

Pour ceux qui peuvent encore, le rêve se paie de plus en plus cher. En France, l'accession à la propriété se fait par un emprunt dans 85 % des cas. Et la durée moyenne d'un emprunt s'allonge : vingt ans en 2014 contre treize en 2000. Un agent immobilier qui vend des maisons dans l'Isère, à une heure de route de Lyon, confie : « Quand j'ai commencé, je ne pensais pas qu'on arriverait à des mensualités de 1 000 euros. 1 000 euros par mois, c'est énorme sur un budget. » Dès lors, acheter revient à devenir « locataire de son banquier [95] ». Loin de mettre à l'abri celui qui le contracte, un emprunt de longue durée le fragilise. Il le rend vulnérable au moindre accident de parcours, d'autant plus qu'il l'empêche souvent d'épargner. Ce n'est pas un hasard si le pouvoir aime les endettés : ils sont obligés de se tenir à carreau. Ils sacrifient le présent dans l'espoir d'assurer l'avenir. Le philosophe Maurizio Lazzarato rappelle que, au Moyen Âge, on condamnait les prêteurs d'argent parce qu'ils vendaient du temps, c'est-à-dire « quelque chose qui ne leur appartenait pas et dont l'unique propriétaire était Dieu ». Aujourd'hui comme hier, la dette, dit-il, c'est le « vol du temps [96] ».

Le contexte actuel rend ce « sacrifice du présent » particulièrement flagrant. La hausse des prix repousse les aspirants propriétaires toujours plus loin en périphérie. Chaque année, cent mille personnes quittent les centres-villes. Dans « Le scandale du logement », les deux réalisatrices donnent l'exemple d'un couple de trentenaires travaillant à Lyon. Parents de deux enfants, et bien que gagnant à eux deux plus de 4 000 euros par

---

94 Luc Le Chatelier, « Crise du logement : l'habitat en pièces », art. cit.

95 Linda Bendali et Amandine Chambelland, « Le scandale du logement », *loc. cit.*

96 Maurizio Lazzarato, *La Fabrique de l'homme endetté. Essai sur la condition néolibérale*, Éditions Amsterdam, Paris, 2011.

mois, ils ont dû s'endetter sur vingt-cinq ans pour avoir une maison et un jardin. Mais ils n'en profitent que très peu : une bonne partie de leurs journées se passe dans les transports. Ils se lèvent à 5 h 30. Le père dépose les enfants à l'école, puis part prendre son train. La jeune femme, elle, fait vingt minutes de voiture, puis une heure de train, puis encore vingt minutes de métro. À la fin de la semaine, ils sont exténués. Le crédit dévore un tiers de leurs revenus. Ils sont obligés d'avoir deux voitures, ce qui leur coûte 800 euros par mois. Ils renoncent donc à la qualité de leur quotidien, au temps passé ensemble, aux loisirs, aux voyages... à à peu près tout, en fait.

Dans un mouvement inverse à l'exode rural, de nombreux ménages précaires, chassés par l'augmentation des prix du foncier, s'installent eux aussi à la campagne, dans un bourg ou un hameau, en espérant y trouver une meilleure qualité de vie. Mais les emplois sont concentrés dans les villes. À défaut de transports publics adéquats, il faut une voiture pour faire les trajets et les employeurs ne remboursent que rarement les frais d'essence. Ceux qui n'en ont pas les moyens, dans l'impossibilité de travailler, se retrouvent pris au piège, sans pour autant vivre mieux. Ils découvrent que les hivers sont longs ; ils grelottent dans des logements vétustes et mal isolés. Seule une minorité parvient à mettre en place des stratégies de résistance efficaces, par exemple en cultivant un potager pour se nourrir. « Dans quatre-vingt-dix départements français sur quatre-vingt-quatorze, la pauvreté est de nos jours relativement plus importante dans les campagnes que dans les villes », soulignaient en 2010 trois géographes qui s'étaient penchés sur le phénomène dans la région de Montpellier. En cause : la crise du monde agricole, mais aussi l'« arrivée de néoruraux pauvres [97] ». Les tristes symptômes que l'on aurait pu croire

97 Gatien Elie, Allan Popelard et Paul Vannier, « Exode urbain, exil rural », *Le Monde diplomatique*, août 2010.

réservés aux villes ont fait leur apparition : les marchands de sommeil, les magasins de hard discount, les Restos du cœur – et, pour la population aisée, les résidences sécurisées.

Se sauver tous ensemble ou pas du tout

Résumons-nous. Payer un loyer exorbitant ; se plier en quatre dans une boîte à chaussures ; se laisser dévorer tout cru par un crédit ; partir à la campagne et passer sa vie dans les transports ; partir à la campagne et s'enfoncer dans la pauvreté... Il faut se rendre à l'évidence : pour ceux qui n'ont pas la chance d'avoir conservé un loyer d'il y a vingt ans, d'avoir acheté il y a longtemps ou d'avoir fait un héritage, il n'existe que de mauvaises solutions aux problèmes de logement actuels. Comment se tirer d'affaire dans un tel paysage ? En étant riche, probablement. *Il faut que j'aille vendre de la drogue* : le cri du cœur de Mustapha Merzougui dit bien le scandale que représente l'impossibilité de répondre par des moyens ordinaires à un besoin aussi légitime et élémentaire que celui d'un lieu décent (ou même agréable, rêvons un peu) pour vivre. Un scandale d'autant plus grand que, pour persuader les exploités de consentir à leur sort, la classe politique ne cesse de glorifier l'honnête citoyen qui travaille et qui est censé s'ouvrir ainsi les portes du paradis.

Ce que chacun peut espérer de mieux, c'est échapper d'une manière ou d'une autre à la loi commune. Que l'on y parvienne ou pas, il faut mesurer la tristesse d'une telle condition : n'avoir une chance de bien vivre qu'en s'extrayant de la masse, en se hissant sur les épaules du plus grand nombre. Il ne peut y avoir de réelle solution que collective. Certes, la perspective d'une société gouvernée par ce principe relève aujourd'hui de la science-fiction, mais ce détail ne doit pas nous empêcher de le crier sur tous les toits. Toute politique qui ne prend pas en compte notre interdépendance fondamentale se condamne à l'échec. Elle ne peut être qu'une fuite en avant vers un monde de plus en plus invivable. Les riches qui, à São Paulo ou ailleurs, se barricadent dans des *gated communities* et se déplacent en hélicoptère s'en tirent sans doute mieux que les pauvres dont ils fuient la vindicte, mais il n'en reste pas moins que, privés de la simple possibilité de flâner dans les rues de leur ville, baignant eux aussi dans la violence, ils mènent une existence objectivement minable.

En plus de se montrer prudent, voire frileux dans ses choix de vie, puisqu'il a un crédit sur le dos, un aspirant propriétaire fera un citoyen moins revendicatif. Pouvant compter (ou croyant pouvoir compter) sur son patrimoine, il se désintéressera d'autant de la progression de son salaire. Il s'inquiétera moins qu'un autre d'une énième réforme des retraites qui aboutit à allonger encore la durée de cotisation et à amputer les pensions. La promotion forcenée de l'accès à la propriété correspond donc aux exigences pratiques du libéralisme ; mais elle correspond aussi, plus largement, à l'individualisme hystérique qui caractérise sa vision du monde. Son présupposé le plus fascinant tient dans cette idée que l'on pourrait rechercher le bonheur tout seul, en se retranchant de la société, en faisant sécession. Toute l'œuvre d'Ayn Rand (1905-1982), idole de la droite américaine et romancière immensément populaire aux États-Unis, s'acharne à étayer cette conviction, que l'expérience ne cesse pourtant de démentir [98].

Pour y croire, il faut être très aveuglé par l'idéologie, ou très naïf, ou les deux. Il faut sous-estimer dramatiquement les voies par lesquelles l'atmosphère du monde dans lequel on vit nous rattrape jusque dans ce que l'on croit avoir de plus intime, la manière dont elle influe sur nos pensées, sur notre bien-être. De

---

98 *Cf.* François FLAHAULT, « Ni dieu, ni maître, ni impôts », *Le Monde diplomatique*, août 2008.

fait, on connaît surtout la façon dont le désarroi général, la montée des injustices et du ressentiment peuvent nous miner : on a davantage d'occasions de l'expérimenter. Il en naît une exaspération qui nourrit un cercle vicieux, car elle semble justifier en retour la défiance et l'individualisme. On mesure mal à quel point, à l'inverse, une atmosphère égalitaire et pacifiée contribuerait à notre bonheur. On a du mal à comprendre l'importance, pour son propre confort mental, non seulement d'être soi-même bien logé, mais de savoir que les autres le sont. La jeune fille qui, à Hong Kong, visitait un placard proposé à la location y a finalement passé trois nuits, avant de retourner chez des amis qui pouvaient l'héberger. En s'en allant, elle était soulagée de quitter ce trou à rats, mais, disait la journaliste en voix off, il n'était « pas sûr qu'elle dorme bien pour autant » la nuit suivante. Même si elle n'avait eu avec eux que des échanges furtifs, elle ne parvenait pas à oublier les autres résidents : « Quand je suis partie, j'ai eu l'impression de les laisser dans un enfer [99]. »

En 2001, un groupe d'intellectuels et de militants proches du Parti communiste français, venant pour certains des associations de chômeurs, avait avancé l'idée d'un « service public du logement ». L'accès gratuit et universel à l'école et aux soins médicaux, rappelaient-ils, paraît aujourd'hui naturel à la plus grande partie de la population. Ces conquêtes historiques, si attaquées et imparfaites soient-elles, ont « profondément adouci, solidarisé et humanisé la société » ; elles ont « élevé le niveau moral et politique du pays ». Il était donc temps à leurs yeux de lancer la bataille pour imposer la même évidence au sujet du logement. Ils imaginaient un service public ouvert à tous, sans conditions de ressources. Les bénéficiaires cotiseraient à un « compte d'accès à l'usufruit ». Une fois que la somme de leurs versements aurait atteint la valeur de leur

---

99 Anouk BUREL et Didier DAHAN, « Hong Kong, des hommes en cage », *loc. cit.*

logement, ils cesseraient de le payer et en conserveraient la pleine jouissance, mais ils ne pourraient ni le louer ni le revendre. Ils assumeraient collectivement les charges et l'entretien. S'ils devaient déménager, en raison, par exemple, d'une naissance, d'une séparation, d'une mutation, du départ d'un enfant, les versements déjà effectués seraient pris en compte [100]. Si, durant certaines périodes, ils étaient confrontés à une baisse de leurs revenus, ils ne pourraient pas être expulsés. Ce n'est là qu'un exemple de ce que l'on peut inventer, mais il dessine déjà une solution bien plus susceptible d'apporter la sécurité qu'un crédit sur vingt-cinq ans. Une solution qui présenterait en outre l'avantage de soustraire la fixation des prix au marché et de ne pas enrichir une banque au passage.

Étant donné le genre de représentations qui traînent dans les têtes, une telle proposition, comme toutes celles qui impliquent la notion de service public ou de gratuité, suscitera immanquablement des cris d'orfraie et des déluges de sarcasmes. On accusera ceux qui la formulent de vouloir une société d'« assistés » ou de rêver d'un univers à la soviétique, rendu grisâtre et uniforme par la dictature de l'égalitarisme. Et, en effet, comment ne pas comprendre cet attachement à notre monde bigarré et joyeusement diversifié, où les uns expriment leur personnalité en faisant empailler leur chihuahua mort pour l'exposer sur le piano, comme Jackie Siegel, et les autres, en calligraphiant avec une admirable créativité « J'AI FAIM » sur un bout de carton ? Qui oserait courir le risque de compromettre de pareilles avancées civilisationnelles ?

Dans la vision où nous sommes enfermés, un logement agréable doit constituer une récompense, le couronnement de

---

100 Bernard Birsinger, Niamoye Diarra, Jean-Claude Mairal, Fabienne Pourre, Jean-Louis Sagot-Duvauroux et Malika Zediri, « Pour la gratuité du logement social – Interventions dans *L'Humanité* », avril-octobre 2001, disponible sur www.peripheries.net.

la réussite, et non un élément de départ. Autrement dit, l'accumulation de richesses, en plus d'être une activité à laquelle tous auraient des chances égales de s'adonner, représente un but en soi, et même le seul que l'on puisse imaginer dans la vie. Il s'agit d'une vision puissamment ancrée. David Siegel a d'ailleurs fait fortune en vendant à ses compatriotes le rêve de la richesse – le rêve américain : il est le roi du *timeshare*, la location touristique en temps partagé. Ses employés aux méthodes de vente agressives font miroiter « au client des supermarchés Walmart » des séjours dans des résidences de luxe à des prix imbattables. Il se vante de « permettre à l'Américain moyen de se sentir comme Rockefeller [101] » ; ce que le *New York Times* formule un peu plus brutalement : « Son entreprise, il faut le dire, a beaucoup en commun avec l'industrie des *subprimes* [102]. »

Il est désastreux, cet imaginaire de la richesse. Parce qu'il implique la pauvreté, d'abord : c'est un modèle de bonheur impossible à universaliser et qui exclut donc le plus grand nombre. Parce qu'il mène au désastre écologique, ensuite – *The Queen of Versailles* montre un univers hideux, bouffi, absurde, qui laisse une sensation de dégoût et d'écœurement violents. Et puis parce qu'il trahit un esprit terriblement étriqué. À l'inverse, qui sait quelles inventions encore inimaginables, quelles expériences inattendues, quelle qualité nouvelle de relations pourrait produire une société qui offrirait à ses membres des conditions matérielles plus homogènes, avec des disparités aussi réduites que possible ?

C'est ce qui frappe lorsqu'on s'intéresse aux situations de mal-logement : tout ce qu'elles empêchent d'advenir, tout ce qu'elles contribuent à étouffer dans l'œuf. Chez la petite

---

101 « More on the saga of David and Jackie Siegel », World Property Channel, 26 juillet 2013, www.worldpropertychannel.com.

102 Joe Nocera, « House of Cards – "The Queen of Versailles" and its lawsuit », *The New York Times*, 21 juin 2012.

Ouarda, par exemple, qui dit toujours « non » quand ses camarades lui proposent de venir chez elle pour faire les devoirs : elle a trop honte de l'appartement insalubre où elle vit avec sa famille. Elle refuse aussi les invitations, puisqu'elle sait qu'elle ne pourra pas les rendre [103]. Cela signifie des amitiés qui n'auront peut-être pas l'occasion de naître, des illuminations au-dessus d'un cahier qui, chez elle ou chez ses camarades, ne se produiront peut-être jamais. À l'inverse, les demeures bourgeoises réunissent toutes les conditions propices à l'épanouissement individuel et intellectuel : « Pour les collégiens, pas question de faire leurs devoirs sur le coin de la table de la salle à manger. Chacun a droit, dès le plus jeune âge, à l'intimité de sa chambre personnelle [104]. »

Bien sûr, on pourra toujours citer l'exemple d'Amira, étudiante dans l'une des classes préparatoires les plus prestigieuses de Paris, dont la famille a participé à l'ouverture d'un squat du DAL (Droit au logement), rue de Valenciennes, début 2013. Ayant grandi dans un studio avec sa mère, sa sœur et son frère, elle racontait avoir parfois dû, pour pouvoir se concentrer, travailler au milieu de la nuit, quand les autres dormaient, ou aller étudier dans la cage d'escalier [105]. Mais nous sommes des êtres humains, pas des bêtes de foire. À moins de se faire une vision particulièrement doloriste de l'existence, on peut présumer qu'Amira aurait été moins fatiguée et plus heureuse, et qu'elle aurait travaillé tout aussi bien, voire encore mieux, dans une chambre à elle. Un logement digne de ce nom ne devrait pas représenter un but, une finalité, mais un point de départ – vers des destinations inconnues et imprévisibles. Car il n'est pas seulement un abri : il est aussi un tremplin. L'écrivain Alain de Botton

---

103 Samuel Bollendorff et Mehdi Ahoudig (réal.), *À l'abri de rien*, *op. cit.*

104 Michel Pinçon et Monique Pinçon-Charlot, *Les Ghettos du gotha*, *op. cit.*

105 Tonino Serafini, « Le cursus d'élite d'Amira, jeune fille mal logée », *Libération*, 15 janvier 2013.

formule ainsi ce qu'il considère comme la principale tâche de l'architecture, bien que l'on parle rarement de la discipline en ces termes : « Rendre plus clair à nos yeux ce que nous pourrions idéalement être. » Un bâtiment joue le rôle de « moule psychologique [106] ». Beaux et accueillants, les lieux où nous vivons ont le pouvoir d'aimanter ce qu'il y a de meilleur en nous.

Chez ceux qui s'en sortent après une jeunesse vécue dans des conditions pénibles et humiliantes, ce traumatisme peut en outre créer un besoin de revanche et de compensation anxieux, frénétique, très dommageable pour la société. Dans *The Queen of Versailles*, une scène montre David Siegel dans le salon familial le matin de Noël. Autour de lui, les enfants arrachent les papiers d'emballage d'une montagne de cadeaux. Lui brandit le seul présent qui semble lui tenir à cœur : une plaque de chocolat Hershey. Au cours du voyage de noces de ses parents, raconte-t-il, dans le train pour Chicago, sa mère avait demandé à son père de lui en acheter une, mais il avait dû refuser : il n'avait pas un sou en poche. Par la suite, son fils lui en a donc offert une à chacun de ses anniversaires et, depuis sa mort, il en mange une pour elle à chaque fête, comme elle le lui a demandé. Bien sûr, on peut voir là une de ces histoires édifiantes que les riches aiment à raconter pour rappeler qu'ils sont « partis de rien » et qu'ils ont « mérité » leur fortune. Mais il est probablement sincère. À la lumière de cette anecdote, on se met soudain à voir la mégalomanie immobilière et les dépenses somptuaires du couple – Jackie vient elle aussi d'un milieu modeste – comme une conjuration sans fin de la pénurie et de la frustration. Et l'on se dit que s'ils n'avaient manqué de rien dans leur enfance, ils auraient peut-être nourri en grandissant des rêves un peu moins affligeants que celui d'avoir dix foutues cuisines.

---

106 Alain de Botton, *L'Architecture du bonheur* [2006], Le Livre de poche, « Références », Paris, 2009.

4

À la recherche des heures célestes. Pour habiter, il faut… du temps

La couette roulée en boule sur le lit ; les habits de la veille jetés en pagaille sur le fauteuil ; la vaisselle du petit déjeuner amoncelée dans l'évier. Les rideaux qu'on n'a pas pris la peine de tirer, les volets qu'on a négligé d'ouvrir avant de partir : de la journée la lumière n'entrera pas dans la maison. Au salon, la table disparaît sous le courrier non ouvert, les livres et les journaux qu'on y a déversés au fil des jours ; on réarrange sommairement les tas lorsqu'ils s'effondrent pendant qu'on dîne, menaçant de s'inviter dans nos assiettes. Dans la salle de bains, le panier à linge déborde. Le week-end, mille occupations plus passionnantes que le ménage nous appellent, qu'il faut caser en seulement deux petits jours, alors on se résout à vivre dans la poussière et le désordre, du moins jusqu'à ce que notre environnement devienne trop chaotique. Je me raccroche au souvenir de cette image façon années 1950 montrant une ménagère occupée à frotter une baignoire étincelante, à genoux sur le carrelage, en tablier, un sourire niais sur le visage, avec ce slogan : « Une maison propre est le signe d'une vie gâchée » (« *A clean house is a sign of a wasted life* »).

Mais ce n'est pas seulement la maniaque de l'ordre contrariée qui, en moi, se désole devant ce spectacle offert jour après jour par le deux pièces d'un couple qui travaille à plein temps.

Car il soulève une interrogation : habitons-nous vraiment nos maisons, nos appartements ? Et si tous ces signes visibles d'un empêchement, d'une interruption, d'un arrachement, en symbolisaient d'autres : l'interruption et l'empêchement de processus existentiels, oniriques, affectifs, intellectuels ; un arrachement à nous-mêmes ? Et si ce paysage domestique empoussiéré, déstructuré par l'entassement hasardeux des objets, avec ses strates inférieures que l'on n'explore plus, était aussi un paysage intérieur ? L'impossibilité de faire corps durablement avec notre lieu de vie nous empêche d'expérimenter ce à quoi ce contact prolongé pourrait permettre d'éclore, le cercle vertueux qu'il pourrait engendrer. La maison, dit Bachelard, « multiplie ses conseils de continuité. Sans elle, l'homme serait un être dispersé [1] ». Mais le mode de vie du plus grand nombre laisse-t-il vraiment cette puissance s'exercer ?

Il y a des années, dans une enquête sur la dislocation du temps subie par des salariés de l'ouest de la France travaillant en horaires décalés, une ouvrière de l'agroalimentaire témoignait : « Quand elles ont un mardi de congé, mes collègues se dépêchent de rattraper le retard dans leur maison. Elles reviennent fatiguées, je le vois bien, elles disent : "J'ai fait mes vitres [2]." » Ce détail est resté fiché dans ma mémoire. On peut y voir le poids qui pèse sur les femmes et qui leur interdit toute estime d'elles-mêmes si elles n'entretiennent pas impeccablement leur logement. Mais des vitres propres, c'est aussi le plaisir d'un intérieur plus lumineux ; c'est une vision plus nette du monde extérieur. Pour qu'on puisse l'apprécier, cependant, encore faut-il que le ménage n'ait pas épuisé le temps libre dont on disposait. Ayant pris des vacances pour travailler à l'écriture de ce livre, je passe le premier jour à nettoyer et à ranger ; le

---

1 Gaston Bachelard, *La Poétique de l'espace*, *op. cit.*

2 Dominique Louise Pélegrin, « Esclaves des trois-huit. Témoignages sur la flexibilité et ses ravages », *Télérama*, 14 février 2001.

lendemain, en me réveillant dans un appartement propre et net, avec devant moi la perspective de pouvoir en profiter sans restriction pendant une semaine entière, j'effectue une petite danse de joie à travers les pièces.

À mes yeux, les maisons les plus fascinantes sont celles où l'on peut imaginer s'enfermer pour une très longue durée. Bien sûr, ce fantasme est destiné à en rester un : il ne s'agit pas d'imiter les *preppers* américains, qui se « préparent » à l'effondrement de la civilisation en stockant des provisions, des médicaments et des armes [3]. C'est une aspiration motivée par les voluptés du dedans, par la conviction obscure que, si l'on peut maintenir assez longtemps cette unité de lieu, il se passera quelque chose, davantage que par la défiance envers l'extérieur. Cette disposition explique aussi mon amour du thé. Sa préparation signifie la possibilité de se laisser glisser dans une durée paisible, celle de la conversation, de la lecture ou de l'écriture. Lorsque je visite un intérieur qui me plaît, ce qui achève de me séduire, c'est d'apercevoir une belle théière sur une table ou sur une étagère. Le thé, pour moi, représente du temps à l'état liquide, chaud et parfumé.

Prendre possession d'un lieu où l'on ne manque de rien, s'y calfeutrer tel un écureuil dans le creux d'un arbre avec sa provision de noisettes, porte à son paroxysme le réconfort primitif du refuge. Lorsqu'on le quittera, ce sera par désir, et non par nécessité. C'est pourquoi, lorsque je me plonge dans la pléthore d'images d'abris de toute sorte partagées sur Pinterest, j'ai du mal à me projeter dans ceux qui ne disposent pas au moins d'une arrivée d'eau et de toilettes : il faudra en ressortir trop souvent pour que cela me fasse vraiment rêver. Prenez les « refuges périurbains » en bois (« Le Nuage », « La Vouivre », « Le Tronc Creux », « Les Guetteurs », « La Belle Étoile », « Le

3 *Cf.* Denis Duclos, « Les casaniers de l'apocalypse », *Le Monde diplomatique*, juillet 2012.

Hamac ») créés par le collectif d'artistes bordelais Zébra3/Buy-Sellf [4] : très beaux, très poétiques, mais pas pour moi, car ils contiennent des couchettes et rien d'autre.

La *tiny house*, on l'a dit, permet d'embrasser d'un seul regard tous les équipements indispensables, toutes les fonctions constitutives d'une maison. Cette synthèse profondément satisfaisante n'a-t-elle pas à voir avec la suggestion d'une auto-suffisance, d'un enfermement possibles ? Pour la même raison, alors que je ne crois pas avoir particulièrement la folie des grandeurs dans mes rêves de maisons, il y a tout de même un caprice de riches que je comprends : la piscine intérieure. Car, même lorsqu'on dispose d'un espace où l'on peut assurer l'entretien de son corps du point de vue du sommeil, de l'hygiène, de la boisson et de la nourriture, il faut encore aller chercher au-dehors le maintien de sa forme. Gontcharov décrit Oblomov (qui a « trente-deux ou trente-trois ans ») comme « prématurément un peu flasque, faute d'exercice, ou faute d'air, ou faute d'exercice et faute d'air à la fois [5] ». Alors, pouvoir, tout au long de l'année, se muscler et se détendre, éprouver cette sensation d'aisance, de recentrage et d'équilibre qu'apporte la nage [6], sans même avoir à sortir de chez soi…

Les chats ont cette habitude caractéristique : lorsqu'ils ont repéré un emplacement qui leur paraît confortable, qu'il s'agisse d'une parcelle de duvet, du coussin d'un fauteuil ou de vos genoux, avant de s'y installer, ils le pétrissent de leurs griffes à n'en plus finir, en ronronnant à plein régime, comme si l'anticipation du plaisir était déjà un plaisir. Ce moment où ils s'y laisseront tomber d'un petit déhanchement, se coulant dans le creux moelleux qu'ils auront amené à la température idéale, ils le retardent à l'infini, conscients d'avoir la vie devant

---

4 « Bruit du frigo – Les refuges périurbains – 2010/2016 », www.zebra3.org

5 Ivan Gontcharov, *Oblomov*, *op. cit.*

6 *Cf.* Annie Leclerc, *Éloge de la nage*, Actes Sud, Arles, 2002.

eux. Le temps qu'ils mettent à le préparer n'a d'égal que le temps où ils y resteront lovés, formant un cercle parfait, le museau enfoui dans les pattes, astres tournoyants, comme s'ils étaient sortis du temps et entrés dans une dimension qui leur permettait de n'être définitivement plus concernés par l'écoulement linéaire des minutes et des heures.

Il faudrait pouvoir s'offrir de longues périodes où l'on ferait comme eux. Il faudrait pouvoir émerger en douceur d'une nuit de sommeil qui vous déposerait sur la grève du jour comme le ressac d'une mer calme, au lieu de subir l'élancement au cœur, la déchirure du rêve que provoque la stridence du réveil. Il faudrait pouvoir rester encore un peu allongé, bien au chaud, à écouter les bruits les plus ténus dans la maison et au-dehors, à rêvasser, à contempler le plafond et à passer en revue les mille bonnes raisons de se lever, à réfléchir à ce que l'on projette de faire, à se pourlécher en composant le menu du petit déjeuner – pour moi, un thé vert à la fraise, un chocolat chaud et un croissant à tremper dedans, de la guimauve à la framboise ou à la banane, des amandes grillées, un jus d'oranges pressées et un yaourt au lait de brebis avec une cuillère à soupe de miel ; et pour vous ? Alors l'élan nécessaire pour repousser la couette d'une ruade, pour renouer avec la verticalité et poser le pied par terre, répondrait à une nécessité intérieure irrésistible, le cœur battant d'impatience, plutôt qu'à ce sursaut de courage et de résignation mêlés par lequel on se boute soi-même hors du lit. Il faudrait pouvoir mettre de la musique, allumer quelques bougies et déjeuner tranquillement, en conversant si l'on n'est pas seul, en contemplant les jeux de la lumière sur les murs et le décor de la pièce, ou l'atmosphère gorgée d'ombre des jours gris et pluvieux, que trouerait l'éclairage des lampes.

Puis viendrait le moment d'entrer pleinement dans la journée : faire sa toilette, aérer la chambre, ouvrir le lit, le battre et le refaire avec soin, jusqu'à ce que sa surface généreuse et sereine évoque celle de la mer que l'on admire en plissant les yeux, jusqu'à ce que son aspect ordonné, à nouveau intact, dissipe les dernières brumes de la nuit écoulée, tout en vous parlant déjà des voluptés de celle à venir. Ensuite, on pourrait vaquer à ses occupations, quelles qu'elles soient. De temps à autre, une tâche ménagère fournirait l'occasion d'une pause, d'une remise en mouvement. En étendant une lessive, en lavant une tasse, tel un plongeur remontant brièvement à la surface pour embrasser le panorama du regard entre deux explorations sous-marines, on prendrait du recul et on verrait se dénouer, sans même y penser, les difficultés du travail sur lesquelles on s'acharnait en vain.

Occupant la maison de Thierry et Floristella Vernet en leur absence, Nicolas Bouvier, dans une lettre qu'il leur adressait, avait cette réflexion : « Je ne comprends pas que les gens ne fassent pas retraite au moins une fois l'an. C'est si nécessaire ces trêves à la faveur desquelles le travail se retourne comme un gros chat, se modifie profondément [7]. » À la faveur desquelles, aussi, on peut relier plus solidement le passé et l'avenir, réfléchir à la direction que prend sa vie. Xavier de Maistre profite ainsi de sa réclusion pour se replonger dans les lettres échangées avec ses amis les plus chers au cours de leur jeunesse : « Lorsque je porte la main dans ce réduit, il est rare que je m'en tire de toute la journée [8]. »

Le temps est le trésor vital des casaniers. Pour les processus qu'ils espèrent enclencher, il leur en faut *beaucoup*, bien plus que les normes sociales ne sont disposées à leur en accorder. Il leur en faut une profusion dans laquelle ils pourront plonger, s'ébattre, s'ébrouer, virevolter. Week-ends et vacances sont appréciables, certes, mais dérisoires, autant être lucide. Un site consacré à la décoration intérieure invite les propriétaires des maisons ou des appartements photographiés à écrire sur une

---

7 Nicolas Bouvier et Thierry Vernet, *Correspondance des routes croisées*, *op. cit.*

8 Xavier de Maistre, *Voyage autour de ma chambre*, *op. cit.*

page de carnet ce qu'ils aiment le plus faire chez eux. Au milieu de réponses convenues (« profiter de la présence de mon mari et de ma fille », « préparer de bons dîners pour mes amis »), celle-ci se détache : « Perdre la notion du temps [9]. » Sauf que cette aspiration se heurte à un nombre d'obstacles dont la seule énumération donne le vertige.

L'éléphant au milieu du couloir : le travail

Le plus massif, le plus évident, c'est la place prise par le travail, même si on l'interroge peu. Auteur de toutes sortes de projets fous (maison en carton, maison de vacances à géométrie variable, maison de vacances sur fil...), l'architecte et ingénieur Guy Rottier avait imaginé en 1979 une « maison éolienne » posée au milieu d'un lac, livrée aux caprices du vent qui faisait tourner ses pièces autour d'un axe central. Le dessinateur Reiser, avec qui Rottier monta une exposition commune en 1980, montrait ses habitants expulsés de chez eux le matin par une bourrasque un peu plus forte que les autres : « Et hop ! Tout le monde au boulot ! » « Et quand il n'y a pas de vent ? », interrogeait un patron en tapotant sur son bureau. Réponse : quand il n'y a pas de vent, on reste chez soi. « C'est une maison éolienne qui aura beaucoup de succès dans les pays où il y a peu de vent [10] », concluait un personnage.

Après y avoir longtemps échappé, Philippe De Jonckheere, auteur de cette œuvre inclassable qu'est le site Desordre.net, expérimente depuis quelques années une vie de bureau normale, huit heures par jour dans un *open space*. Pour tenter de

9 « In Brooklyn, a nomad puts down roots », Design Sponge, novembre 2013, www.designsponge.com.

10 Véronique WILLEMIN, *Maisons mobiles*, Éditions Alternatives, « Anarchitecture », Paris, 2004.

résister à l'ennui, à l'usure, au sentiment qu'on lui vole son temps, il en tient la chronique sous le titre « Contre ». Un jour, il raconte comment, parce que sa fille est malade, il a obtenu de pouvoir rentrer chez lui à midi pour lui préparer à manger. Il dit l'incongruité enchanteresse de retrouver le cadre familier de sa maison, « cette maison qui ne devrait pas exister à cette heure », et de la découvrir à la lumière du jour, alors qu'en hiver, habituellement, en dehors des week-ends, il ne la voit que plongée dans la nuit, le matin et le soir. « Quand tu repars au travail, tu te demandes pourquoi tu le fais. » Ailleurs, il confie : « Franchement des fois tu te demandes intimement qu'est-ce qui te retient effectivement de partir de ton travail et de rentrer chez toi [11] ? »

Avant d'être salariée, j'avais pris l'habitude, lorsque mon compagnon s'absentait pour quelques jours, de m'enfermer avec assez de provisions pour tenir un siège et de passer mes nuits à lire ou à écrire, n'allant me coucher que quand je tombais de fatigue. Je n'ai jamais oublié ma béatitude, un jour, en entendant résonner derrière le rideau, au petit matin, alors que je n'avais pas vu les heures filer, le chant flûté des oiseaux dans la cour – ce son magique, radieux, tellement lié au retour de la lumière qu'il est presque lui-même une lumière. Ce moment est resté pour moi le symbole d'une région de l'expérience où j'ai très peu de chances de retourner : pour pouvoir se l'autoriser, il faut disposer d'une amplitude temporelle difficile à déployer dans une vie de salariée, par définition très encadrée.

Pendant des années, j'ai retiré de mon emploi tout ce qu'il y avait à en retirer : l'immense réconfort de la sécurité matérielle ; le plaisir d'aller chaque matin retrouver ma place dans une équipe ; la satisfaction d'améliorer ma culture politique et ma connaissance du monde. Ce boulot m'a socialisée, civilisée. J'en avais besoin. Mais, depuis quelque temps, il se produit

11 http://desordre.net/bloc/contre/

comme un retour de balancier. Je m'essouffle. Ayant eu la chance fragile, jusqu'ici, d'expérimenter le salariat sous sa forme sans doute la plus clémente – un travail qui a du sens à mes yeux, dans un environnement enrichissant et un cadre agréable –, je peux distinguer lesquels de ses inconvénients lui sont absolument consubstantiels, par opposition aux fléaux dont il s'accompagne trop souvent (sentiment d'absurdité ou d'inutilité, pénibilité physique, harcèlement de la hiérarchie ou des collègues). Ce découpage du temps qui, au début, m'avait fait du bien, je le vis comme un carcan. Je n'aime pas la séparation sournoise d'avec moi-même qu'il induit, l'exil dans lequel il me maintient. Peut-être parce que j'ai connu autre chose, je panique à l'idée que cette course de haies que sont mes semaines va continuer pendant encore vingt ans. Je partage le constat effaré d'Oblomov durant la courte période où il fait l'expérience de la vie de bureau : « À peine avait-on liquidé une affaire que déjà on en entamait rageusement une autre, comme si le salut de l'Empire en eût dépendu. Et pourquoi ? Pour l'oublier aussitôt terminée, et se jeter sur une troisième affaire. Bref, cela n'avait jamais de fin. » Ce qui l'amène à répéter : « Mais quand donc a-t-on le temps de vivre ? Quand donc a-t-on le temps de vivre ? » Pourtant, lui aussi travaille dans de bonnes conditions : « Il en vint ainsi à souffrir, à craindre, à vivre dans la détresse, même sous les ordres de ce chef doux et condescendant [12]. »

J'ai les moyens d'acheter des livres, mais moins de temps pour les lire. En contemplant les piles qui encombrent l'appartement, j'essaie d'évaluer de combien leur volume dépasse déjà la somme de temps que j'aurai jamais à leur consacrer. Je découvre avec soulagement qu'en japonais il existe un mot pour cela : *tsundoku* (« acheter des livres et ne pas les lire ; les laisser s'empiler sur le sol, les étagères ou la table de nuit »).

---

12 Ivan GONTCHAROV, *Oblomov*, *op. cit.*

Auparavant, aucun essai ne me semblait trop ardu si le sujet m'intéressait : je m'installais à la table du salon et je laissais les heures s'écouler sereinement, soulignant avec soin les passages marquants au crayon et à la règle. En protégeant ma concentration, la pièce autour de moi semblait me seconder dans mes efforts et partager l'émerveillement des révélations qu'ils me valaient. Désormais, la journée ayant épuisé mon énergie intellectuelle, je suis trop fatiguée le soir pour faire autre chose que regarder des séries télévisées. J'aime beaucoup les séries, mais je reste à la porte des révélations. Et un peu à la porte de chez moi aussi.

À mon avidité à apprendre de mes collègues a succédé, ou se mêle, une inquiétude à l'idée de perdre ma propre voix. Évidemment, notre voix ne procède pas d'une génération spontanée, elle n'est jamais que l'alchimie singulière de toutes les influences que nous subissons ; mais le temps passé au calme, à l'écart des autres, permet à cette décantation de se produire de la façon la plus complète et la plus subtile possible. La maison, dit Mahmoud Darwich, est « une chambre d'écoute de ce que nous avons de plus profond [13] ». Pour désigner le processus qu'autorise le geste de refermer une porte sur soi, je rencontre le mot « musique ». Un homme qui n'a pas le sens de la maison n'a « pas de musique en lui [14] », estime Mario Praz. Et Bouvier, prenant possession, à Ceylan, d'une chambre dont il a calculé qu'elle est la cent dix-septième depuis le début de son voyage, commente : « La prochaine risque d'attendre longtemps son tour. Il faut bien s'arrêter de temps en temps pour apprendre à faire sa musique, faire un peu chanter ses élytres, non [15] ? » En étant sans arrêt mobilisé, sur la brèche, on ne fait qu'ingurgiter de façon désordonnée des influences que l'on n'a

---

13 Mahmoud Darwich, *Entretiens sur la poésie*, *op. cit.*

14 Mario Praz, *An Illustrated History of Interior Decoration*, *op. cit.*

15 Nicolas Bouvier, *Le Poisson-Scorpion*, *op. cit.*

jamais la possibilité de métaboliser correctement. Sans compter qu'au travail on peut rarement s'offrir le luxe de choisir les influences auxquelles on s'expose, bien que l'on y passe l'essentiel de son temps. Faisant remarquer à un proche un tic de langage, pourtant tout à fait anodin, qu'il a attrapé dans son milieu professionnel, je le vois s'affaisser de contrariété.

Si « la clé du bonheur, c'est d'être maître de son temps », comme le conclut le documentariste allemand Florian Opitz au terme de l'enquête qu'il a menée sur les causes de sa propre frénésie [16], alors ce monde compte peu d'heureux. Une longue période – ne parlons même pas d'une vie entière – qu'on est libre d'occuper à sa guise et au cours de laquelle, délivré de toute contrainte, on peut suivre son propre rythme : ce luxe suprême, hormis les rentiers, bien peu de gens y ont accès, du moins pas avant la retraite. Dans nos existences, il représente un au-delà à peine imaginable. En 1794, Xavier de Maistre avait pu s'offrir son « voyage autour de sa chambre » parce que, officier de garnison en Italie, il avait été confiné chez lui durant quarante-deux jours pour s'être battu en duel. Une sanction qui, à ses yeux, était loin d'en être une : « Ils m'ont défendu de parcourir une ville, un point ; mais ils m'ont laissé l'univers entier : l'immensité et l'éternité sont à mes ordres [17]. » Aujourd'hui, de telles circonstances sont néanmoins assez improbables.

Au chômage, entre la nécessité de compter le moindre euro, la peur du lendemain et le harcèlement moralisateur des administrations, la tyrannie des politiques d'« activation », le chantage aux moyens de survie, les simulacres aberrants auxquels on vous force, aucune chance de goûter à la liberté enivrante que pourrait procurer la sortie de l'entreprise. Seuls ceux qui ont été très malades en ont parfois l'occasion, au cours de leur

---

16 Florian Opitz (réal.), *Speed. À la recherche du temps perdu*, Arte, 22 janvier 2014.

17 Xavier de Maistre, *Voyage autour de ma chambre, op. cit.*

convalescence. Mais ils ne sont pas forcément en état d'en profiter pleinement et, bien souvent, il faut qu'ils aient vu leur vie menacée, ce qui est cher payé.

Une amie, qui est d'origine italienne, me confie que son congé maternité lui a offert cette chance : « Il m'a apporté la possibilité de m'éloigner d'une certaine partie de ma vie et de pouvoir y réfléchir, de "me poser". J'avoue que c'est l'un de mes verbes préférés en français ; je n'ai pas vraiment trouvé son jumeau en italien. Quand je le pense, j'ai vraiment l'impression que le temps s'arrête tout autour et que tout devient plus facile à percevoir et à saisir. » Cependant, l'arrivée d'un enfant, avec les bouleversements qu'elle suppose, ne se révèle pas toujours propice à une telle respiration.

Pour certains, c'est la période des études qui donne un aperçu, difficile à oublier par la suite, de ce que peut être une existence où l'on s'appartient. Chantal Thomas évoque ainsi les « belles journées sans frontières » passées à lire, à se promener, à rêvasser. Elle se souvient de sa première chambre de bonne, à Paris, dans les années 1960 : « Je m'étais perçue modifiée par les pouvoirs de ce chez-moi : la même d'une certaine façon, mais plus déliée, l'esprit plus rapide et léger, une pure disposition d'être, sans le poids des attitudes soufflées du dehors, ni la limite des volontés imposées par autrui. Dans ma chambre, à nouveau, j'avais tout le temps. Elle était la jouissance même d'un temps sans division. Le goût retrouvé du temps de jouer [18]. » Cinquante ans plus tard, cette expérience fondatrice n'est plus à la portée que de quelques privilégiés. Une enquête menée en France sur les conditions de vie des étudiants en 2011 révélait que plus d'un quart d'entre eux éprouvaient des « difficultés à joindre les deux bouts », la moitié devant se débrouiller avec moins de 400 euros par mois. Près d'un tiers montraient des « signes de mal-être » et les trois

---

18 Chantal Thomas, *Comment supporter sa liberté*, *op. cit.*

quarts estimaient appartenir à une « génération sacrifiée ». La période des études « n'est plus une sorte de sas d'insouciance dorée entre l'adolescence et l'entrée dans la vie active », concluait le président de la Mutuelle des étudiants [19]. De même, à l'autre bout de la vie professionnelle, les attaques successives qu'a subies ces dernières années le régime de retraite risquent de réduire fortement le nombre de ceux qui, à l'avenir, auront une chance de retrouver la jouissance de leur temps avant de mourir.

Le carcan des horaires

« Dans une société où nous sommes sans relâche arrachés à nous-mêmes, comment aller vers soi sans encombre ?, interroge Raoul Vaneigem. Comment s'installer sans effort en cet état de grâce où ne règne plus que la nonchalance du désir [20] ? » À moins d'une de ces dispenses que la société distribue avec de plus en plus de parcimonie, tous doivent se soumettre au même régime : celui d'un strict découpage du temps. C'est cette contrainte qui stérilise nos vies ; c'est elle qui, parmi une multitude d'autres effets, rend impossible la pleine expérience de la maison et de ses vertus. Nous l'avons intégrée comme une fatalité, alors qu'elle résulte d'une longue évolution.

L'historien britannique Edward P. Thompson a décrit le choc des premières générations d'ouvriers lorsqu'elles se virent imposer un temps de travail défini par l'horloge, la sirène ou la pointeuse, et non plus par la tâche à accomplir. Avec cette

---

19 « Les étudiants touchés de plein fouet par la précarité sociale », LeMonde.fr, 26 mai 2011.

20 Raoul Vaneigem, *Éloge de la paresse affinée*, Éditions Turbulentes, Metz-Dijon, www.infokiosques.net.

mutation s'est perdue l'habitude spontanée d'alterner les périodes de labeur intense et les périodes d'oisiveté, que seuls ont conservée les travailleurs indépendants, « artistes, écrivains, petits fermiers, étudiants », et que Thompson considère comme le rythme naturel de l'être humain [21]. (Souvent, d'ailleurs, c'est lorsqu'on ne doit obéir à rien d'autre qu'aux exigences de la tâche elle-même que l'on est disposé à travailler le plus dur.) La réduction du temps à une abstraction aboutit en outre à une privation du monde sensuel, alors que, jusque-là, les manières de le mesurer reliaient les êtres humains à leur corps et à leur environnement. Les moines birmans se levaient à l'heure « où il y a assez de lumière pour voir les veines de la main » ; à Madagascar, un instant se comptait à l'aune de la « friture d'une sauterelle »...

Cette discipline horaire, au début, suscita une résistance féroce. Pour l'imposer, il fallut combiner divers moyens : « la division du travail, la surveillance des ouvriers, les cloches et les horloges, les motivations salariales, les prêches et l'instruction, la suppression des foires et des jeux ». Plus question, par exemple, d'observer la « Saint-Lundi », tradition au nom de laquelle, dans de nombreuses corporations, et même dans certaines petites industries et manufactures, on travaillait modérément ou pas du tout le premier jour de la semaine. Pour ceux qui subissaient cette mise en coupe réglée de la vie quotidienne, l'ennemi était bien identifié : Walter Benjamin souligne qu'à Paris, lors de la révolution de juillet 1830, « on tira sur des horloges murales [22] »... Au XVIe siècle déjà, la servante du mathématicien Thomas Allen, entendant le tic-tac de sa

---

21 Edward P. THOMPSON, *Temps, discipline du travail et capitalisme industriel* [1993], traduit de l'anglais par Isabelle Taudière, La Fabrique, Paris, 2004. De même pour les citations suivantes, sauf mention contraire.

22 Cité par Alain MAILLARD, « Préface », *in* Edward P. THOMPSON, *Temps, discipline du travail et capitalisme industriel*, *op. cit.*

montre qu'il avait oubliée près de son lit, « crut que cet objet était habité par le Diable » et, avec bon sens, le jeta par la fenêtre[23]. Cette défiance se révélera plus que justifiée. Henry Ford (1863-1947), le constructeur automobile qui joua un si grand rôle dans la « rationalisation » et la standardisation du travail, avait commencé sa carrière comme réparateur de montres. Dans *Temps difficiles*, sa magistrale satire de la révolution industrielle, Charles Dickens dote le sinistre Thomas Gradgrind d'une « horloge statistique » qui mesure chaque seconde « avec un tic-tac semblable à des coups frappés sur le couvercle d'un cercueil[24] ».

Peu à peu, cependant, les ouvriers commencèrent à lutter non plus « contre le temps, mais *à propos* du temps », c'est-à-dire pour une diminution de la durée du travail. L'introduction du nouveau régime temporel avait réussi : les conflits ne portaient plus que sur la façon de l'aménager. « Huit heures de travail, huit heures de loisir, huit heures de sommeil » : Robert Owen, industriel britannique acquis aux idées socialistes, lance ce mot d'ordre en 1817. Les syndicats le reprendront, de même que la Première Internationale, en 1866. La France instaure la journée de huit heures (pour un total de quarante-huit heures par semaine) en 1919. Cette bataille pour repousser dans un sens ou dans un autre les aiguilles de l'horloge est la seule qui continue de faire rage de nos jours, en un bras de fer d'ailleurs largement inégal. Le patronat français s'est mis à hurler à la mort lors de l'introduction des trente-cinq heures, en 1999-2000 ; quinze ans plus tard, ce hurlement retentit toujours. Mais, dès le XXe siècle, pour trouver trace d'une contestation plus radicale, il valait mieux quitter l'Occident. Pierre Bourdieu rapporte que, dans les années 1950, les paysans

---

23 Pascal DIBIE, *Ethnologie de la chambre à coucher*, *op. cit.*

24 Charles DICKENS, *Temps difficiles* [1854], traduit de l'anglais par Andhrée Vaillant, Gallimard, « Folio Classique », Paris, 2002.

kabyles surnommaient l'horloge le « moulin du Diable[25] ». Au Cameroun, un ouvrier d'une plantation faisait écho à l'incrédulité d'Oblomov : « Comment voulez-vous qu'un homme puisse travailler ainsi jour après jour sans jamais être absent ? N'en mourrait-il pas ? »

Le quadrillage et la confiscation du temps correspondent à une volonté d'exploiter la main-d'œuvre aussi complètement que possible. Pour cela, il faut la mater jusqu'au tréfonds. En 2005, en Allemagne, le ministre chrétien-démocrate de la Justice de Hesse suggérait de « garder un œil sur les chômeurs » au moyen de « menottes électroniques », afin de leur réapprendre à « vivre à des heures normales[26] ». L'ouvrière déjà citée plus haut, qui témoignait à propos de ses collègues travaillant en horaires décalés, dénonçait une stratégie délibérée, une malveillance gratuite : « Les chefs n'essaient pas de grouper leurs jours de repos pour qu'elles aient un grand week-end, par exemple. Au contraire. Ils morcellent à plaisir. Sans doute pour ne pas leur donner de mauvaises habitudes[27]... »

Afin de discipliner de façon précoce les futurs travailleurs, l'école s'est calquée sur le modèle de l'usine. En 1775, à Manchester, le révérend J. Clayton s'inquiétait de voir les rues infestées d'« enfants inoccupés en haillons, qui non seulement perdent leur temps, mais prennent en outre l'habitude de jouer[28] ». Ayant été mis au pas, à la fin du XIXe siècle, comme des millions d'autres avant et après lui, l'écrivain suisse Charles-Ferdinand Ramuz a témoigné avec une éloquence poignante de son désarroi. « On nous a privés de mouvement (c'est le sort commun des écoliers). Nous aussi, on nous a fait asseoir

---

25 Cité par Edward P. Thompson, *Temps, discipline du travail et capitalisme industriel*, *op. cit.*

26 *Le Canard enchaîné*, 4 mai 2005.

27 Dominique Louise Pélegrin, « Esclaves des trois-huit », art. cit.

28 Cité par Edward P. Thompson, *Temps, discipline du travail et capitalisme industriel*, *op. cit.*

devant des lexiques. Quatre heures le matin, deux ou trois heures l'après-midi (sans compter celles qu'il fallait consacrer aux devoirs), on nous a défendu de regarder ailleurs que sur la page imprimée. Lenteur des minutes alors, obscurcissement du soleil. Cris inutiles des moineaux dans les arbres, rumeurs des voix, appels des cloches [...] – tout là-bas, et si loin de nous, pendant que nous étions en haut de notre mur, rangés derrière nos pupitres vernis en noir, pleins d'une terrible nostalgie, tout possédés d'une impuissante envie de fuir [29]. »

De même, Oblomov, au cours de ses années de jeunesse, considère l'école comme un « châtiment du ciel pour ses péchés ». Sa révolte intérieure fait écho à celle de Ramuz : « À quoi bon ces cinq ou six années de claustration ? Et toutes ces sévérités, ces pensums, ces défenses de courir, de jouer, de s'amuser, sous prétexte que ce n'était pas le moment, qu'il fallait encore travailler ! » Déjà il se demande : « Quand donc prendre le temps de vivre [30] ? » Aujourd'hui, de telles remises en question sont devenues inaudibles : à la moindre amorce de critique, vos interlocuteurs vous répliquent sèchement que c'est déjà une grande chance d'avoir accès à l'instruction, alors que tant d'enfants dans le monde en sont privés. Preuve que cette combinaison de contraintes horaires strictes et d'immobilité forcée s'est bien imposée dans nos esprits comme la forme naturelle de l'éducation, et la seule imaginable.

Aux enfants, du moins – ou à la plupart d'entre eux –, il reste les grandes vacances, cet interlude généreux, cette orgie de liberté et d'aventure dont ils sortent transformés, avec le sentiment de n'avoir pas revu leurs camarades depuis des siècles. Je n'aurais pas été aussi heureuse, gamine, de rentrer à la maison à la fin de l'été si l'éblouissement du séjour dont je revenais n'avait pas rejailli sur le cadre de mon quotidien. J'avais passé

29 Charles-Ferdinand Ramuz, *Raison d'être*, Mermod, Lausanne, 1952.

30 Ivan Gontcharov, *Oblomov*, *op. cit.*

trois semaines, soit une éternité à cet âge, à vivre en maillot de bain, à courir sur les sentiers, le sable et les rochers, à faire le bouchon dans les vagues, à ramasser des coquillages sur la plage avec mon père et à les ranger dans une boîte de Quality Street vide, à respirer les odeurs de pin, de jasmin, de figuier, d'iode, de crottin d'âne et d'herbes sèches, à déguster du poisson grillé sous une paillote, des oursins aspergés de citron, des souvlakis, des tomates farcies et des frites grecques molles et grasses à souhait, à rêvasser et à dessiner en écoutant les cigales chanter à l'heure de la sieste, à jouer aux détectives dans la pinède le soir à la lueur d'une lampe de poche avec mon frère et nos amis. Au retour, pour quelques jours, la disposition d'être exceptionnelle permise par les vacances, cette ouverture à l'imprévu, cette suspension des contraintes et des angoisses, cette manière différente de vivre le temps, ce bloc d'insouciance que j'étais devenue, j'avais le pouvoir de les transposer dans ma vie ordinaire. Je respirais l'odeur particulière de la chambre orientale – la pièce mansardée qui nous servait de salle de jeux, baptisée ainsi à cause du tapis qui l'ornait – comme j'avais respiré celle des broussailles du bord de mer. Je traînais de la maison au jardin et du jardin à la maison la même fabuleuse détente de tout le corps, la même disponibilité aux perceptions, le même appétit hédoniste.

Loin de la fournaise méditerranéenne dont il avait fallu s'extraire, dans les derniers feux que l'été jetait sur notre coin de campagne suisse, l'automne perçait déjà et la rentrée pointait à l'horizon, mais je les voyais approcher avec bienveillance. Les bonnes résolutions, l'optimisme à toute épreuve de cette période n'étaient rien d'autre que le sentiment d'invincibilité laissé par l'empreinte des vacances. Bientôt, ce sentiment se fracasserait contre les réveils hagards des matins d'école, contre les disputes venimeuses de la cour de récréation, contre la corvée des devoirs et la peur des interros surprises, contre l'exaspération des parents pris par leurs boulots respectifs et obligés, de surcroît, de vous trimballer du cours de danse au cabinet du dentiste. Dans les interstices de cette course trépidante, au moindre moment libre, la maison et ses environs resteraient un paradis, un refuge, un terrain d'aventure ; mais, la condition des enfants et des adultes modernes étant ce qu'elle est, l'état de grâce du retour des vacances ne pouvait pas durer.

Une fois dans la vie dite active, on acquiert une vision des vacances davantage marquée par le calcul, l'amertume et l'anxiété. Elles doivent nous dédommager de tant de choses qu'elles ont peu de chances de tenir toutes leurs promesses. Faute de pouvoir se *poser* le reste de l'année, on y arrive au bout du rouleau, avec un désir éperdu d'oubli, d'engloutissement, de déresponsabilisation – *Vacances, j'oublie tout*, chantait le groupe Élégance en 1982. Le salarié harassé a accumulé une telle soif d'hédonisme, de volupté, d'indolence, qu'il se précipite sur la dose que son pouvoir d'achat peut lui en garantir auprès d'une agence de voyages. Il l'achète clé en main, sans se préoccuper de l'envers des décors paradisiaques qu'on lui vend. Des pays ou des régions entières deviennent alors de simples réceptacles de cette soif et s'en trouvent reconfigurés de fond en comble, bouleversés dans leur organisation sociale, leurs paysages, leurs écosystèmes. On peut se demander si les ravages du tourisme ne seraient pas moindres sans cette impossibilité d'habiter chez soi durant l'année, sans cet état d'apnée existentielle et de privation sensorielle dans lequel nous maintient notre rythme de vie. Bien sûr, il restera toujours le besoin de soleil ou de dépaysement ; mais peut-être voyagerait-on d'une manière plus saine, plus réfléchie, plus active et plus curieuse, si l'on pouvait jouir toute l'année d'un quotidien plus serein, avec des pauses et des parenthèses régulières.

Derniers bastions

« On attend les week-ends, on attend les vacances », constatait une blogueuse atterrée de voir autour d'elle tant de gens malheureux, consumant l'essentiel de leur vie dans des boulots inutiles ou nuisibles pour le seul enrichissement de quelques-uns [31]. L'attente de la fin de la semaine, qui amène la plupart des salariés à souhaiter que les cinq septièmes de leur passage sur terre s'écoulent aussi rapidement que possible, traduit en effet tout le pathétique de la condition dont on est censé se contenter [32]. Mais le week-end a du moins encore le mérite d'exister. Il reste un bastion qui échappe à la logique de l'entreprise. Il permet de se livrer aux occupations que l'on préfère, de savourer le calme et la solitude, mais aussi, parce qu'elles ont congé au même moment, de se frotter à d'autres personnes que ses collègues. Il représente une bulle temporelle où l'on peut nourrir d'autres facettes de soi-même, aérer son identité [33]. Dressant la liste des choses auxquelles, dans son initiation forcée au salariat à plein temps, il a fini par s'habituer, Philippe De Jonckheere note : « Aller comme un lundi et aller comme un vendredi [34]. » « Comme un lundi » : dans la réponse convenue et désabusée que l'on fait, en reprenant le travail, à ceux qui demandent comment ça va, il reste la trace du tour de force qu'il faut accomplir pour obliger toutes ces dimensions de soi à rentrer dans la petite boîte de son moi de salarié – le choc étant encore bien plus grand au retour des vacances.

---

31 « Libérons-nous de l'emploi ! », Le blog d'Emmanuelle, 30 avril 2013, http://leblogdemmanuelle.overblog.com.

32 *Cf.* http://estcequecestbientotleweekend.fr.

33 *Cf.* Witold Rybczynski, *Histoire du week-end* [1991], Liana Levi, « Histoire », Paris, 1992.

34 Philippe De Jonckheere, « Liste des choses auxquelles tu as fini par t'habituer », Desordre.net.

Le week-end permet aussi de passer de la routine aux rituels et de mesurer la différence qui les sépare. Autant l'on peut vivre comme une punition déprimante la répétition du même quand elle est subie, autant on peut, chez soi, refaire les mêmes gestes jour après jour avec volupté. En peaufinant des habitudes, on réaffirme inlassablement sa conception d'une vie bonne, on cultive son enracinement et ses liens, on tient en respect l'impermanence des choses, l'adversité, la séparation, la dépossession. Ignorant l'ennui, satisfaits de ce qu'ils ont, dotés d'une capacité d'émerveillement sans cesse renouvelée devant un décor immuable, les casaniers sont de fervents adeptes des rituels. Dans son *Roman d'une maison*, l'écrivain, peintre et compositeur Rezvani [35] vante les « surprises de la répétition ». Il parle d'expérience : durant cinquante ans, il a vécu avec la même femme dans la même petite maison perdue dans une forêt du massif des Maures, dans le Var ; et, durant cinquante ans, son exaltation n'est jamais retombée. Ce n'est que par la répétition, affirme-t-il, « que nous pouvons juger de notre présence au réel ». Car elle est intimement liée à la condition humaine : « Le cœur, les poumons, les viscères, la veille et le sommeil de notre cerveau, le désir et son assouvissement, la faim, la soif, ainsi que les rythmes de la marche... non, rien n'échappe à la répétition [36] ! » Ce qui est déterminant, c'est la liberté : Oblomov s'insurge contre sa réclusion forcée d'écolier ou d'employé de l'administration, mais il savoure celle qu'il a délibérément choisie. « Il éprouvait une joie paisible à l'idée que de neuf heures à trois heures, et de huit à neuf, il pouvait rester étendu sur son divan, et il s'enorgueillissait de n'avoir pas de dossiers à présenter, de documents à rédiger ; bref, de

---

35 Auteur notamment de la chanson « Le tourbillon », qu'interprète Jeanne Moreau, accompagnée par lui à la guitare, dans *Jules et Jim* de François Truffaut (1962).

36 Serge REZVANI, *Le Roman d'une maison*, Actes Sud, Arles, 2001.

pouvoir donner libre cours à ses sentiments et à son imagination [37]. »

Le dimanche, jour des rituels ; le seul où l'on peut s'y livrer sans entrave. Jusqu'ici, du moins. Car, en France, depuis près de vingt-cinq ans, les offensives politiques, patronales et médiatiques se succèdent à intervalle régulier pour imposer le travail y compris ce jour-là, à grand renfort de discours sur la « liberté » et la lutte contre les « archaïsmes [38] ». En 2008, dans les débats suscités par l'une de ces campagnes, un jeune salarié expliquait que, avec les contraintes qu'ils subissaient pour gagner leur vie, sa compagne et lui ne se voyaient que le dimanche. Et encore : tombant de fatigue, elle passait souvent plusieurs heures à dormir ce jour-là. Dans ces conditions, ils ne pouvaient envisager d'avoir un enfant. Il s'insurgeait : « Aujourd'hui, on nous demande déjà en entrant dans le monde du travail d'être disponibles et souples, peu exigeants en termes de rémunération, mobiles géographiquement, de ne pas avoir l'ambition d'être un jour enceinte, le tout avec sourire et motivation. Même en étant payé davantage, pas question de sacrifier cette seule journée [39]. »

Dans les métiers où elle est déjà effective, et depuis longtemps, cette dislocation des rythmes sociaux a pour effet de fragiliser et d'isoler un peu plus les individus, de compromettre leur ancrage dans d'autres univers que celui de l'entreprise. Dans *Les Virtuoses* (*Brassed Off*), film de fiction de Mark Herman qui, en 1996, montrait le combat d'un groupe de mineurs du Yorkshire, par ailleurs membres d'une fanfare, contre la fermeture de leur puits, le couple formé par Harry et Rita ne faisait

---

37 Ivan Gontcharov, *Oblomov*, *op. cit.*

38 *Cf.* Gilles Balbastre, « Éternel refrain du travail le dimanche », *Le Monde diplomatique*, novembre 2013, et Vincent Lecourt, « La crise, prétexte idéal pour imposer le travail le dimanche », Rue89.com, 17 octobre 2008.

39 « "Laissons le dimanche tranquille !" », témoignages sur LeMonde.fr, 15 octobre 2008.

que se saluer chaque jour (« *All right, love ?* ») en se croisant dans le jardin : l'un partait au travail quand l'autre en revenait. Même les engueulades devaient tenir dans cette minuscule fenêtre spatio-temporelle, sitôt ouverte, sitôt refermée. Lorsqu'ils apprenaient que la lutte avait échoué, que la mine allait fermer et Harry se retrouver au chômage, ils se serraient l'un contre l'autre et Rita, la voix vibrante d'émotion, disait à son mari : « Au moins, on se verra un peu plus... »

Lors de la campagne de 2008 en faveur du travail le dimanche, le président Nicolas Sarkozy brandissait l'argument particulièrement hypocrite du « volontariat » : « Que chacun fasse ce qu'il veut, mais enfin, la possibilité de travailler le dimanche, c'est un jour de croissance et de travail en plus, c'est une occasion en plus de vendre ses produits [40]. » À travers une telle déclaration, le sens de cet acharnement apparaît clairement : le maintien du dimanche comme jour de repos commun empêche de parachever le processus d'homogénéisation et de rentabilisation du temps entamé à la révolution industrielle. Comme l'explique Jonathan Crary dans son essai *24/7* (« Vingt-quatre heures sur vingt-quatre/sept jours sur sept »), le capitalisme du XXIe siècle vise à une « inscription générale de la vie humaine dans une durée sans pauses, définie par le principe de la fonctionnalité permanente [41] ».

Mais même si le week-end finissait lui aussi aplati sous le grand rouleau compresseur temporel, le processeur se heurterait encore à une autre limite, naturelle, celle-là, et non plus sociale : le sommeil. Eh oui ! Entre deux sessions de production ou de consommation, l'être humain éprouve le besoin de reconstituer ses forces et, pour cela, son organisme a le culot de requérir le chiffre exorbitant de sept ou huit heures de repos par

---

40 « Soutien à l'économie : Sarkozy cible les entreprises », LesEchos.fr, 23 octobre 2008.

41 Jonathan Crary, *24/7*, *op. cit.*

nuit. Imaginez le gain de compétitivité pour notre économie si l'on réussissait à lever cet obstacle physiologique [42]... L'idée est très sérieuse. Jusqu'ici, on connaît surtout la privation de sommeil comme l'une des tortures infligées aux prisonniers de Guantánamo, écrit Jonathan Crary ; elle implique une « violente dépossession du moi par une force extérieure, l'anéantissement calculé d'un individu ». Sauf que, ces dernières années, le Pentagone a aussi dépensé des sommes considérables pour financer des recherches sur la façon dont on pourrait non pas simplement doper les capacités de veille et de concentration, mais supprimer le besoin de sommeil du corps humain. Pour cela, la science s'intéresse au bruant à gorge blanche, un oiseau qui présente la caractéristique de pouvoir voler jusqu'à sept jours sans interruption au cours de ses migrations. On devine les applications militaires possibles de ces recherches ; mais on peut s'attendre à ce que ces innovations, comme les précédentes, connaissent ensuite des déclinaisons civiles. Après le soldat qui ne dort jamais, elles pourraient engendrer le travailleur-consommateur qui ne dort jamais.

Le sommeil subit d'ores et déjà des attaques de toute part. Les Américains, selon Crary, dorment en moyenne six heures et demie par nuit, contre huit heures à la génération précédente et dix au début du XXe siècle. Il voit dans l'extension de l'insomnie une forme parmi d'autres « de dépossession et de ruine sociale ». De plus en plus de gens, dit-il, prennent aussi l'habitude de se réveiller en pleine nuit pour consulter leurs e-mails ou leurs SMS. Selon une étude française, la sortie de l'enfance signifie la fin du sommeil paisible : à quinze ans, on dort une heure et demie de moins qu'à onze ans. Cette baisse serait liée « aux horaires de cours, mais surtout à l'accès à Internet, aux jeux vidéo ou au téléphone portable le soir ».

---

42 *Cf.* Gilles Ardinat, « La compétitivité, un mythe en vogue », *Le Monde diplomatique*, octobre 2012.

À l'âge adulte, en France, une personne sur trois souffrirait de troubles du sommeil, que l'on attribue à l'augmentation du temps de transport et au travail en horaires décalés [43]. Ailleurs, on cite « le culte de la performance et la surconsommation technologique, conjugués à la porosité des sphères privée et professionnelle » ; et pour les femmes, « deux à trois fois plus touchées que les hommes par le syndrome de fatigue chronique », la « double journée de travail », qui induit une suractivité cérébrale [44]. On ne rappellera pas les chiffres exorbitants de la consommation de somnifères, dont les Français sont les champions du monde.

Le vocabulaire des articles de presse sur le sujet reste pour le moins euphémistique. Difficile d'imaginer que la souffrance au travail, la précarité et la peur du lendemain, abondamment documentées par ailleurs, n'aient pas une large part de responsabilité dans nos nuits blanches ou agitées. Il nous faudrait un peu de la force et de la confiance d'Alexandre le Grand, qui, à en croire Montaigne, « le jour assigné à cette furieuse bataille contre Darius, dormit si profondément, et si haute matinée, que Parménion fut contraint d'entrer en sa chambre, et approchant de son lict, l'appeller deux ou trois fois par son nom, pour l'esveiller, le temps d'aller au combat le pressant [45] ».

Pourtant, le sommeil résiste encore. D'un point de vue capitaliste, il est « scandaleux », observe Crary, car il représente une incorporation en chacun de nous « des oscillations rythmiques de la lumière du soleil et de l'obscurité, de l'activité et du repos, du travail et de la récupération, qui ont été éradiquées ou neutralisées ailleurs ». De même, Thompson, on s'en souvient, affirmait que l'ancienne alternance de périodes de travail intense et de loisir correspondait au rythme naturel de l'être

---

43 « Les Français en déficit de sommeil », LeMonde.fr, 28 novembre 2012.

44 Danièle Gerkens, « J'veux du sommeil », *Elle*, 4 octobre 2013.

45 Michel de Montaigne, « Du dormir », *Essais*, livre I, chapitre xliv.

humain. Cette observation autorise une conclusion surprenante. Jusqu'ici, on a toujours eu coutume d'attribuer une valeur positive à l'éveil et une connotation négative au sommeil, dont on utilise l'image, par exemple, pour évoquer l'attitude de passivité et d'apathie d'une population face à la tyrannie (Crary cite l'exemple de *Matrix*). Peut-être serait-il temps de revoir nos catégories mentales.

Résister au capitalisme en dormant : dans ce monde exténué, impossible de balayer l'idée d'un revers de main. « Étant donné sa profonde inutilité et son caractère essentiellement passif, le sommeil, qui a aussi le tort d'occasionner des pertes incalculables en termes de temps de production, de circulation et de consommation, tiendra toujours en échec les exigences de l'univers du vingt-quatre heures sur vingt-quatre/sept jours sur sept », écrit Crary. Il est une « dernière frontière » à défendre et à protéger en connaissance de cause, et sur laquelle camper avec délice. Il est, pour reprendre la formule de Pierre Pachet, « une enveloppe dans laquelle l'humanité de chaque homme se préserve [46] ». L'écrivaine Dorothy Parker, à la vie plutôt tourmentée, a consacré un poème au réconfort apporté par la certitude de retrouver son lit chaque soir : « Bien que j'aille fière et forte / Je retournerai vers mon lit / Bien que je marche aveuglée de chagrin / Je suis destinée à aller au lit / Que j'aie le cœur léger ou la tête lourde / Tous mes jours ne font que mener à mon lit / Debout, dehors, et ainsi de suite / Et toujours ensuite le retour au lit / Été, hiver, printemps et automne / Je suis folle de seulement me lever [47] ! »

N'est-ce pas parce qu'il représente le refuge le plus sûr contre l'agressivité de notre univers quotidien, parce qu'il nous entraîne dans des états de conscience et des expériences aux antipodes des valeurs régissant notre vie diurne, qu'il est si difficile de s'y

---

46 Pierre PACHET, *La Force de dormir*, Gallimard, « NRF », Paris, 1988.

47 Dorothy PARKER, « Inscription for the ceiling of a bedroom », *Not So Deep As A Well. Collected Poems*, The Viking Press, New York, 1936.

arracher les jours de semaine ? Soyons juste : il n'y a rien de spécifique à notre époque ni dans la valorisation du fait de se lever tôt, ni dans la pénibilité de la chose. Au fil de son histoire, l'humanité occidentale a dû déployer des trésors d'ingéniosité pour y parvenir. Pascal Dibie, dans son *Ethnologie de la chambre à coucher*, en répertorie quelques-uns. Dans les couvents, on utilisait la chandelle-réveil : en finissant de se consumer, la chandelle enflammait une cordelette retenant une charge, laquelle, en tombant, résonnait sur une coupe en métal. Dans le nord de l'Angleterre, dans les années 1920, on pouvait payer un *knocker-up* qui, à l'heure convenue, venait toquer à la fenêtre (l'histoire ne dit pas comment il faisait lui-même pour se lever à temps). Ou alors on attachait à son gros orteil une étiquette où était inscrite l'heure à laquelle on souhaitait être réveillé et on laissait dépasser son pied à l'extérieur : il suffisait au préposé de tirer sur la ficelle depuis la rue pour remplir sa mission. Un siècle plus tard, l'application pour smartphones « Wakie » reprend ce concept en proposant à ses utilisateurs de se faire appeler par un inconnu – à l'heure où j'écris, elle n'est cependant disponible qu'aux États-Unis, au Canada, au Royaume-Uni, à Singapour et à Hong Kong [48]. En 1781, un inventeur marseillais, sans craindre de recourir à des extrémités quelque peu disproportionnées, conçut une horloge qui tirait un coup de feu en même temps qu'elle allumait une chandelle. Au XIXe siècle, on vit apparaître les « sommiers irascibles » : munis de bras mécaniques, ils commençaient par tirer les draps ou le bonnet de nuit et, si cela n'avait pas suffi, éjectaient le dormeur en s'inclinant brusquement. Le réveille-matin, quant à lui, daterait de 1440 et serait l'œuvre d'un Français. Il en existe un avatar particulièrement vicieux qui, dès qu'il se déclenche, se met à trépigner furieusement, de sorte que si vous

48 Bartek Mudrecki, « "Wakie", pour se faire réveiller par des inconnus », *La Tribune de Genève*, 18 décembre 2014.

ne retrouvez pas immédiatement vos réflexes, il va se fracasser sur le sol [49].

Mais on peut malgré tout se demander si les sociétés capitalistes ne nourrissent pas contre le sommeil une hostilité d'une particulière violence, et si elles n'exacerbent pas à un point inédit la tension entre les états diurne et nocturne. « Le réveil sonne : première humiliation de la journée », disait un slogan de Mai 68. À la même époque, dans sa bande dessinée *L'An 01*, Gébé mettait en scène une grande révolte collective contre le métro-boulot-dodo, le modèle productiviste et le consumérisme : un beau jour, plus personne n'allait au travail [50]. Une fois le vieux monde déserté, réduit à l'état de musée, on s'attelait dans l'euphorie à concevoir et à bâtir, avec force réflexions et discussions, une société plus juste et plus épanouissante. Dans l'adaptation cinématographique réalisée par Jacques Doillon, sortie sur les écrans en 1973, deux amants s'amusaient à régler le réveil à six heures, comme avant. Quand la sonnerie retentissait, ils commençaient par grogner et par se houspiller : « Allez, lève-toi ! Ton métro ! Tu vas être en retard ! » Puis ils éclataient de rire, jubilant d'en avoir fini avec cette vie étriquée et abrutissante. Très vite, ils se blottissaient à nouveau sous les draps et se rendormaient [51].

Un coup de force dans les têtes

On a vu la violence sociale qu'a impliquée l'introduction de la conception du temps dont nous avons hérité. Si, malgré tout, elle a fini par triompher, au lieu de susciter la résistance à mort qu'elle aurait méritée en toute logique, c'est qu'elle s'est accompagnée d'un coup de force moral et spirituel.

49 Pascal Dibie, *Ethnologie de la chambre à coucher*, *op. cit.*

50 Gébé, *L'An 01* [1973], L'Association, Paris, 2004.

51 « L'An 01 – Le réveil tôt le matin – Avoir le temps », YouTube.com

Il fallait une doctrine au pouvoir d'intimidation suffisant pour amener la main-d'œuvre à coopérer à son propre asservissement, à renoncer de son plein gré à la jouissance de son temps, en faisant triompher les valeurs de sacrifice et de dévouement illimité au travail. Si nous avons autant de mal à nous *poser*, ce n'est pas seulement en raison d'un empêchement matériel, mais aussi à cause d'un verrou mental.

Le sociologue allemand Max Weber a montré comment l'éthique protestante avait contribué à mettre en selle le capitalisme en façonnant un esprit qui lui était favorable. Sa thèse est que le protestantisme a « fait sortir l'ascèse des couvents » où le catholicisme l'avait confinée. La doctrine calviniste de la prédestination, selon laquelle chaque être humain est élu ou damné par Dieu de toute éternité, sans qu'aucun de ses actes soit susceptible d'y changer quoi que ce soit, aurait pu conduire à une forme de fatalisme. Elle a produit l'effet inverse : soumettant la totalité de leur vie à une discipline stricte, les fidèles ont investi toute leur énergie dans le travail, quêtant, à travers le succès économique, un signe de leur élection. Et la main-d'œuvre, elle aussi, a dû apprendre à « effectuer le travail comme s'il était une fin en soi absolue – une "vocation" ». Par la suite, et jusqu'à nos jours, cet esprit a prospéré de façon autonome, hors de tout référent religieux. Il a fini par devenir aussi omniprésent et invisible que l'air que nous respirons. « L'idée du devoir professionnel, écrit Weber, erre dans notre vie comme un fantôme des croyances religieuses d'autrefois. » On mesure à quel point cette conception a façonné notre monde lorsqu'on lit que le pasteur luthérien Philipp Jacob Spener, fondateur du piétisme, dénonçait comme moralement condamnable la tentation de « prendre sa retraite prématurément [52] »...

---

52 Max Weber, *L'Éthique protestante et l'esprit du capitalisme* [1905], traduit et présenté par Isabelle Kalinowski, Flammarion, « Champs classiques », Paris, 2000.

Comment, d'ailleurs, lutter avec efficacité contre l'élévation de l'âge de la retraite quand le mouvement syndical, lui aussi, a promu la fierté d'être un travailleur ? Certes, il avait d'excellentes raisons pour cela. Il s'agissait de défendre et de valoriser les savoir-faire ouvriers, de répliquer au mépris patronal et de rappeler que la propriété des moyens de production, à elle seule, ne menait pas loin : ce sont les travailleurs qui créent la richesse et ils pourraient plus facilement se passer de leur employeur que l'inverse. Cependant, cette vision de soi, qui porte la trace de la « vocation » protestante, constitue aussi un sérieux défaut dans la cuirasse, que l'adversaire ne s'est pas privé d'exploiter.

En France, la droite (Parti socialiste inclus) n'a eu aucun mal à en tirer parti pour opposer les pauvres entre eux en excitant les honnêtes travailleurs contre les « assistés ». Ainsi, la fierté vire à la rancœur ; la puissance politique se mue en faiblesse. Les salariés, encouragés à faire de leur tâche le cœur de leur identité, s'accommodent d'une existence appauvrie. Ils s'exposent en outre à un désarroi terrible lorsqu'ils doivent affronter la retraite ou, comme cela arrive de plus en plus souvent, le chômage. L'impossibilité d'accéder à l'estime de soi à moins de trouver à vendre sa force de travail peut mener au masochisme pur, à l'amour de l'exploitation. Elle peut pousser – et c'était bien le sens de la « valeur travail » sarkozyste – à s'échiner aveuglément, sans se demander au service de qui et de quoi, et à accepter n'importe quelles conditions d'emploi et de rémunération, sans même voir l'aubaine que représente un tel état d'esprit pour le patronat : *tant qu'on travaille...*

Encore quelques décennies et les salariés du XXIe siècle ressembleront en tout point aux « elfes de maison » qui effectuent les tâches domestiques chez les sorciers de *Harry Potter*. Les elfes travaillent gratuitement et ne possèdent même pas de vêtements : ils s'habillent de torchons de cuisine détournés. Ils épousent les intérêts de leurs maîtres au point de se marteler le crâne de leurs poings, ou de se le cogner contre les murs, dès qu'ils se surprennent à dire du mal d'eux dans leur dos. Lorsqu'un des leurs, Dobby, clame haut et fort qu'il compte être payé pour son travail, les autres détournent aussitôt les yeux, comme s'il venait de dire « quelque chose de grossier et de terriblement gênant ». Quand le rebelle ajoute, histoire d'aggraver son cas, qu'il « aime la liberté », ils commencent « à s'éloigner de lui le plus possible, comme s'il était atteint d'une maladie contagieuse ». Pour autant, les exigences de Dobby restent modestes. Il est tombé sur un employeur d'une générosité déconcertante : Dumbledore, le directeur de Poudlard, qui lui a offert « dix Gallions par semaine et les week-ends libres » ; proposition qu'il rapporte à Harry et à ses amis avec « un léger frisson, comme si la perspective de tant de richesse et de loisirs avait quelque chose d'effrayant ». Heureusement, il a réussi à négocier ces conditions à la baisse : « Dobby aime la liberté, Miss, explique-t-il à Hermione de sa voix stridente, mais il ne veut pas qu'on lui donne trop, il préfère travailler. » (Les elfes parlent d'eux-mêmes à la troisième personne.) Il a donc obtenu un Gallion par semaine et un jour de congé par mois. C'est Byzance : « "Bientôt, Dobby va s'acheter un pull en laine, Harry Potter !" dit-il joyeusement en montrant sa poitrine nue [53]. »

Il faut néanmoins rappeler que, au fil du temps, la valorisation du travail par les syndicats a toujours suscité des critiques, à commencer par la charge de Paul Lafargue, le gendre de Karl Marx, dans *Le Droit à la paresse*, en 1880. De même, en 1976, lors de la seconde occupation de l'usine horlogère Lip, à Besançon, deux grévistes, Monique et Christiane, l'une secrétaire, l'autre ouvrière, s'insurgeaient devant la caméra de la vidéaste Carole Roussopoulos contre le discours de leurs représentants. « C'est d'argent qu'on a besoin, pas de travail. Le travail imposé, dans une usine… Moi, je ne suis pas pressée que ça

53 J. K. Rowling, *Harry Potter et la coupe de feu*, *op. cit.*

rouvre ! » lançait Monique. Pourtant, observait-elle, les syndicats s'efforçaient de prouver que les employés de l'usine étaient « très malheureux d'être sans travail ». Christiane renchérissait : « On n'a quand même pas besoin de huit heures de travail par jour pour ne pas s'ennuyer ! Quand j'ai travaillé à mi-temps deux mois et demi à cause de ma santé, je n'ai jamais autant apprécié la vie. J'avais les contacts avec les copains de Lip, et en même temps j'avais le temps de vivre chez moi, autrement – une autre vie. Je pouvais faire ce que j'avais envie de faire, lire, dormir, ou alors aller en ville... J'avais l'impression d'exister, au moins. D'être libre, et puis au moins d'exister pour quelque chose. Pas d'être un robot qui va le matin au boulot et qui rentre le soir complètement vidé. L'impression de ne plus être un robot, de contrôler un peu moi-même [54]... » (Sa phrase restait en suspens.)

Malades de l'efficacité

Dès lors que l'éthique protestante s'était imposée, profiter de la vie, « perdre son temps », ne pouvait plus se faire sans mauvaise conscience. Avant la généralisation des montres à gousset, le théologien puritain Richard Baxter recommandait à chacun de se régler « sur son horloge morale intérieure ». À cet égard, exploiteurs et exploités étaient, et sont toujours, logés à la même enseigne : ils s'interdisent la paresse. Le temps, désormais, « n'est plus passé mais dépensé », résume Thompson. « Le temps, c'est de l'argent » : on considère aujourd'hui la célèbre formule de Benjamin Franklin, l'un des Pères fondateurs des États-Unis, comme un simple dicton de bon sens ; on la répète machinalement. Si bien que lorsque Karma Tshiteem, « ministre du

54 Carole ROUSSOPOULOS (réal.), « Monique et Christiane (Lip V) » [1976], *in Caméra militante. Luttes de libération des années 1970*, MétisPresses, 2010.

Bonheur national brut » du Bhoutan, rencontré par Florian Opitz pour son documentaire *Speed*, objecte que non, « le temps, c'est la vie », l'énoncé de cette vérité élémentaire nous fait l'effet d'une toquade de hippie.

Rêvasser, paresser, lire, écrire, écouter de la musique, regarder des films, jouer, dormir, faire l'amour, dessiner, converser : beaucoup des activités qui se déploient dans le cocon de la maison impliquent le repli sur un microcosme, l'évasion dans l'imaginaire ou la dérive insouciante. Elles impliquent de renouer avec une identité secrète, différente, de s'en remettre à ses ressources propres, de se laisser porter. On se trouve alors dans un état aux antipodes du dynamisme, de l'efficacité, de l'affairement frénétique que la société valorise par-dessus tout – « J'aime me tenir occupée » (« *Love to keep myself busy* »), se vante très banalement une jeune Anglaise dans une notice de présentation lue au hasard d'un réseau social. Si caricaturaux et délirants soient-ils, les anathèmes lancés contre les chômeurs et autres prétendus « assistés » traduisent une morale de la mobilisation permanente bien plus largement partagée qu'on ne pourrait le croire.

À l'époque où j'étais journaliste indépendante et qu'il m'arrivait de travailler jusque tard dans la nuit, j'avais un jour été réveillée, vers une ou deux heures de l'après-midi, par les coups de sonnette d'un agent EDF. Lorsque j'avais ouvert la porte et qu'il avait constaté, à mon air embrumé, qu'il me tirait du lit, il s'était dressé sur ses ergots et répandu en imprécations scandalisées. Ses prérogatives se limitaient strictement au relevé de ma consommation d'électricité ; mais, parce que j'avais osé m'affranchir des rythmes sociaux et dormir au milieu de la journée, et qu'il m'identifiait donc à une brebis galeuse, à une loque improductive, il ne se sentait plus tenu au respect et à la distance que seuls méritent les bons citoyens. Mon comportement l'autorisait à endosser le rôle de procureur et à déchaîner sur ma tête les foudres de son jugement. Cependant, il faut le noter, j'ai moi-même éprouvé le besoin de préciser ici que si je dormais encore, c'était parce que j'avais travaillé jusque tard dans la nuit ; ce qui tendrait à indiquer que le problème ne se trouvait pas seulement chez lui.

L'enfermement mental est si total que, même lorsqu'on remet en question le primat de la fonctionnalité et de l'efficacité optimale, c'est encore au nom… de la fonctionnalité et de l'efficacité optimale. Un exemple : un spécialiste français du management s'insurge, dans une chronique, contre les injonctions qu'il entend ici ou là à « ne jamais déjeuner seul » et à mettre plutôt à profit ce moment de la journée pour « entretenir son réseau », que ce soit hors de l'entreprise ou en son sein. Effectivement, certains consultants sont capables de tenir ce discours de pseudo-rationalité délirante qui descend en droite ligne de l'éthique protestante : « Vous avez cinq déjeuners par semaine, soit environ deux cent cinquante déjeuners annuels en retirant les vacances. Vous pouvez donc rencontrer deux cent cinquante personnes différentes dans l'année, sans que cela vous prenne plus de temps que ce que vous aviez l'habitude de faire. » Lisant cela, son confrère se désole. Sauf que s'il conteste cette mentalité utilitariste, c'est parce que, selon lui, elle nuit à l'« innovation » : « C'est cette obsession de l'utilité systématique, de la production objectivement mesurable qui tue nos entreprises. » Ceux qui professent de telles idées, assène-t-il, sont des « losers » : preuve qu'il s'agit toujours bien d'être un « gagnant », et non de vivre heureux ou autre fantaisie peu compétitive. Il conclut en invitant ses lecteurs à oser oublier parfois la nécessité de rentabiliser leur temps et à laisser leurs pensées divaguer : « Vos réflexions seront peut-être utiles l'après-midi, ou dans un an. Ou peut-être jamais. » Cette ouverture sur un « jamais » peut paraître audacieuse ; mais le simple fait que l'auteur intervienne en tant que « professeur d'entrepreneuriat, stratégie et innovation [55] » suffit à la neutraliser.

---

55 Philippe Silberzahn, « "Ne déjeunez jamais seul" et autres slogans stupides qui tuent l'innovation », Contrepoints.org, 15 janvier 2014.

Prétendant soulager les individus de leur angoisse, se soucier de leur bien-être, répondre à leurs questionnements existentiels, le management mobilise leurs ressorts les plus intimes, les moindres recoins de leur psyché, au service d'un objectif qui, quoi qu'il puisse (se) raconter, ne varie pas : les presser comme des citrons. L'inutilité, mais au service de l'utilité. La gratuité, mais au service du profit. L'inefficacité, mais au service de l'efficacité, cet alpha et cet oméga de l'existence humaine. On multiplie les dénégations et les protestations qui trahissent le malaise, la conscience profonde que quelque chose ne va pas, mais on reste incapable d'échapper à l'empire du calcul et de la rentabilité. Les discours dénotent une lucidité presque totale ; mais dans ce *presque* se niche toute l'étendue de notre malheur, toute la sophistication du sort qui nous a été jeté. Il n'y a plus d'en dehors à ce que Max Weber appelait l'« idée du devoir professionnel ». La vogue du « développement personnel » témoigne de ce que cette logique régit désormais tous les domaines de la vie.

Une mentalité aussi infernale amène à censurer des pans entiers de l'expérience humaine. Le sommeil, pour en revenir à lui, n'est digne de considération que s'il améliore notre productivité. Arianna Huffington, fondatrice du Huffington Post, encourage les femmes à résoudre les problèmes d'insomnie dont elles souffrent, comme on l'a vu, plus que les hommes, en arguant que « manquer de sommeil nuit à nos performances et nous empêche de réussir professionnellement ». Elle veut en faire une « grande cause féministe [56] ». Même approche dans des articles vantant les bienfaits de la sieste : une étude aurait montré qu'elle améliorait les « performances » de « quarante enfants d'âge préscolaire ». Un consensus se dessine, apprend-on, pour estimer que « la sieste est un excellent moyen de "doper" notre

---

56 Danièle Gerkens, « J'veux du sommeil », art. cit.

cerveau [57] ». Des neurologues préconisent de la pratiquer au bureau, car elle « diminue les risques psychosociaux, limite l'absentéisme et prévient les accidents du travail ». Sous le slogan « Votre prestataire pour la sieste », une entreprise spécialisée dispense conseils et formations aux employeurs, en leur assurant que la démarche est « rentable ». De nombreux pays s'y seraient déjà convertis, mais les Français restent réticents. Il faut dire que le pays « atteint déjà des records de productivité horaire » : « Une performance qui n'encourage pas les entreprises à remettre en question leurs pratiques managériales [58]. »

Autant dire que nous ne manquons pas simplement de sommeil : nous sommes devenus incapables de saisir ce qu'il est. Si certains entreprennent de le réhabiliter – avec la rhétorique désespérante que l'on a vue –, c'est bien qu'il a été longtemps méprisé et dévalorisé, considéré comme une perte de temps, et qu'il l'est encore largement. « Dormir, c'est pour les losers [59] », résume Jonathan Crary. Là encore, on retrouve l'influence de l'éthique protestante. « Que le temps que tu consacres au sommeil n'excède pas ce qui est nécessaire à ta santé », recommande le théologien anglais Richard Baxter au XVIIe siècle [60]. Ralliée à cette vision, un siècle plus tard, la femme de lettres évangéliste Hannah More en tire ces vers pénibles : « Ô silencieuse meurtrière, Paresse, Ne garde plus / Mon esprit emprisonné ; / Et toi, traître Sommeil, ne me laisse pas / Perdre une heure de plus en ta compagnie [61]. »

Des philosophes éminents, au premier rang desquels Descartes, Hume et Locke, le disqualifieront eux aussi, car il ne sert

57 « Faire une sieste, ça réveille », Slate.fr, 13 novembre 2013.

58 « La sieste au travail : bénéfique pour tous, elle est pratiquée partout dans le monde… sauf en France », Atlantico.fr, 29 août 2012.

59 Jonathan Crary, *24/7*, *op. cit.*

60 Cité par Edward P. Thompson, *Temps, discipline du travail et capitalisme industriel*, *op. cit.*

61 *Idem.*

pas la « poursuite de la connaissance [62] ». Ils ne réalisent pas l'appauvrissement que représente cette réduction de l'être humain à sa part rationnelle : « Loin d'être un amoindrissement, une perte des facultés, le sommeil déplie l'individu comme fait dans l'eau une fleur de papier [63] », écrit Jacqueline Kelen. Sans compter que, en formulant un tel jugement, nos philosophes pourraient bien se tromper y compris sur la nature de la connaissance ; du moins si l'on accepte de suivre l'intuition de Pierre Pachet, pour qui « le sommeil, malgré les apparences, présente une affinité profonde avec certaines formes du travail intellectuel, de la pensée, de la réflexion, de l'attention [64] ». Quoi qu'il en soit, on l'envisage comme un état uniforme et peu intéressant, le simple contraire de la veille, un moyen de recharger les batteries, comme on recharge celles d'un appareil : un mal nécessaire.

Si le temps, c'est de l'argent, alors il n'y a rien à dire du sommeil. Si le temps, c'est la vie, en revanche... À toutes les époques, il s'est trouvé des écrivains et des penseurs pour explorer les richesses de la condition de dormeur et pour s'en faire les gardiens. Pachet y voit « l'expérience mystique par excellence, accessible à tous, concentrée autour du vide de la pensée [65] ». Proust, dans *À la recherche du temps perdu (Sodome et Gomorrhe)*, compare le sommeil à « un second appartement que nous aurions et où, délaissant le nôtre, nous serions allés dormir. Il a des sonneries à lui, et nous y sommes quelquefois violemment réveillés par un bruit de timbre, parfaitement entendu de nos oreilles, quand pourtant personne n'a sonné ». On retrouve la même intuition chez le poète romantique

---

62 Jonathan Crary, *24/7*, *op. cit.*

63 Jacqueline Kelen, *Du sommeil et autres joies déraisonnables*, La Renaissance du livre, Tournai, 2003.

64 Pierre Pachet, *La Force de dormir*, *op. cit.*

65 *Ibid.*

Samuel Taylor Coleridge : « Comme si le Sommeil avait vraiment un royaume matériel, comme si en m'affaissant sur l'oreiller je pénétrais dans cette région [66]... »

Ainsi, le monde aurait un double, où s'évaderaient les dormeurs. Vu l'état de celui où nous passons nos journées, ce n'est pas un luxe. Ce double se présenterait sous la forme d'une galerie obscure à laquelle chacun aurait le pouvoir d'accéder ; un pouvoir paradoxal, dont les ressorts nous échappent, puisqu'il consiste en une défaillance de la conscience et de la volonté. C'est justement cette défaillance, cette longue dégringolade dans les boyaux tortueux du rêve, qui permet de rebattre les cartes de la vie durant cet intermède vital : « L'absence temporaire du dormeur est marquée par une sorte de lien avec le futur, avec la possibilité d'un recommencement et donc d'une liberté », observe Crary. « L'espoir nocturne que l'on puisse entrer dans un état de sommeil profond jusqu'à y perdre connaissance est en même temps l'anticipation d'un réveil qui pourrait comporter quelque chose d'imprévu [67]. »

Mais comment rendre compte d'une expérience qui, pour avoir lieu, exige que vous n'y soyez plus ? On peut s'attacher à décrire celles qui lui sont immédiatement voisines, qui la précèdent ou qui la suivent de peu : se glisser entre les draps, s'emplir les oreilles de leur bruissement qui congédie le dehors, enfouir son nez dans l'oreiller, tirer la couette sur son menton ou sur sa nuque, ramper sur le matelas et s'y cramponner comme un naufragé à son radeau, virevolter et se blottir dans ce cocon à n'en plus finir, douceur et fraîcheur au-dessus, douceur et fraîcheur au-dessous, renouer avec la plénitude sans pareille que procure le fait d'avoir les pieds au même niveau que la tête – ce n'est pas pour rien que, même à notre époque si férue de rationalisation, on n'enterre pas les morts à la verticale.

---

66 Cité par Pierre Pachet, *La Force de dormir, op. cit.*

67 Jonathan Crary, *24/7, op. cit.*

Quant au sommeil en tant que tel, il faut, autre paradoxe, accepter de l'interrompre pour se donner une chance de l'apprécier. Coleridge rêvait de « ne s'éveiller qu'une fois en un million d'années, pour quelques minutes – juste le temps de savoir qu'on va dormir encore un million d'années [68] ». Dans sa jeunesse, Montaigne, pour qui tous les plaisirs de la vie devaient se goûter de façon consciente et approfondie, et non « en passant et glissant », aimait se faire réveiller brièvement au cours de la nuit : « À celle-fin que le dormir mesme ne m'eschappast ainsi stupidement, j'ay autresfois trouvé bon qu'on me le troublast, afin que je l'entrevisse [69]. » Dans la *Recherche*, Proust estime lui aussi qu'« un peu d'insomnie n'est pas inutile pour apprécier le sommeil, projeter quelque lumière dans cette nuit ». Il y a effectivement quelque chose de frustrant à s'endormir dès que l'on pose la tête sur l'oreiller pour n'émerger qu'avec la sonnerie du réveil, sans avoir eu le temps de savourer sa nuit. Difficile, cependant, de s'autoriser de tels raffinements quand on doit se lever tôt : chaque moment d'éveil, qui pourrait avoir son charme, est gâché par la contrariété de savoir qu'on est en train de mal dormir et qu'on sera fatigué le lendemain. En résumé, on est condamné soit à manquer de sommeil soit à manquer *le* sommeil. De même, on a beau souhaiter, les jours de congé, s'y abandonner sans retenue, dormir tout son soûl, le désir de caser aussi dans ce temps libre des occupations qui nous tiennent à cœur nous ramène dans une logique de calcul, d'arbitrage, de bonne gestion du temps. (Ironie du sort, j'écris ces lignes un dimanche et j'ai dégringolé du lit bien avant d'être complètement reposée pour venir m'installer devant l'écran et m'atteler à la rédaction de cette ode au sommeil.)

---

68 *Idem.*

69 Michel DE MONTAIGNE, « De l'expérience », *Essais*, livre III, chapitre XIII.

Le temps, comme la nature, comme l'espace, a donc été transformé en une ressource qu'il s'agit de valoriser. Ce processus s'est présenté sous les oripeaux de la rationalité, alors qu'il relève à la fois de la prédation pure et de la démence caractérisée. Le sinologue Jean-François Billeter, comme Max Weber, en situe l'origine à la Renaissance : à cette époque, le rapport qu'entretiennent les marchands avec leurs marchandises, ce rapport « abstrait, quantifié, calculé », devient d'abord le point de vue duquel ils se mettent à envisager la société et le monde, puis le point de vue dominant. On voit s'étendre au fil des siècles, et finalement régner sans partage, une forme de raison que l'on prend pour une raison autonome, mais qui est une raison marchande « par son origine et dans son essence ». Il en découle ce que Billeter appelle une « réaction en chaîne ». Celle-ci a pu gagner la planète entière – et désormais jusqu'à la Chine, comme il est lui-même bien placé pour l'observer – parce que personne n'en avait conscience : « Cette réaction en chaîne ne pourra être arrêtée que lorsque ce mécanisme aura été généralement reconnu [70]. »

Que l'on considère le temps comme une chose inerte, ayant vocation à être « occupée », « remplie » ou « utilisée », contribue à expliquer l'incompréhension à laquelle se heurtent les casaniers. Leur entourage présume qu'ils ne peuvent que s'ennuyer mortellement, alors que, en s'extrayant de la course folle du monde, ils font l'expérience de la nature et de la texture vivantes du temps. Ils sont parmi les derniers (avec les enfants, probablement) à s'y lover en toute confiance. Ils voient en lui un tapis volant accueillant, doté du pouvoir de les transporter vers des destinations imprévisibles à travers une variété infinie de paysages. Ils savent qu'il n'est pas uniforme, mais qu'il se compose d'une succession d'instants singuliers. Ces instants, il faut se faire suffisamment attentif pour les

70 Jean-François Billeter, *Chine trois fois muette*, Allia, Paris, 2000.

amener à livrer leurs secrets, à chuchoter ce qu'ils ont à nous dire, ce qui nécessite le courage d'une certaine passivité. Il faut se rendre disponible, au lieu de bafouer leur logique propre et de chercher à conjurer la peur du vide et de l'inconnu en les remplissant compulsivement avec n'importe quoi. Il faut les laisser se révéler l'un après l'autre, et agir en fonction des indications qu'ils nous soufflent, au lieu de vouloir à tout prix leur donner forme de l'extérieur – entreprise absurde, qui ne peut aboutir qu'à saccager ce que la vie nous tend.

Aperçus de la délivrance

Les casaniers sont donc les gardiens du secret. Cependant, il n'y a pas de miracle : même eux ne peuvent échapper complètement au sort commun. Pour parvenir à « perdre la notion du temps », il ne suffit pas de refermer une porte sur soi : il faut encore parvenir à en franchir une seconde, immatérielle celle-là, qui permet de pénétrer dans une autre dimension. Cette échappée ne se décrète pas, et elle ne se produit pas facilement. On ne se débarrasse pas sans mal de son identité sociale et professionnelle, avec le qui-vive, les préoccupations, l'anxiété plus ou moins diffuse qu'elle induit. Comment restaurer la dignité d'un temps qui se présente à nous comme le déchet de celui mis sur le marché ? « Le temps soudain vidé de sa comptabilité monnayée tourne au temps mort, c'est à peine s'il existe [71] », constate Vaneigem. La transmutation n'est pas impossible, mais elle exige de la patience et un certain fatalisme. On peut tenter de mettre en place des conditions propices, mais, pour filer une métaphore de l'écrivain Pierre Michon, « le roi ne vient pas souvent [72] ».

---

71 Raoul VANEIGEM, *Éloge de la paresse affinée*, *op. cit.*

72 Pierre MICHON, *Le roi vient quand il veut*, Albin Michel, Paris, 2007.

Beaucoup ne souhaitent même plus qu'il vienne. Ils redoutent sa venue plus que tout. Ils sont si bien programmés pour ne savoir se mouvoir qu'en répondant à des injonctions extérieures que l'idée de se retrouver chez eux, sans occupation assignée, sans un endroit où se rendre tous les jours, suscite en eux la panique. « Je ne prends pas de vacances. Je ne sais pas prendre le temps comme ça, comme les gens qui ne font rien. Je ne supporte pas les dimanches », déclare par exemple Arlette, vingt-huit ans. Afin de « donner un rythme à sa vie », selon les mots du sociologue qui recueille son témoignage, elle assure bénévolement une permanence téléphonique à son domicile. Dans ces conditions, la retraite en vient à signifier la menace d'un effondrement de l'être, une chute dans le vide – dans ce que l'on croit ne pouvoir être que le vide. Célestine, quatre-vingt-deux ans, trouve qu'elle a « trop de temps ». Elle voudrait avoir plus d'« activités agréables », mais n'arrive même pas à se représenter ce qu'elles pourraient être [73]. Le ressort qui aurait pu lui imprimer un mouvement propre, autonome, a été cassé.

Et, pourtant, la frayeur n'étouffe pas toujours le désir et la curiosité. En témoigne l'excitation universelle avec laquelle on accueille toujours les événements qui, en faisant dérailler le cours du quotidien, laissent entrevoir ce que pourrait être la délivrance. Il y a les dérèglements à grande échelle qui viennent gripper le fonctionnement du jeu social et ranimer l'espoir d'une vie meilleure : en France, Mai 68, ou les grèves de décembre 1995, lorsque le simple fait de traverser Paris devenait une épopée et que personne ne pouvait reprocher à personne d'arriver en retard. À l'ivresse que procurent de tels moments, on prend conscience du carcan que l'on porte en temps normal, sans même en ressentir la présence puisque nos mouvements, d'ordinaire, ne cherchent pas à excéder ceux

---

73 Jean-Claude Kaufmann, *Le Cœur à l'ouvrage. Théorie de l'action ménagère* [1997], Pocket, Paris, 2011.

qu'il autorise. Les protagonistes n'oublieront jamais l'euphorie qui les portait alors, la fraternisation, leur sentiment que tout était possible.

Mais les déraillements qui m'intéressent ici sont, plus modestement, ceux qui ont pour conséquence d'assigner chacun à résidence, de l'autoriser à se replier chez lui. Avant de commencer à travailler dans l'administration, Oblomov s'était imaginé « que la fréquentation du bureau n'était nullement une obligation à laquelle il fallait se soumettre tous les jours ». À son vif désappointement, il s'aperçoit vite qu'il faut « au moins un tremblement de terre pour dispenser un fonctionnaire bien portant de se rendre à son bureau ». Or, pas de chance, « par un fait exprès, la terre ne tremble jamais à Pétersbourg [74] ». Ailleurs, c'est la neige, probablement trop banale en Russie pour y faire dérailler quoi que ce soit, qui peut parfois rendre ce service. Dans l'exaltation que suscitent les premiers flocons, on devine l'espoir plus ou moins confus qu'ils vont nous sauver de notre morne routine, estomper les arêtes cruelles du monde où nous vivons, transfigurer sa laideur et se montrer assez obstinés, assez forts, en dépit de leur douceur silencieuse, de leur apparente innocuité, pour apporter la dispense tant désirée.

À l'hiver 2013-2014, je rêve devant les photos des rues désertes de villes américaines frappées par un froid polaire. Sur le blog où elle distille jour après jour des documents puisés dans ses archives, la New York Public Library publie un dessin de l'illustratrice anglaise Beatrix Potter intitulé « Louisa Pussy-cat sleeps late » (« Louisa Pussy-cat fait la grasse matinée »). On y voit un chat dormant à poings fermés, pelotonné sous un épais édredon dans un lit en alcôve garni de rideaux, tandis que des souris l'observent depuis le plancher de la chambre. À son chevet sont posés deux gros livres surmontés d'un chandelier ;

---

74 Ivan Gontcharov, *Oblomov, op. cit.*

un marque-page dépasse d'un volume. Sous l'image, la bibliothèque dit comprendre que ses habitués, compte tenu de la météo, préfèrent rester au chaud, et elle leur propose des liens vers ses e-books ou ses fonds iconographiques [75]. Un an plus tôt, une amie postait sur un réseau social une photo de son jardin croulant sous la neige, en Bourgogne, avec cette interrogation : « Le car du ramassage scolaire passera-t-il ou pas ? » J'imaginais la déception de son fils s'il devait finalement passer.

Une année, au cours de mes études, mes colocataires et moi avions pratiquement réussi à hiberner. Les uns séchaient les cours ; les autres appelaient à leur travail pour se faire porter pâles, en déployant un talent de comédien impressionnant – ou alors l'un d'entre nous appelait à leur place : « Il me dit de vous dire qu'il est désolé... » On se préparait d'énormes marmites de soupe et on engloutissait des litres d'un thé appelé « Thé du Paradis ». On campait dans la cuisine, à parler, à jouer ou à écouter de la musique, à la lueur de la guirlande électrique. Les amis passaient, s'installaient avec nous autour de la table pour quelques heures. La neige tombant sur le jardin de l'immeuble, derrière la fenêtre, était venue parachever notre béatitude.

Bachelard, dans *La Poétique de l'espace*, évoque « l'accroissement de valeur d'intimité quand une maison est attaquée par l'hiver ». Il cite en exemple l'écrivain Thomas De Quincey, dont Baudelaire s'inspire dans *Les Paradis artificiels*, et qui connaît un bonheur parfait dans un cottage au fond d'une vallée enneigée du pays de Galles, avec pour toute compagnie Kant et l'opium. Le rêveur, dit le poète, « demande annuellement au ciel autant de neige, de grêle et de gelée qu'il en peut contenir. Il lui faut un hiver canadien, un hiver russe. Son nid en sera plus chaud, plus doux, plus aimé... ». Lumière et

---

75 « Louisa Pussy-cat sleeps late », NYPL Wire, 4 janvier 2014, http://nypl.tumblr.com.

chaleur accueillantes à l'intérieur, froidure grise et hostile à l'extérieur, éclat de la neige derrière les rideaux sombres : « Tout s'active quand s'accumulent les contradictions », observe Bachelard. En l'unifiant sous sa blancheur, en étouffant ses bruits, l'hiver renvoie le dehors à une présence floue, réduit le cosmos à une « non-maison ». Entre les murs, à l'inverse, « tout se différencie, se multiplie [76] ».

Un paysage transfiguré par l'hiver et, au milieu, une maison à moitié ensevelie sous la neige : c'était le thème central d'au moins deux histoires qui m'ont fascinée enfant. Dans *Un hiver aux Arpents* [77], deux frères et une sœur se retrouvent livrés à eux-mêmes, coupés du monde, dans le chalet familial au milieu de la forêt canadienne. Le téléphone ne fonctionne plus, ils sont à court de provisions et des chiens sauvages affamés rôdent autour de la maison. Dans *Un hiver dans la vallée de Moumine* [78], Moumine le troll, alors qu'il hiberne près du poêle aux côtés de son père et de sa mère, comme le font les trolls de toute éternité (de novembre à avril), est inexplicablement réveillé par un rayon de lune.

Tous ces héros ont en commun d'échapper à la supervision de leurs parents. Mais ils bénéficient aussi d'une forme de privilège apte à faire rêver le lecteur. Les enfants des Arpents manquent l'école, la neige ayant exaucé le vœu ardemment formulé par John, le plus jeune des deux frères, qui est aussi le narrateur ; et Moumine a le droit d'hiberner, puisqu'il est un troll. Pour autant, aucun d'eux ne reste en permanence confiné à l'intérieur. John part à la recherche de Joe l'Indien, l'ami et seul voisin de la famille, qui est allé chercher du ravitaillement dans

---

76 Gaston Bachelard, *La Poétique de l'espace*, *op. cit.*

77 Alan Wildsmith, *Un hiver aux Arpents* [1981], traduit de l'anglais (Canada) par Rose-Marie Vassallo, Flammarion, « Castor Poche », Paris, 2012.

78 Tove Jansson, *Un hiver dans la vallée de Moumine* [1957], traduit du suédois par Kersti et Pierre Chaplet, Fernand Nathan, Paris, 1972.

une ferme à quelques kilomètres de là et n'est jamais revenu. Quant à Moumine, après quelques heures à tourner en rond dans la maison endormie, il décide de sortir. La porte et toutes les fenêtres étant bloquées par la neige, il saute par la lucarne du grenier. Il découvre alors un spectacle sur lequel aucun troll n'avait encore jamais posé les yeux. Sa vallée si familière, habituellement bourdonnante de couleurs, de chaleur et de vie, est presque méconnaissable, figée dans une immobilité glacée. Il entreprend d'explorer cet univers étrange peuplé de créatures blafardes et mutiques, graves ou facétieuses.

Quelles que soient les aventures vécues à l'extérieur, cependant, la maison reste au cœur de ces univers. Les conditions extérieures y ramènent sans cesse. Elles poussent à s'y retrancher, à s'y blottir. On apprécie d'autant plus sa chaleur et son confort qu'on a affronté les éléments et les dangers du dehors. On y campe, on s'y serre les coudes. À la fin de l'histoire, les héros d'*Un hiver aux Arpents* y organisent un festin de retrouvailles. Moumine, lui, découvre que le havre de la demeure familiale se double d'un autre, de taille plus modeste, à quelques encablures de là. Au bout du ponton, sur la plage, la cabine de bain octogonale a été investie par Tou-ticki, une gamine trapue à la tignasse rousse et aux yeux bleus, ainsi que par huit musaraignes invisibles (on décèle leur présence grâce à leurs chaussettes en laine lorsqu'elles traversent la pièce ou à l'air qu'elles jouent à la flûte). Dans cet espace étroit, une bougie brûle sur la table, une marmite de soupe chauffe sur le poêle, et une créature mystérieuse, qu'il ne faut pas déranger, a élu domicile dans le placard des maillots de bain. Imitant Tou-ticki, Moumine ouvre sa maison à tous les réfugiés de l'hiver. L'expérience provoque divers bouleversements et transgressions de l'ordre domestique qui l'inquiètent un peu (« Qu'est-ce que Maman va dire ? ») – mais seulement un peu. À l'organisation familiale orchestrée par sa mère succède une vie communautaire orchestrée par lui-même : « Les invités aimaient tant leurs longues matinées désordonnées, où on laissait venir le jour tout doucement en bavardant à propos des rêves de la nuit et en écoutant Moumine s'affairer dans la cuisine pour faire le café. »

À la fin des deux livres, la parenthèse se referme. Les routes sont dégagées et les parents de John reviennent de la ville ; le printemps arrive et ceux de Moumine se réveillent. Ce retour à la normale est présenté comme heureux, parce que les héros, forts de tout ce qu'ils ont appris, de la confiance en eux qu'ils ont gagnée, sont devenus plus sages. La vie va reprendre son cours normal, certes, mais sous une forme plus douce. Loin de se fâcher, la mère de Moumine trouve très judicieux les changements que son fils a apportés dans la maison pendant son sommeil. John, auparavant, détestait son prof de maths, mais il ne pense plus à lui avec autant d'animosité depuis que son expédition en forêt lui a donné l'occasion de mettre en pratique ce qu'il a appris en classe pour calculer les distances et se repérer.

Cette fin consensuelle témoigne de la réticence de l'auteur d'*Un hiver aux arpents*, Alan Wildsmith, à reconnaître que bien souvent, quelle que soit la sagesse qu'elle a permis d'acquérir, la fin d'une parenthèse signifie simplement le retour de contraintes tout aussi démoralisantes qu'avant, sinon plus. Comble de l'hypocrisie : John saute de joie en réalisant que, même si plus rien ne l'empêche de se rendre à l'école, il ne doit pas y retourner avant longtemps, car les vacances de Noël viennent juste de commencer. Cette coïncidence commode fait tout de même un *happy end* plus convaincant que la réconciliation avec le prof de maths. En somme, Wildsmith devine et comprend le malaise, les frustrations de beaucoup d'enfants devant cette organisation sociale qu'ils découvrent à travers l'école, devant cet arrachement qui heurte de plein fouet leurs dispositions, leur manière d'être, leurs élans spontanés. Mais il ne va pas jusqu'au bout de la critique qu'il a ébauchée pour les appâter : au moment de conclure, il cesse de flatter le sentiment de révolte de ses lecteurs et revient subtilement se ranger du côté de l'ordre.

Un détour par le Sud

D'autres auteurs, en revanche, choisissent de dire toute la vérité. C'est le cas de l'écrivain allemand Michael Ende, surtout connu pour son *Histoire sans fin*, adaptée au cinéma en 1985 (une adaptation plate qu'il avait détestée). Il a publié en 1973 un « conte-roman » intitulé *Momo* [79] qui offre une parabole saisissante de la dénaturation du temps provoquée par le triomphe de l'éthique protestante [80]. Momo est une petite fille solitaire, venue d'on ne sait où, qui a élu domicile dans les ruines d'un amphithéâtre à l'abandon en périphérie d'une ville du Sud. Les habitants viennent la voir pour lui parler et, même si elle ne dit rien, elle écoute avec une telle intensité que leurs problèmes se résolvent. Elle dispose d'un trésor inestimable, qui constitue sa seule richesse : du temps à profusion. Les enfants adorent se retrouver à l'amphithéâtre pour jouer, car ils ne jouent jamais aussi bien que quand elle est avec eux – le jeu, dont Chantal Thomas dit avoir retrouvé le goût dans sa chambre d'étudiante, et qui suscite l'ire du révérend J. Clayton lorsqu'il voit s'y livrer les gamins de Manchester.

Un jour, des « hommes en gris » apparaissent dans les rues de la ville. Peu à peu, ils persuadent les habitants que leurs occupations quotidiennes – bavarder avec les clients, chanter dans une chorale, s'occuper de leur vieille mère, rendre visite à

---

79 Michael ENDE, *Momo* [1973], traduit de l'allemand par Marianne Strauss, Stock, « Bel oranger », Paris, 1980. Réédité dans une nouvelle traduction de Corinna Gepner chez Bayard Jeunesse, Paris, 2009.

80 *Cf.* Bernard UMBRECHT, « Michael Ende (3) : *Momo ou l'étrange histoire des voleurs de temps et de l'enfant qui rendit aux hommes le temps qu'on leur avait volé* », Le Saute-Rhin, 26 janvier 2014, www.lesauterhin.eu.

une amante secrète, jouer, manger, dormir, regarder par la fenêtre – représentent une « perte de temps ». Ils leur proposent d'ouvrir un compte dans leur « caisse d'épargne du temps ». Grâce aux minutes et aux heures qu'ils auront économisées, un jour, leur promettent-ils, ils pourront s'offrir la grande vie. Dès lors, Momo ne reconnaît plus ses amis : ils désertent l'amphithéâtre, courent sans arrêt, se négligent les uns les autres. Ils « rationalisent » leurs activités : le coiffeur expédie ses clients en un quart d'heure au lieu d'une demi-heure ; le restaurateur, après avoir viré les vieux habitués qui ne consomment pas assez et donnent une « mauvaise image » de l'établissement, transforme son auberge en self-service. Le travail devient plus efficace, mais perd tout son sens et ne procure plus aucune satisfaction. Tous se mettent à trouver leur vie minable, à détester ceux qui les entourent et à se détester eux-mêmes. En gérant bien leur temps, ils espèrent devenir riches et célèbres ; mais, qu'ils y parviennent ou non, ils ne réussissent qu'à se rendre atrocement malheureux.

L'obsession de la rentabilité, le repli sur soi, l'acrimonie dominent les relations sociales. On entend parler d'économies, de coupes budgétaires. En raison du manque de personnel, Beppo, le vieil ami balayeur de Momo, se retrouve en service de nuit. Quant aux enfants, fini les jeux : on les enferme dans des « dépôts pour enfants » où on leur apprend des choses « utiles pour l'avenir ». Les adultes ont bonne conscience à l'idée qu'ils s'occupent enfin d'eux. Parallèlement, la consommation augmente. Fait significatif, les réunions secrètes des hommes en gris se tiennent la nuit dans des décharges publiques.

Bientôt, les voleurs de temps seront les maîtres du monde, évinçant définitivement les humains : « Les hommes, ils sont ici de trop, et depuis longtemps ! grince l'un d'eux. Ils ont tout fait eux-mêmes pour ne plus avoir leur place sur cette terre. » Menacée, Momo s'enfuit et trouve asile dans la Maison de

Nulle-Part, où le maître des lieux, l'étrange Maître Hora, lui offre le meilleur petit déjeuner de sa vie : petits pains croustillants, beurre, miel et chocolat chaud. Maître Hora possède, entre autres trésors, une montre qui indique les heures célestes : « Les heures célestes sont des moments tout à fait exceptionnels au cours de la vie où chaque chose et chaque être, jusqu'aux étoiles les plus éloignées, s'entendent mystérieusement. Cela peut donner lieu à des événements uniques et mystérieux, eux aussi. Hélas ! les êtres humains ne savent pas saisir ces moments rares et, le plus souvent, les heures célestes passent inaperçues. Mais si quelqu'un les reconnaît, il se passe alors des choses importantes dans le monde. »

Dans une sorte de rêve, Maître Hora envoie Momo découvrir la source du temps. Sous une coupole d'or pur, à la surface d'un bassin d'eau noire, un balancier fait surgir une fleur aux couleurs éclatantes. Bientôt, celle-ci se fane inexorablement, laissant la place à une autre, différente et encore plus belle. Sans se lasser, Momo, fascinée, regarde les fleurs s'épanouir et mourir l'une après l'autre. Peu à peu, elle perçoit aussi autre chose : elle entend une musique douce et lointaine qui la persuade que « l'univers entier, jusqu'aux étoiles les plus éloignées, est tourné vers elle et lui parle ». C'est cette musique, comprend-elle, qui donne naissance aux fleurs éphémères. À son retour, Maître Hora lui révèle qu'elle est allée « dans son propre cœur » : « Ce lieu, que tu viens de découvrir, existe en tout homme. Mais il faut pouvoir s'abandonner dans mes bras pour l'atteindre. »

Une image puissante illustre la transformation du temps en une chose morte : les hommes en gris empestent l'atmosphère de la fumée des cigares gris qu'ils ont continuellement à la bouche et qui les maintiennent en vie. Ils les fabriquent avec les pétales des fleurs éphémères qu'ils ont volées et entreposées dans leurs « caisses d'épargne du temps ». « Ils vivent du temps qui appartient aux hommes pendant leur vie, explique Maître

Hora. Mais ce temps meurt, au vrai sens du terme, lorsqu'il est dérobé à son propriétaire. Chaque être humain possède son temps à lui, qui ne reste vivant que pour autant qu'il en dispose librement. » L'erreur fatale des hommes est d'avoir sous-estimé sa valeur : « Ah ! Vous ne savez pas ce que c'est que votre temps !... Mais nous, nous le savons, et nous le suçons jusqu'à la moelle », confie à Momo, dans un moment d'égarement, l'un des voleurs.

« Les gens qui écrivent "Cdt" [pour "Cordialement"] à la fin de leurs e-mails, que font-ils du temps qu'ils ont gagné ? » s'interroge quelqu'un sur Twitter tandis que je relis *Momo*. Ces traits de lucidité individuels ne changent rien, cependant, à l'aveuglement collectif sur ce fait très simple : l'humanité a lâché la proie pour l'ombre. Plus on économise du temps, moins on en a ; car quand on ignore à ce point sa vraie nature, quand on le brutalise de cette façon, il se venge. Plus on prétend le gérer intelligemment, plus il nous file entre les doigts. C'est ce que confirment les travaux récents du sociologue et philosophe Hartmut Rosa – qui se réfère d'ailleurs à *Momo*. Selon lui, l'accélération devient une « force totalitaire interne à la société moderne », dans le sens d'un principe abstrait et omniprésent auquel nul ne peut échapper. Dans leur quotidien, les individus ont l'impression de ne faire qu'« éteindre le feu », sans jamais pouvoir prendre du recul, et les communautés politiques perdent la maîtrise de leur destin. Paradoxalement, cette course folle s'accompagne alors d'un sentiment d'immobilisme, d'impuissance et de fatalité [81]. Les hommes en gris ont gagné.

Momo, on l'a dit, se déroule dans une ville du Sud. Le climat y est doux et on y trouve des vestiges antiques, comme l'amphithéâtre dont les souterrains servent d'abri à la fillette. Le pays auquel appartient cette ville n'est jamais nommé, mais c'est

---

81 Hartmut Rosa, *Aliénation et accélération* et *Accélération*, *op. cit.*

vraisemblablement l'Italie : tous les amis de Momo ont des prénoms italiens. Le livre a été écrit dans les environs de Rome, dans la maison, baptisée Casa Liocorno (« Maison Licorne »), où Michael Ende et sa femme, grands admirateurs de la culture italienne, ont vécu durant quatorze ans. En somme, ce que raconte le roman, c'est l'irruption de la « réaction en chaîne » décrite par Jean-François Billeter dans une zone géographique qui, jusque-là, avait été épargnée par l'éthique protestante et par la rationalisation capitaliste. De fait, bien que de larges pans de ses sociétés aient succombé depuis longtemps, l'Europe du Sud reste le berceau d'une culture qui s'oppose profondément à cette logique.

En 2007, posant un constat similaire à celui formulé ici, Thierry Fabre invitait, pour y remédier, à puiser dans l'héritage méditerranéen, dans ce qu'il appelle la « pensée de midi ». Là réside, affirmait-il, le secret d'un « nouvel art d'habiter le temps [82] ». Henry Miller s'était forgé la même conviction au cours de ce voyage en Grèce qu'il raconte, dans *Le Colosse de Maroussi*, avec un enthousiasme torrentiel, ébloui. « La Grèce n'est pas seulement l'antithèse de l'Amérique ; plus encore, elle est la solution des maux qui nous accablent », clame-t-il. Ou encore : « C'est ici le méridien de Greenwich de tout ce qui touche à l'âme humaine. » Le dégoût et le désespoir que lui inspire son pays natal comme le reste de l'Europe n'en sont que plus violents : « Nous construisons un monde abstrait, déshumanisé, avec les cendres d'un matérialisme illusoire. » Et, ailleurs : « Nous nous mouvons dans un temps mécanique parmi les débris de mondes disparus. » Il cite son grand ami Katsimbalis, pour qui l'étrangeté de son pays à tout esprit utilitariste s'exprime à travers « la saveur et la beauté du grec moderne » : « Nous, nous avons une langue... et une langue que nous

82 Thierry Fabre, *Éloge de la pensée de midi*, *op. cit.*

continuons à créer. Un langage pour poètes, pas pour boutiquiers [83]. »

À la lumière de ces témoignages, on peut interpréter la crise de la dette qui ravage depuis quelques années les pays d'Europe du Sud, et leur mise sous tutelle par l'Union européenne à l'initiative de l'Allemagne, comme la phase ultime de la « réaction en chaîne ». On peut y voir l'acharnement à annihiler un monde, à massacrer le secret qu'il détient, qu'il incarne encore, et dont on ne veut plus rien savoir. Il faut en finir une bonne fois pour toutes avec ce foyer d'une conception radieuse de l'être humain et de la vie. À l'été 2010, en Crète, un ami du blogueur Panagiotis Grigoriou déplorait l'aveuglement de ses compatriotes, comparable à celui des habitants de la ville de *Momo*, au cours des premières années de leur intégration à l'Union européenne : « Ces gens ont perdu tout sens de la richesse dans un pays qui offre pourtant tout de l'essentiel. Production agricole de qualité, harmonie entre l'histoire et le climat, douceur et, pour finir, un certain mépris de la vitesse. Nos rythmes n'étaient pas ceux du monde occidental, notre consumérisme non plus [84]. »

En Espagne, le ministre de l'Économie Luis de Guindos a un jour appelé les émissaires de la troïka – les experts financiers de la Commission européenne, de la Banque centrale européenne et du Fonds monétaire international, chargés de faire appliquer les mesures imposées aux pays mis sous tutelle en échange de l'« aide » qu'ils perçoivent – les « hommes en noir [85] ». Certes, il faisait allusion aux agents du FBI ; mais on n'est pas loin de Michael Ende. En 2012, le Premier ministre portugais, Pedro

83 Henry Miller, *Le Colosse de Maroussi, op. cit.*

84 Panagiotis Grigoriou, *La Grèce fantôme. Voyage au bout de la crise, 2010-2013*, Fayard, Paris, 2013.

85 « Grèce : qui sont les "hommes en noir" de la "troïka" ? », LeMonde.fr, 6 septembre 2012.

Passos Coelho, admonestait d'ailleurs ses concitoyens dans ces termes pour le moins éloquents : « Vous vous souvenez certainement de cet épisode grotesque, quand, alors que la troïka travaillait à Lisbonne pour élaborer un programme d'aide au Portugal [en 2011], tout était fermé dans le pays, parce que tout le monde profitait de quelques jours fériés pour faire le pont. La troïka, qui prêtait de l'argent au Portugal, travaillait ; le pays profitait des ponts. Heureusement, ce qui s'est passé depuis a été à rebours de cette première image, très mauvaise [86]. »

Qu'un substrat culturel, voire religieux, détermine les attitudes des protagonistes de la crise de l'euro, certains n'ont pas manqué de le faire remarquer. « Experts et politiques négligent un facteur : Dieu. Enfin, la religion et, en l'espèce, le protestantisme luthérien, écrivait ainsi Alain Frachon dans *Le Monde*. Fille de pasteur, [la chancelière allemande] Angela Merkel a le sens du péché, comme beaucoup de ses compatriotes. Il y a une manière allemande de parler de l'euro qui fleure bon l'influence du Temple. Et qui n'est évidemment pas sans conséquences sur les solutions avancées pour secourir l'union monétaire européenne [87]. » De fait, on décèle, dans le traitement réservé à ces pays, réduits à une caricature méprisante et réunis, avec l'Irlande, sous l'étiquette infamante de PIGS (Portugal, Italie/Irlande, Grèce et Espagne) – soit littéralement « porcs » en anglais –, dans le cercle vicieux des politiques économiques désastreuses auxquelles on les condamne avec un entêtement inflexible, dans la surdité aux souffrances et aux destructions engendrées, une dimension proprement fanatique. Comme si la « réaction en chaîne » commençait à faire craquer son costume de rationalité.

---

86 Expresso.pt, 6 février 2012.

87 Alain Frachon, « Et Dieu, dans la crise de l'euro ? », *Le Monde*, 23 décembre 2011.

Pensées enchaînées

Comment lutter contre le rationnement et la défiguration du temps ? Comment nous délivrer de notre fébrilité et réapprendre à nous *poser* ? Certains militent pour une réduction drastique du temps de travail, ou encore pour le droit au temps partiel choisi – puisque, aujourd'hui, en France, on n'a le droit que de *demander* à travailler moins, l'employeur pouvant toujours refuser [88]. La solution qui me paraît la plus stimulante et la plus convaincante reste cependant celle du revenu garanti [89], qui consisterait à attribuer à chaque individu, tout au long de sa vie, une somme mensuelle suffisante pour vivre. Pour cela, ce revenu, dans la conception que l'on s'en fait à gauche, devrait s'accompagner d'un renforcement des services publics et de la protection sociale existante. Versé sans condition ni contrepartie, il serait cumulable avec un travail rémunéré. Ainsi, on pourrait refuser les emplois qu'on jugerait trop mal payés, sans intérêt ou franchement nuisibles, et se consacrer plutôt à des activités non économiques, mais essentielles à son propre bien-être et à celui de la société. Redevenir maîtres de leur temps et de leur travail représenterait sans aucun doute un immense soulagement pour un grand nombre de gens, tel cet ingénieur qui clamait sur son blog qu'il serait « tellement plus utile au chômage [90] ». On pourrait alterner les périodes de salariat et celles où l'on ferait mille autres choses ; les périodes où l'on prendrait part à des activités collectives, rémunérées ou non, et celles où l'on se retirerait à l'écart pour souffler, réfléchir, créer, se reposer, prendre du recul, se ressourcer, passer du temps avec ses proches.

---

88 *Cf.* Samuel Michalon, Baptiste Mylondo et Lilian Robin, *Non au temps plein subi !* Éditions du Croquant, Bellecombe-en-Bauges, 2013.

89 *Cf.* Mona Chollet, « Revenu garanti, "la première vision positive du XXIe siècle" », Peripheries.net, décembre 2010 ; « Imaginer un revenu garanti pour tous » (dossier), *Le Monde diplomatique*, mai 2013.

90 « Je serais tellement plus utile au chômage », JCFrogBlog4, 4 novembre 2013.

Homme ou femme, on pourrait élever tranquillement ses enfants, et les jeunes pourraient étudier dans de bonnes conditions, sans devoir travailler à côté.

Tout ce qui pourrait permettre au plus grand nombre de mieux vivre se heurte bien sûr aux intérêts de ceux qui tirent profit du système actuel. Mais il se heurte aussi, et peut-être surtout, à cette mentalité dont on disait plus haut qu'elle amenait les exploités à « coopérer à leur propre asservissement » – ou, pour reprendre une formule du dramaturge Edward Bond, à « vomir les idées qui leur permettraient de vivre [91] ». On s'accroche à une vision idyllique de l'activité économique, toujours perçue comme intrinsèquement vertueuse en dépit de l'accumulation des preuves du contraire. Parler de revenu garanti suscite aussitôt des visions dantesques de société à la dérive, de chaos et d'anarchie. Cette réaction traduit la logique binaire qui, au travail rémunéré, seule voie de salut imaginable, oppose une paresse stérile et coupable, vue comme une forme de déchéance : le travail, constate Vaneigem, « a fait de la paresse sa putain ». Il observe : « L'habitude s'est si bien implantée d'accepter n'importe quel travail et de consommer n'importe quoi pour équilibrer cette balance des marchés qui règne sur les destinées comme la vieille et fantomatique providence divine, que rester chez soi au lieu de participer à la frénésie qui détruit l'univers passe étrangement pour scandaleux [92]. » Alimenter le système, si absurde soit-il, procure une image de soi valorisante (quoi de plus glorieux que de n'avoir « pas une minute à soi » ?) et dispense de toute réflexion sur ce qu'on souhaiterait faire de sa vie. « Le grand défi, c'est que chacun doit réapprendre à vivre [93]. »

---

91 Edward Bond, *Pièces de guerre III. Grande paix* [1985], traduit de l'anglais par Michel Vittoz, L'Arche, Paris, 1994.

92 Raoul Vaneigem, *Éloge de la paresse affinée, op. cit.*

93 Daniel Häni et Enno Schmidt (réal.), *Le Revenu de base. Une impulsion culturelle*, disponible sur http://revenudebase.info.

Comme la plupart de mes contemporains, en dehors de mes années d'études, je n'ai expérimenté la libre jouissance de mon temps que sous une forme qui lui ôtait une grande part de son charme. Je n'ai pu accéder à la sécurité matérielle et à l'intégration sociale qu'en y renonçant. La sérénité et les révélations que je recherche entre mes quatre murs, ces « heures célestes » que j'espère, sont inséparables de la marche du monde, des lois régissant la société où s'insère ma petite niche personnelle. Pour retrouver le temps, la respiration, l'envoûtement, c'est d'un désenvoûtement collectif que nous avons besoin.

5

Métamorphoses de la boniche. La patate chaude du ménage

Parmi les enseignements que Michael Pollan a retirés de la construction de sa cabane d'écrivain, il y a celui-ci : qui prétend s'approprier une parcelle de territoire pour y aménager un abri durable n'a pas droit à l'erreur. Des fondations un tant soit peu bancales, susceptibles de communiquer à la structure les mouvements du terrain – sous l'effet du gel en hiver, en particulier –, un minuscule défaut d'étanchéité dans une fenêtre suffisent à enclencher le processus, d'abord imperceptible, de la décomposition et de la ruine. À quelques encablures de son chantier, Pollan peut d'ailleurs contempler, comme un avertissement, les vestiges d'une remise à outils et d'un poulailler laissés là par les précédents propriétaires. Au bout de dix ans, le plancher ayant pourri, le sol est de nouveau en terre ; les branches d'un érable dépassent d'une fenêtre. « La charpente retourne aux arbres, la géométrie, à la croissance anarchique et l'intérieur, à l'extérieur, en une rapide inversion de l'œuvre humaine [1]. » Le fait de participer lui-même à la construction (il a tout de même engagé un charpentier du voisinage pour l'aider et le guider) lui a donné une claire conscience des forces contraires qu'elle suppose de

1 Michael Pollan, *A Place of My Own*, *op. cit.*

prendre en compte et de tenir en respect ; une conscience sans doute plus difficile à acquérir lorsqu'on emménage dans un bâtiment déjà terminé, dont la solidité et la résistance aux éléments semblent aller de soi.

Ce qui vaut pour l'extérieur vaut aussi pour l'intérieur. Lorsqu'on s'irrite parce que la poussière recommence déjà à s'accumuler deux jours après qu'on a passé l'aspirateur, on présume que la propreté est l'état naturel de nos habitations ; une idée étrange, quand on y pense. Elles aussi, il faut les défendre contre le chaos, en repoussant régulièrement ses assauts. Qu'il soit sans cesse à recommencer est l'un des aspects les plus décourageants du travail domestique. Plusieurs personnes – des femmes, dans leur écrasante majorité – interrogées par le sociologue Jean-Claude Kaufmann sur leur pratique du ménage se plaignent qu'il suffise d'une averse, quelques heures plus tard, pour réduire à néant leur nettoyage des vitres [2]. Étudiant la répartition des tâches au sein de quelques couples d'intellectuels célèbres, Nancy Huston retenait, dans le flot d'éloges adressé par Scott Fitzgerald à sa femme Zelda devant un journaliste, cette petite phrase : « Vous nettoyez, je crois, la glacière une fois par semaine. » Pendant ce temps, lui achevait l'écriture de son roman. « Une semaine plus tard, commente Huston, la glacière sera de nouveau sale, alors que le roman restera inchangé, dans sa perfection originelle [3]. »

Des tâches ménagères, on voit surtout qu'il s'agit d'un travail long, répétitif, fatigant, salissant ; un travail peu gratifiant, au sens où il ne permet pas de se singulariser, d'exprimer sa créativité – à cet égard, le roman dispose d'un avantage indiscutable sur la glacière. Dès lors, rares sont ceux qui refusent de les déléguer quand ils sont en position de le faire et qui insistent pour s'en charger eux-mêmes. Surtout quand rien dans les

---

2 Jean-Claude Kaufmann, *Le Cœur à l'ouvrage, op. cit.*

3 Nancy Huston, *Journal de la création*, Actes Sud, Arles, 1990.

usages de leur milieu ou de leur époque ne les y pousse. Pour se passer entièrement de domestiques, dans la bourgeoisie, au début du XIXe siècle, comme la mère de l'écrivaine George Sand, il fallait une force de caractère peu commune. La militante socialiste et féministe Flora Tristan, malgré son train de vie modeste, employait une servante intermittente [4]. Karl Marx, lui, fit un enfant illégitime à la sienne, Helene Demuth.

Là, dans la sphère privée, à l'abri des regards, au plus près des désirs, des faiblesses, des rapports de forces intimes ou sociaux, les idéaux tendent à vaciller. Souvent, le machisme leur donne le coup de grâce. Parmi les slogans d'une manifestation féministe en soutien à des ouvrières en grève, en 1972, figurait le célèbre : « Prolétaires de tous les pays, qui lave vos chaussettes ? » – en référence à la conclusion du *Manifeste du Parti communiste*, « Prolétaires de tous les pays, unissez-vous ! ». Ou encore : « Je suis désolée, il n'est pas à la maison, il est à la manif pour les peuples opprimés [5]. »

En un sens, on peut voir dans l'attitude d'évitement et de mépris à l'égard des tâches ménagères une occasion manquée. Pour peu que l'on ait la curiosité d'y réfléchir, le nettoyage de la glacière, bien que d'une nature très différente, ne recèle pas moins de richesses philosophiques potentielles que l'écriture du roman. La différence n'empêche pas quelques affinités, d'ailleurs. Dans sa préface à une édition revue et corrigée de son livre, Jean-Claude Kaufmann explique qu'il lui a fallu « épousseter, raviver, se demander si telle phrase usée avait toujours sa place [6] ». Comme lui, j'ai l'impression que mon activité à l'intérieur de mon fichier de traitement de texte s'apparente aux

---

4 Anne MARTIN-FUGIER, *La Place des bonnes. La domesticité féminine en 1900* [1979], Le Livre de poche, Paris, 1985.

5 Anne-Charlotte HUSSON, « Slogans (3) – "Prolétaires de tous les pays, qui lave vos chaussettes ?" », Genre !, 8 septembre 2014, http://cafaitgenre.org.

6 Jean-Claude KAUFMANN, *Le Cœur à l'ouvrage, op. cit.*

gestes du ménage : couper-coller un paragraphe quand je m'avise qu'il sera davantage à sa place à tel endroit qu'à tel autre, supprimer une phrase ou un mot inutile, regrouper les propos qui concernent la même idée, buter sur un fragment que j'avais oublié dans un coin et le réintégrer dans le déroulement du chapitre... Le tout en espérant créer, d'abord pour moi puis, idéalement, pour le lecteur, un paysage ordonné, harmonieux, où apparaîtra clairement ce qui auparavant demeurait flou ou invisible. Peut-être qu'écrire n'est jamais que cela, en fin de compte : déblayer. Pourquoi respecter cette activité dans le domaine intellectuel et la mépriser dans le monde matériel ? (Huston avançait une hypothèse intéressante : parce que le texte a vocation à nous survivre, alors que le travail lié à l'entretien des corps nous rappelle notre mortalité [7].)

Les pensées aussi s'éclaircissent lorsqu'on trône au milieu d'un intérieur fraîchement briqué et rangé ; l'esprit se désencombre, l'énergie se renouvelle, l'horizon se dégage. Reprendre en main son cadre domestique, le retourner de fond en comble, interroger la présence de chaque objet, lui rendre son éclat d'un coup de chiffon avant de le remettre à sa place ou de lui en trouver une meilleure, permet d'éprouver son pouvoir sur les choses, de redéfinir sa propre place dans le monde, de la préciser, de l'actualiser. Même en vivant dans une société qui dévalorise le travail ménager, au demeurant, il arrive que l'on y trouve du sens et du plaisir. « Si je dis que faire la poussière pour moi c'est une tâche noble, tout le monde va se marrer, et pourtant pour moi c'est ça », lance une jeune femme. Un graphiste de vingt-sept ans prénommé Raphaël, qui vit seul et déteste les tâches domestiques, avoue qu'il lui arrive malgré tout de frôler la révélation : « Quand je range mon appartement, c'est vrai

---

7 Nancy HUSTON, *Journal de la création*, *op. cit.*

qu'il commence à prendre un peu de gueule, qu'il commence à devenir quelque chose de crédible, un vrai chez-moi [8]. »

Faire le ménage, c'est, comme l'écrit le philosophe Jean-Marc Besse, « réunir de nouvelles conditions pour que quelque chose puisse avoir lieu ». C'est « dégager de l'espace », « ouvrir ou rouvrir un espace propre pour la vie jour après jour ». Ce qui est rendu propre redevient « *propre à* [9] ». On pourrait trouver du charme à ces moments qui rendent tous les autres moments possibles, comme les auditeurs d'un concert classique, lorsqu'ils prennent place dans la salle, écoutent les musiciens accorder leurs instruments et y entendent la promesse de l'enchantement à venir. On pourrait savourer cette suspension, ce léger retrait par rapport à la vie quotidienne ; on pourrait apprécier l'angle différent qu'ils offrent sur les choses.

Chacun, fille ou garçon, pourrait être sensibilisé dès l'enfance au bien-être et à la beauté que produit ce travail, à la façon dont il permet de s'évader, de méditer et, en même temps, de reprendre contact avec son milieu : « Vous ne pouvez point affirmer ce qu'est en réalité un tableau ou un objet tant que vous ne l'avez pas épousseté tous les jours [10] », écrivait Gertrude Stein. Alors que la culture occidentale reste profondément marquée par la pensée cartésienne, qui postule une séparation radicale de l'être humain et de son milieu, et n'en finit plus de payer le prix de cette erreur, une tâche aussi obscure que le ménage donne lieu à des expériences troublantes. Une jeune femme décrit ainsi sa réaction lorsqu'elle nettoie son appartement et qu'un coup de balai un peu trop violent va heurter le pied de la commode : « Je dis "aïe !", comme si j'avais mal [11]. »

---

8 Jean-Claude Kaufmann, *Le Cœur à l'ouvrage, op. cit.*

9 Jean-Marc Besse, *Habiter. Un monde à mon image*, Flammarion, Paris, 2013.

10 Gertrude Stein, *Autobiographie d'Alice Toklas* [1933], Gallimard, Paris, 1973, cité par Geneviève Fraisse, *Service ou servitude. Essai sur les femmes toutes mains* [1979], Le Bord de l'eau, Lormont, 2009.

11 Jean-Claude Kaufmann, *Le Cœur à l'ouvrage, op. cit.*

Dans un monde moins aveugle à tout cela, on pourrait aussi imaginer une meilleure prise en charge collective des locaux partagés, ainsi que, pour ceux qui entretiennent les bâtiments publics, un statut et un salaire à la mesure de leur utilité sociale. En 2009, trois chercheuses britanniques s'étaient amusées à mettre en rapport la rémunération d'un certain nombre de métiers avec leur « valeur sociale », calculée en fonction des « externalités » qu'ils produisent, c'est-à-dire de leur impact positif ou négatif. L'activité d'un publicitaire, par exemple, crée des emplois, mais, en encourageant la consommation, provoque aussi « un accroissement de l'endettement, de l'obésité, de la pollution, de l'usage d'énergies non renouvelables ». À l'autre bout de l'échelle des salaires, un agent de nettoyage hospitalier, lui, « contribue à la marche générale du système de santé et minimise le risque d'infections nosocomiales ». Au final, le premier « détruit une valeur de 11,50 livres à chaque fois qu'il engendre une livre de valeur », alors que le travail du second, « pour chaque livre sterling qu'il absorbe en salaire, produit plus de 10 livres de valeur sociale [12] ». C'est ce qu'avait compris, il y a quelques décennies, Mierle Laderman Ukeles, figure de proue des Garbage Girls, des artistes passionnées par les déchets et les décharges. En 1978, elle avait entrepris de serrer la main des huit mille cinq cents employés de la propreté de New York afin de les remercier de « garder New York en vie ». Le projet, baptisé *Touch Sanitation*, avait duré un an et demi. « Sans ramassage d'ordures quotidien, la ville s'asphyxie et le désordre social s'avère inéluctable, des exemples contemporains en attestent. Ukeles choisit de photographier et de filmer ce travail ingrat avec la ferme conviction de célébrer les hommes les plus importants de la ville alors même que ces

---

12 Pierre Rimbert, « De la valeur ignorée des métiers », *Le Monde diplomatique*, mars 2010.

derniers étaient assimilés dans l'esprit du quidam au contenu de leurs camions [13]. »

S'il allait de soi que chacun (quand il est physiquement en mesure de le faire, bien entendu) se charge d'entretenir lui-même son cadre de vie, le visage de nos habitations changerait probablement du tout au tout. On n'aménage et on ne traite pas un lieu de la même façon si on peut le faire nettoyer par quelqu'un d'autre ou si on doit s'en occuper soi-même. Au XIXe siècle, en France, les intérieurs bourgeois ressemblaient à un vrai cauchemar de domestique : une profusion de bibelots, de petits meubles dans lesquels on se cognait, et partout, même sur les murs, des étoffes qui retenaient la poussière [14]. De même, aujourd'hui, des femmes de ménage se plaignent – ici, dans une enquête menée en Australie – que les clients « ont parfois des choses impossibles : des parois vitrées partout dans la salle de bains, des cheminées, des parquets immenses… Ils ne se rendent pas compte du travail que ça demande. Même si je pouvais, jamais je n'aurais ça chez moi [15] ». Dans *The Queen of Versailles*, lors de l'arrêt des travaux de son palais en raison de la crise, Jackie Siegel arpente le chantier, mélancolique. Dans un accès d'empathie surprenant, elle se tourne vers l'une de ses employées, qui l'accompagne, et lui lance : « Voyons le bon côté des choses : au moins, tu n'auras pas à nettoyer cet endroit [16]. » Qui rêverait d'une maison de huit mille trois cents mètres carrés s'il devait l'entretenir lui-même ? Dans la sphère privée comme publique, au niveau social comme individuel,

---

13 Bénédicte RAMADE, « Après la révolution, qui ramassera les poubelles ? », *Vacarme*, n° 57, automne 2011.

14 Anne MARTIN-FUGIER, *La Place des bonnes*, *op. cit.*

15 Gabrielle MEAGHER, *Friend or Flunkey ? Paid Domestic Workers in the New Economy*, UNSW Press, Sydney, 2003. Cité par François-Xavier DEVETTER et Sandrine ROUSSEAU, *Du balai. Essai sur le ménage à domicile et le retour de la domesticité*, Raisons d'agir, Ivry-sur-Seine, 2011.

16 Lauren GREENFIELD, *The Queen of Versailles*, *op. cit.*

devoir payer la sueur des autres plus cher, ou ne plus pouvoir se la payer du tout, nous ferait entrer dans une logique complètement différente et obligerait à des révisions intéressantes.

« Vous êtes comme des poubelles pour nous »

On s'efforce donc de déléguer le travail ménager par aveuglement collectif ; et la délégation permet, en retour, de perpétuer cet aveuglement. Fait remarquable, lorsqu'on veut nier la nécessité implacable que représentent les tâches domestiques, on ne réussit qu'à la rendre plus tyrannique. Ainsi, Raphaël, le jeune homme cité plus haut, attire notre attention sur un scandale trop rarement souligné : la vaisselle. Faire la vaisselle est franchement au-dessus de ses forces ; trop pénible. Comme il possède un nombre réduit d'ustensiles et de couverts, il les stocke dans l'évier, sales. Résultat : au cours de ses repas, il doit s'interrompre à plusieurs reprises pour aller laver ce dont il a besoin. Sa rébellion devant la vaisselle provoque une prolifération de la vaisselle. De même, une étudiante observe que lorsqu'elle tarde à nettoyer le sol, la pensée, si légère et périphérique soit-elle, de cette corvée qui l'attend finit par devenir obsédante, lancinante, de sorte qu'elle ne sait pas « ce qui est le plus désagréable, faire les sols ou y penser si souvent [17] ». Refuser d'affronter la crasse, c'est lui laisser le champ libre, la rendre omniprésente. À l'inverse, une écrivaine noire américaine, éduquée par ses grands-parents à garder toujours impeccables tant son intérieur que sa tenue, en réponse à une société qui « dévalorise sans cesse les personnes de couleur », explique pourquoi elle a conservé cette discipline à l'âge adulte : « On supposera sans doute que je suis une rabat-joie

---

17 Jean-Claude Kaufmann, *Le Cœur à l'ouvrage*, *op. cit.*

psychorigide, mais pas du tout : si je m'y tiens, c'est au contraire parce que j'adore traîner et ne rien faire. Il est bien plus facile de passer une heure à tricoter ou à regarder la télévision si l'on n'a pas sous les yeux des piles de choses qui attendent qu'on s'en occupe [18]. » S'incliner sans barguigner devant la nécessité constitue le seul moyen de la faire rentrer à la niche, de minimiser la prise qu'on lui donne sur sa vie.

Non, pas le seul moyen, justement : pour continuer à vivre dans un état de déni hautain et bienheureux, il faut pouvoir confier son entretien matériel à autrui. D'où l'injustice que représente l'attitude de ceux qui, au sein d'un foyer, s'offrent le luxe d'ignorer les contingences du ménage : ils ont beau jeu d'accuser ceux qui s'en soucient à leur place – ou plutôt *celles*, en général leur compagne ou leur mère – ou qui doivent les harceler pour qu'ils fassent leur part d'avoir des préoccupations tristement prosaïques, ou d'être maniaques. Lorsqu'il était courant, en Europe, d'employer des domestiques, jusqu'au début du XXe siècle, leurs maîtres leur demandaient de nettoyer à la fois la saleté de leur logement et celle produite par leurs corps, tout en ne leur laissant même pas le temps de se laver eux-mêmes, pour ensuite leur reprocher d'être repoussants et de puer. Ils pouvaient ainsi conserver l'illusion d'incarner la pureté, et évoluer comme par magie dans un intérieur immuablement propre, rangé, fonctionnel. L'invisibilité à peu près totale exigée des domestiques dans l'Angleterre victorienne peut s'expliquer par plusieurs raisons – préserver son entre-soi, s'épargner le spectacle de gens du peuple grossiers et vulgaires –, mais le désir de maintenir cette illusion y était sans doute pour beaucoup. Grâce à la construction d'un escalier séparé pour le personnel, par exemple, l'aristocrate qui gravissait les marches de sa demeure ne courait plus le risque de

---

18 Danielle, « Keeping it clean », RookieMag.com, 3 décembre 2014.

« croiser ses fèces de la nuit précédente » dans le pot de chambre transporté par une servante [19].

Dans cette économie symbolique, on chargeait aussi les bonnes d'incarner le sexe, assimilé à la souillure, et comme elles relégué dans les coulisses. Secrètement marié à sa domestique durant trente-six ans, entre 1873 et 1909, un fonctionnaire anglais put expérimenter avec elle la délicieuse ambiguïté du mot « sale », dans son sens à la fois ménager et sexuel. Hannah Cullwick a laissé un journal détaillé de ses tâches quotidiennes, document rare qui fait aujourd'hui le bonheur des historiens, mais dont le but premier était apparemment d'exciter son patron et mari en lui permettant de se la représenter en train de se salir. Le récit de ses journées éreintantes se termine souvent par un fataliste : « Dormi dans ma crasse » (« *Slept in my dirt* [20] »). On prêtait aux servantes une sensualité sans frein, une sexualité presque bestiale, alors que la femme bourgeoise ou noble devait demeurer une créature digne et éthérée. Après avoir lu *Germinie Lacerteux*, le roman (paru en 1865) de ses amis les frères Goncourt, qui raconte la vie dissolue d'une bonne, la princesse Mathilde Bonaparte déplorait que la distinction ne puisse pas être encore plus marquée. Elle aurait voulu que même ses organes à elle soient différents ; elle ne supportait pas d'être « condamnée à faire l'amour comme ces malheureuses [21] ».

Lorsque l'usage se répand à Paris, au cours de la seconde moitié du XIXe siècle, de loger les domestiques non plus dans l'appartement familial, mais sous les toits, dans les « chambres de bonne » du cinquième ou du sixième étage, les maîtres s'imaginent que ces réduits sordides où ils ne mettent jamais les pieds se transforment la nuit en lieux de débauche. « Après quinze ou seize heures de présence dans l'appartement, alors que nous

---

19 Bill BRYSON, *At Home*, *op. cit.*

20 *Idem.*

21 Cité par Anne Martin-FUGIER, *La Place des bonnes*, *op. cit.*

remontons dans nos petits trous du sixième, nous pensons davantage à nous reposer qu'à nous livrer à de folles orgies [22] », leur réplique une bonne excédée dans une lettre publiée en 1904 par le journal *L'Éclair*. Cela n'empêche pas les hommes de s'arroger l'accès au corps des femmes travaillant à leur service. Le fils de la famille fait l'économie d'une visite au bordel pour son dépucelage ; le mari peut réaliser ses fantasmes tout en préservant la vertu de sa femme. Ainsi s'exerce une double oppression : celle de l'épouse, condamnée à réprimer sa sexualité, et celle de la bonne, obligée de subir des assauts le plus souvent non désirés. Enceinte, elle sera jetée dehors, de sorte qu'elle aura joué son rôle de bouc émissaire jusqu'au bout. Résumons. Si la saleté existe dans le monde, c'est de sa faute. Si son maître a des désirs qu'il ne peut pas satisfaire autrement qu'en abusant d'elle, c'est aussi de sa faute : elle a le vice dans le sang, elle l'a provoqué. Et si les conséquences d'un acte décidé par lui, en apparaissant au grand jour, viennent semer le désordre, c'est encore de sa faute (c'est son ventre qui grossit, après tout) ; mais, heureusement, on peut rétablir l'harmonie en se débarrassant d'elle.

Le sacrifice du domestique, et plus encore de *la* domestique, la consumation de son corps, de son temps et de sa force, permet à un ordre hypocrite à tous égards de se maintenir. Anne Martin-Fugier décrit un système qui dévore littéralement la substance vitale de ceux qu'il enrôle et qui recrache leur personne, superflue. En 1913, par exemple, Yvonne Crétté-Breton, dix-huit ans, placée dans une famille rue de Rennes à Paris, souffre d'une rage de dents. Sa patronne l'envoie chez son dentiste avec l'ordre de se faire arracher la dent malade. Engager des soins l'obligerait en effet à quitter son service à plusieurs reprises, ce qui n'est pas envisageable. De toute façon, qu'importe la beauté d'une bonne [23] ?

---

22 *Idem.*
23 *Idem.*

« Vous, les domestiques, vous êtes comme des poubelles pour nous. » En 2014, une jeune Malgache rapportait ces paroles de son ancien employeur saoudien [24]. Recluses au domicile de leurs patrons, contraintes à des horaires déments, sous-payées, souvent sous-alimentées, battues et abusées : si la domesticité a quasiment disparu en Europe, ailleurs, cette exploitation féroce reste le sort banal de millions de femmes. Le Liban, en particulier, est régulièrement montré du doigt. En l'espace d'un mois et demi, en 2010, seize employées de maison malgaches y sont mortes, victimes de mauvais traitements [25]. Au cours de la même année, en Malaisie, 18 716 domestiques (sur 250 000), pour la plupart indonésiennes, se sont enfuies [26]. En Arabie saoudite, où travaillent aussi environ un million et demi d'Indonésiennes, l'une d'elles, Ruyati binti Sapubi, cinquante-quatre ans, a été décapitée en juin 2011 pour avoir tué sa patronne, qui la battait et qui lui avait refusé la permission de rentrer chez elle. Djakarta a réagi en déclarant un moratoire sur l'envoi de travailleuses domestiques dans ce pays [27]. En 2012, on comptait vingt-cinq Indonésiennes condamnées à mort en Arabie saoudite [28]. Aux Philippines, cent mille femmes partent chaque année pour devenir « aides à domicile » à Hong Kong, en Amérique du Nord – comme Virginia Nebab chez les Siegel – ou au Proche-Orient. Elles laissent souvent derrière elles un mari et des enfants, à qui elles envoient l'essentiel de leur paie. Chaque jour, selon le président d'une organisation non

---

24 « Des domestiques réduites en esclavage en Arabie saoudite », LeMonde.fr, 25 juillet 2014.

25 « Liban : morts suspectes d'employées de maison malgaches », CourrierInternational.com, 17 décembre 2010.

26 « Malaisie : les bonnes se font la belle », CourrierInternational.com, 23 juin 2010.

27 « Saudi Arabia in Indonesian maid beheading row », BBC.co.uk, 21 juin 2011.

28 « Vingt-cinq employées de maison indonésiennes condamnées à mort en Arabie saoudite », LeMonde.fr, 6 avril 2012.

gouvernementale locale, « on rapatrie six à dix corps d'émigrés philippins décédés pendant leur travail [29] ».

Chez les employeurs, il existe, comme autrefois en Europe, toute une palette de comportements, de la condescendance bienveillante à la pure jouissance de la domination. L'extension du service ménager au service sexuel perdure elle aussi : un siècle et demi après Marx, l'ancien gouverneur de Californie Arnold Schwarzenegger, par exemple, a eu un enfant – né quelques jours après l'un de ses fils légitimes – de son employée de maison, Mildred Baena (la différence étant qu'Helene Demuth, contrairement à Baena, n'a jamais eu l'occasion de donner des interviews aux tabloïds et que, dans le cas de Schwarzenegger, l'affaire a fini par lui coûter son mariage). On se souviendra aussi de la promptitude avec laquelle, en 2011, l'agression sexuelle présumée d'une femme de chambre dans un hôtel à New York par Dominique Strauss-Kahn, alors président du Fonds monétaire international, fut rangée par un éditorialiste français dans la catégorie du « troussage de domestique [30] ».

Le pays qui compte le plus d'employés de maison est le Brésil : sept millions, dont une écrasante majorité de femmes, le plus souvent noires. Mais, avec l'élévation du niveau de vie, depuis une grosse décennie, les jeunes voient s'ouvrir d'autres opportunités, et les saisissent. Il devient plus difficile de trouver des serviteurs. En 2012, une *telenovela* intitulée *Cheias de Charme* (« Pleines de charme ») mettait en scène « trois bonnes tenant tête à des patronnes tyranniques qu'elles finissent par planter là pour monter un groupe de pop [31] ». Dans ces conditions, la loi votée en 2013, qui accordait enfin au personnel de

---

29 Julien Brygo, « Profession, domestique », *Le Monde diplomatique*, septembre 2011.

30 *Cf.* Christine Delphy (dir.), *Un troussage de domestique*, Syllepse, « Nouvelles questions féministes », Paris, 2011.

31 Chantal Reyes, « Brésil : le torchon brûle chez les bonnes », *Libération*, 10 décembre 2012.

maison les mêmes droits qu'aux autres salariés, a peut-être une chance de ne pas rester lettre morte – alors que la convention sur les travailleuses et travailleurs domestiques votée en 2011 à l'Organisation internationale du travail n'a été ratifiée que par une poignée de pays. Contrariés, les employeurs brésiliens se tournent vers les immigrées boliviennes, haïtiennes ou africaines. Toutefois, il se produit aussi un changement dans les mentalités : se faire servir ne va plus de soi ; les jeunes générations l'assument moins bien [32].

Moderniser l'exploitation

Une « crise de la domesticité », en somme, comme la France en a connu une au début du XXe siècle. À la bonne s'est substituée, dans la plupart des cas, la femme de ménage, qui travaille pour plusieurs employeurs et a son propre domicile. Cette évolution s'explique aussi par le désir nouveau des familles de préserver leur intimité : « On ne veut pas quelqu'un d'étranger qui soit là au petit déjeuner, tout le temps, au quotidien. Notre vie, c'est tous les quatre [33] », déclare ainsi une jeune femme, mariée et mère de deux enfants. Le progrès est notable : « Ce qui conditionne le plus, c'est d'être dépendant des employeurs pour le logement ; de dormir dans leurs draps, de vivre dans leurs meubles [34] », disait Suzanne Ascoët, employée de maison et syndicaliste, en 1979. On prend toute la mesure de ce que signifie la possibilité d'une existence enfin indépendante en lisant l'évocation de ces bonnes qui, lorsqu'elles

---

32 Arnaud Bihel, « L'égalité des droits pour les domestiques au Brésil », LesNouvellesNews.fr, 27 mars 2013 ; Marcos Coronato, « Brésil : les femmes de ménage sont en voie de disparition », CourrierInternational.com, 9 février 2012.

33 Jean-Claude Kaufmann, *Le Cœur à l'ouvrage, op. cit.*

34 Cité par Geneviève Fraisse, *Service ou servitude, op. cit.*

avaient réussi à dissimuler leur grossesse, accouchaient seules dans leur chambre, dans la terreur d'être entendues, avant d'aller jeter le nouveau-né dans les toilettes et de paniquer parce que la tête ne passait pas [35]. Pour autant, cela reste un métier physiquement usant et mal payé – d'autant que le temps de transport, souvent important, n'est pas comptabilisé. Et il n'est pas certain que le cœur de la relation ait changé : « Elles [les femmes de ménage rencontrées] ont toutes sur le cœur des histoires de clients sans pudeur qui leur demandent de laver à la main leurs sous-vêtements [36]. »

Si elle s'exprime de façon moins brutale, la pulsion de domination n'a pas disparu et rejaillit parfois encore au grand jour. Dans sa chronique « Contre », Philippe De Jonckheere rapportait une discussion entre collègues suscitée par la perspective d'un tirage exceptionnel du Loto : « Tout un chacun évoque ses projets s'il devait être à la tête de ces x millions, et chaque projet sous-entend, dans toute sa médiocrité, la domination de tout un personnel qui serait *acheté*, c'est l'expression, pour être au service de personnes qui n'ont qu'un seul rêve, ne plus travailler [37]. » Le souhait ou la satisfaction de voir les autres trimer à sa place ne se manifeste pas que dans la sphère domestique. À Paris, la mairie a mis en place des groupes de parole pour les éboueurs, de plus en plus souvent victimes d'agressions. L'un d'eux, prénommé Stéphane, témoigne : « Parfois, lorsque je suis au balai, des gens me regardent, balancent un papier par terre et me disent : "Tiens, ramasse." Je n'en peux plus de me sentir comme une merde à leurs yeux. Ce n'est pas une honte de faire ce métier [38]. »

---

35 Anne Martin-Fugier, *La Place des bonnes*, *op. cit.*

36 Natacha Czerwinski, « Profession femme de ménage », *L'Express*, 22 novembre 2004.

37 http://desordre.net/bloc/contre/

38 Willy Le Devin, « Éboueurs : "Parfois, les gens balancent un papier par terre et me disent : 'Tiens, ramasse'" », *Libération*, 21 septembre 2012.

Les attitudes individuelles peuvent être vicieuses, cyniques ou respectueuses. Un homme de ma connaissance, qui vit seul, annonçait un jour sur Twitter : « Demain, c'est le jour de la femme de ménage, alors aujourd'hui, je fais le ménage. » Belle manière de dire qu'avec un sens des égards élémentaires dus à autrui, déléguer ses tâches domestiques ne va pas de soi. Pour autant, la société dans son ensemble, tout en voulant se croire égalitaire et démocratique, et en prétendant donner les mêmes chances à chacun, continue de reposer pour son entretien sur la consumation de certaines catégories de population – en l'occurrence, les travailleurs peu qualifiés ou sans papiers. Les partisans du revenu garanti, quand ils en exposent les principes, s'attirent souvent cette objection révélatrice, en général formulée par des interlocuteurs qui ne sont ni femme de ménage ni éboueur : « Mais si on n'était plus obligé de travailler pour vivre, qui ferait les sales boulots ? » Sans l'existence d'une classe de gens qui n'ont pas le choix, la société ne pourrait pas fonctionner : non seulement on s'accommode de cette réalité, mais on se montre anxieusement attaché à sa perpétuation.

Depuis le début des années 1990, en France, les gouvernements successifs se sont même efforcés de développer le secteur des « services à la personne », y voyant la solution miracle au chômage. Ils ont encouragé les ménages à embaucher une aide – ou à déclarer celle qu'ils employaient au noir – par diverses incitations, exonérations de cotisations sociales ou réductions d'impôt. C'était en particulier l'objectif du plan Borloo, en 2005. Alors qu'il déclinait à la fin des années 1980, le secteur des emplois domestiques a repris du poil de la bête. Cinq pour cent des ménages recouraient à une aide rémunérée en 1989 ; 9 % en 2006 ; 12 % en 2010 [39].

On a donc délibérément créé des emplois de mauvaise qualité et d'une « utilité sociale médiocre », écrivent François-Xavier

---

39 Source : Insee.

Devetter et Sandrine Rousseau. Qui plus est, avec un coût pour les finances publiques qui laisse pantois : en 2003, le seul relèvement du plafond des exonérations fiscales a impliqué un manque à gagner de 75 millions d'euros, et cela pour créer moins de six cents postes. Soit un coût par poste de 130 000 euros [40]... Un rapport d'évaluation du plan Borloo soulignait que, des pertes globales pour l'État occasionnées par ces mesures, il fallait déduire les économies réalisées sur les aides sociales versées aux pauvres, désormais remis au travail grâce à ce dispositif. Autrement dit : « Autorisons les riches à ne pas payer leurs impôts pour verser moins d'allocations aux plus pauvres », résument Devetter et Rousseau. Les deux chercheurs relèvent aussi que ces emplois sont les seuls pour lesquels on envisage d'encourager l'immigration. De telles politiques, concluent-ils, s'inscrivent dans une logique d'« entretien des inégalités [41] ».

Le fameux « travailler plus pour gagner plus » de Nicolas Sarkozy était en adéquation avec la promotion des « services à la personne » : tous deux traduisent « un modèle de société très explicitement fondé sur une division du travail accrue, où les plus "productifs" doivent déléguer les tâches les plus basiques pour se consacrer aux activités où ils disposent d'un avantage comparatif [42] ». En 1990 déjà, alors que cette logique se mettait à peine en place, l'économiste et philosophe André Gorz avertissait : « Le développement des services personnels n'est possible que dans un contexte d'inégalités sociales croissantes, où une partie de la population accapare les activités bien rémunérées et contraint une autre partie au rôle de serviteur [43]. » La norme des cinq jours de travail par semaine, à elle seule, pousse

---

40 François-Xavier Devetter et Sandrine Rousseau, *Du balai, op. cit.*

41 *Idem.*

42 *Idem.*

43 André Gorz, « Pourquoi la société salariale a besoin de nouveaux valets », *Le Monde diplomatique*, juin 1990.

à la spécialisation, au lieu de laisser à chacun la possibilité de mener un quotidien riche d'expériences diverses. Avec seulement deux jours à consacrer à tout ce qui n'est pas son travail rémunéré, la tentation de déléguer le ménage est presque irrésistible pour ceux qui en ont les moyens. Les agences de services à la personne l'ont bien compris : l'une vante sa capacité à offrir « du temps clé en main » ; l'autre se présente comme « l'oxygène de votre quotidien ».

Une femme de ménage passera alors littéralement sa vie à nettoyer – chez les autres, mais aussi chez elle – tandis que ses clients manqueront l'occasion de ce corps à corps régulier avec leur environnement domestique et se condamneront à y rester un peu étrangers. « Chez moi comme à l'hôtel ! » clame une autre agence ; un slogan pour le moins ambigu : a-t-on vraiment envie de se sentir chez soi comme à l'hôtel ? À la longue, les effets produits par cet assistanat – ici, c'est le mot approprié – sur ceux qui en bénéficient peuvent en outre se révéler délétères. Rien ne l'illustre mieux que l'anecdote racontée par Bill Bryson au sujet du duc de Marlborough. Dans les années 1920, celui-ci, en visite chez sa fille, dans une maison trop petite pour qu'il puisse emmener ses serviteurs, « surgit de la salle de bains dans un état de désarroi complet, car sa brosse à dents ne moussait pas correctement ». Comme son valet avait toujours déposé le dentifrice sur sa brosse pour lui, il ignorait qu'elle ne se rechargeait pas toute seule. « C'était incontestablement un monde étrange [44] », conclut Bryson, pensif. A-t-on envie d'y revenir ?

Autre problème des « services à la personne » : l'adoption de cette catégorie fourre-tout, empruntée par la France aux pays anglo-saxons, ne permet pas de distinguer les prestations de confort, destinées essentiellement aux classes aisées, de celles dont bénéficient les personnes âgées, handicapées ou malades. Dans les pays scandinaves, en revanche, les gouvernements ne

44 Bill Bryson, *At Home*, *op. cit.*

font rien pour favoriser les premières et concentrent leurs efforts sur les secondes [45]. La différence est capitale, y compris pour les employés. Témoignant de son activité de femme de ménage, Sylvie Esman-Tuccella classait à part, parmi ses employeurs, une vieille dame récemment décédée : « Je ne soignais pas Mme D., et pourtant, symboliquement, mon travail était aussi un soin. Il n'y avait pas de pauvreté mentale dans les tâches ménagères adressées à Mme D. parce que pouvoir organiser mon travail chez elle, c'était aussi investir des ressorts personnels [46]. »

À l'inverse, Suzanne Ascoët refusait de définir son activité d'employée de maison comme un métier, préférant parler de « gagne-pain » : tout ce qu'elle produisait, disait-elle, c'était « de la paresse [47] ». De fait, en dépit des efforts fournis aujourd'hui pour accréditer l'idée d'une professionnalisation, on finit toujours par se heurter à cette vérité simple d'un travail ingrat que l'employeur pourrait faire lui-même. J'ai lu un jour dans un magazine féminin haut de gamme des conseils destinés aux lectrices dont le bureau se confondait avec leur domicile. L'article disait notamment – de mémoire : « Si la femme de ménage s'active dans la pièce pendant que vous êtes devant votre ordinateur, ne vous sentez pas gênée : vous travaillez toutes les deux, voilà tout. » Or, s'il fallait postuler une gêne de départ, ce n'était peut-être pas pour rien...

André Gorz voyait dans l'engouement des politiques pour les « services à la personne » l'évitement d'une question de fond : « Que doit être une société dans laquelle le travail à plein temps de tous les citoyens n'est plus nécessaire, ni économiquement utile ? Comment doit-elle s'y prendre pour que les

---

45 François-Xavier DEVETTER et François HORN, « La malédiction du balai », *Le Monde diplomatique*, septembre 2011.

46 Sylvie ESMAN-TUCCELLA, « Faire le travail domestique chez les autres », *Travailler*, n° 8, février 2002, www.cairn.info.

47 Cité par Geneviève FRAISSE, *Service ou servitude*, *op. cit.*

gains de productivité, les économies de temps de travail profitent à tout le monde ? » Au lieu de cela, les gouvernants prenaient le problème à l'envers : « Comment faire pour que, malgré les gains de productivité, l'économie consomme autant de travail que par le passé ? » Or développer les « services à la personne » – effectivement le seul domaine où l'on pouvait espérer créer un grand nombre d'emplois – représentait une régression désastreuse, arguait-il. Ce choix nous ramène aux débuts de l'ère industrielle : « À cette époque-là aussi, alors que l'économie de marché se libérait de toute entrave, un sixième de la population en était réduite à s'embaucher comme serviteurs et gens de maison. » Mais « ni la république ni la démocratie n'existaient encore dans les faits, pas plus que le droit à l'éducation et à l'égalité des chances [48] ». Avec cette analyse remarquablement clairvoyante, Gorz prêchait dans le désert. Vingt ans plus tard, Devetter et Rousseau pouvaient donner à leur ouvrage *Du balai* ce sous-titre éloquent : « Essai sur le ménage à domicile et le retour de la domesticité [49] ».

L'invisibilité imposée à ceux qui assument les tâches ménagères n'est plus aussi spectaculaire – si l'on peut dire – que dans ce manoir du Suffolk où les serviteurs devaient tourner leur visage contre le mur quand ils croisaient un membre de la maisonnée [50]. Pourtant, elle demeure, elle aussi. Une campagne de communication de l'Agence nationale des services à la personne (créée en 2005 par le plan Borloo) montrait « des aspirateurs et des pulvérisateurs de nettoyant pour vitres qui semblaient animés par l'opération du Saint-Esprit [51] »… La plupart du temps,

---

48 André Gorz, « Pourquoi la société salariale a besoin de nouveaux valets », art. cit.

49 François-Xavier Devetter et Sandrine Rousseau, *Du balai, op. cit.*

50 Bill Bryson, *At Home, op. cit.*

51 François-Xavier Devetter et François Horn, « La malédiction du balai », art. cit.

les femmes de ménage sont des « fantômes [52] », remarque Geneviève Fraisse : elles viennent chez leur employeur en son absence et communiquent avec lui par petits mots. « Le rêve, c'est d'arriver comme ça et de trouver tout fait, et d'être tranquille chez moi quand j'arrive [53] », dit une quadragénaire, mariée et mère d'un enfant. De même, Patricia Andrews, l'une des femmes au foyer britanniques interrogées en 1971 par la sociologue Ann Oakley, expliquait qu'elle s'abstenait de nettoyer et de polir les escaliers le week-end, parce que son mari était à la maison ces jours-là : « Il ne supporte pas de me voir faire du ménage. Il devient dingue, il pique une colère [54]. »

L'employeur comme le mari peuvent ainsi se faire servir tout en s'épargnant l'embarras, même vague, d'y être confrontés. Mais ce refus de *voir* le travail domestique permet aussi de maintenir l'illusion d'un intérieur propre et bien tenu *comme par magie*. Quand les conjoints de certaines femmes au foyer osent leur dire qu'elles ont « la belle vie » et qu'elles ont « bien de la chance » de « ne pas travailler », leur attitude s'explique par la cuistrerie, certes, mais peut-être aussi par cette croyance persistante : la propreté est l'état naturel d'une maison. « Si je lui fais remarquer qu'il ne me dit jamais rien sur la façon dont j'entretiens l'appartement, il me répond que c'est toujours beau [55] », soupirait Patricia Andrews. Le travail domestique reste un travail qui « se voit quand il n'est pas fait ».

On conseillera donc à tous ces esprits crédules de se renseigner : non seulement la salle de bains ne retrouve pas toute seule sa blancheur étincelante, non seulement le linge ne revient pas de sa propre initiative s'empiler dans l'armoire, lavé, repassé et plié, non seulement le frigo ne se remplit pas

52 Geneviève Fraisse, *Service ou servitude, op. cit.*
53 Jean-Claude Kaufmann, *Le Cœur à l'ouvrage, op. cit.*
54 Ann Oakley, *Housewife*, Penguin Books, Londres, 1974.
55 *Idem.*

grâce à un conduit secret percé dans le mur, mais, même dans le *véritable* monde de la magie, il faut se coltiner le travail domestique. L'étendue de leurs pouvoirs ne dispense pas les sorciers de *Harry Potter* de balayer ou de faire la cuisine. Et le moins que l'on puisse dire, c'est qu'ils ne gèrent pas cette contrainte d'une façon particulièrement progressiste. Chez les Weasley, c'est très classiquement madame qui s'y colle, tandis que monsieur part tous les matins travailler au ministère de la Magie. Son seul avantage sur les ménagères moldues : elle peut faire voler les ustensiles et les légumes à travers la pièce. Dans les familles riches, ou à Poudlard, s'activent les elfes de maison, qui, comme on l'a vu, ne touchent aucun salaire. Comme leurs homologues humains, ils sont condamnés à la clandestinité. À l'école des sorciers, ils nettoient les salles communes la nuit, quand les élèves dorment, et les dortoirs le jour. Mais leur invisibilité atteint son paroxysme au réfectoire : à l'heure des repas, des montagnes de victuailles apparaissent sur les tables, comme surgies du néant. Il faut plus de deux ans de scolarité à Hermione pour réaliser que les plats sont envoyés depuis les cuisines par les elfes (qui ont des pouvoirs magiques, eux aussi). À la suite de cette révélation, elle refuse un temps de s'alimenter, révoltée à l'idée que son bien-être repose sur un esclavage. Cette sensibilité sociale prononcée suscite l'incompréhension et la réprobation de son entourage. « Ne va pas leur mettre des idées en tête en leur disant qu'il leur faut des vêtements et des salaires [56] ! » la prévient l'un des jumeaux Weasley. Mais Hermione persiste et fonde la Société de libération des elfes de maison (Society for the Promotion of Elfish Welfare ; adhésion : 2 mornilles). Elle fatigue ses camarades en les poursuivant pour qu'ils la rejoignent. À leurs yeux aussi, la « consumation » va de soi.

---

56 J. K. Rowling, *Harry Potter et la coupe de feu*, *op. cit.*

De la servante-compagne à la compagne-servante

Mais, puisque j'ai introduit, en citant Patricia Andrews, le personnage nouveau de la « femme au foyer », il est temps de rectifier : il n'est pas tout à fait juste de prétendre que de nos jours la bonne a été remplacée par la femme de ménage. Le recours aux domestiques, à l'époque, concernait une large population. Certains petits-bourgeois se privaient même de manger à leur faim pour engager au moins une bonne à tout faire et s'assurer ainsi une place dans le camp des maîtres [57]. « On avait des domestiques comme aujourd'hui on a des robots électroménagers, écrit Bill Bryson à propos de l'Angleterre du XIXe siècle. De simples laboureurs avaient des domestiques. Parfois les domestiques avaient des domestiques [58]. » En 2010, en revanche, le recours à une « aide ménagère rémunérée » ne concernait, comme on l'a vu, que 12 % des foyers français. Dans la plupart des cas, plutôt que par la femme de ménage, la bonne a donc été remplacée par… la femme.

Cette assignation résulte d'une double évolution. D'abord, au cours du XIXe siècle, le modèle de la bourgeoise qui « reste à la maison » s'est peu à peu étendu aux ouvrières, en une stricte division des tâches : aux hommes le travail productif, à l'usine ; à elles le travail reproductif et domestique – ainsi que la dépendance économique à l'égard de leur mari. Les syndicats comme les pouvoirs publics ont imposé l'idée selon laquelle le travail des femmes à l'extérieur du foyer était « contre nature ». Les premiers revendiquaient pour les hommes un salaire familial, suffisant pour assurer la subsistance du ménage [59]. En 1851, en

57 Anne Martin-Fugier, *La Place des bonnes*, *op. cit.*

58 Bill Bryson, *At Home*, *op. cit.*

59 Joan W. Scott, « La travailleuse », traduit de l'anglais (États-Unis) par Geneviève Faure, *in* Georges Duby et Michelle Perrot (dir.), *Histoire des femmes en Occident*, tome IV, *Le XIXe siècle* [1991], Plon, « Tempus », Paris, 2002.

Grande-Bretagne, une femme mariée sur quatre était salariée ; en 1911, une sur dix [60]. De surcroît, à la fin du XIXe siècle, la mission assignée à la bourgeoise change : elle doit non plus diriger les serviteurs – qui, de toute façon, sont en voie de disparition –, mais exécuter le travail elle-même. Désormais, « aucune femme, de quelque milieu qu'elle soit, n'a le droit de se soustraire à son rôle de ménagère [61] ». Dans tous les secteurs de la société retentissent des hymnes un brin suspects à la « fée du logis ». Soixante-dix ans plus tard, conduisant une quarantaine d'entretiens avec des femmes au foyer, Ann Oakley constate que les différences d'expérience en fonction de la classe sociale sont « minimes [62] ».

Il suffit de regarder les chiffres de l'Insee pour comprendre – si on n'en a pas déjà eu la confirmation empirique – que cet enrôlement généralisé continue de produire ses effets. En moyenne, selon la dernière enquête « Emploi du temps », les hommes vivant en couple effectuent 1 h 17 de travail ménager par jour, et les femmes, 2 h 59 ; avec un enfant de trois ans ou plus, cela devient respectivement 1 h 09 et 3 h 17 (même si ce temps ne concerne pas les soins aux enfants, évalués séparément, mais bien le ménage et les courses) [63]. Ce déséquilibre se montre extraordinairement résistant au progrès. Selon l'étude de 2010, les femmes passent moins de temps dans la cuisine, mais c'est « du fait notamment de l'utilisation croissante des plats cuisinés » plutôt que d'un plus fort investissement masculin. Elles passent aussi un peu moins de temps à nettoyer (ce qui amène *Le Monde* à titrer, tout fou : « Les femmes posent le balai ») « en raison de la hausse du recours à des aides

60 Ann Oakley, *Housewife, op. cit.*

61 Geneviève Fraisse, *Service ou servitude, op. cit.*

62 Ann Oakley, *Housewife, op. cit.*

63 « Principaux temps sociaux au cours d'une journée moyenne selon le type de ménage en 2010 », enquête « Emploi du temps », Insee, 2010. L'enquête ne fait toutefois pas la distinction entre les couples hétéro- et homosexuels.

ménagères [64] ». Le sujet reste en effet une source de tensions dans les couples hétérosexuels [65], et ceux qui le peuvent voient dans l'externalisation un moyen de résoudre le conflit. Cependant, la répartition des tâches qui restent, comme les courses et la préparation des repas, se révèle alors encore plus inégalitaire. Et c'est à la femme qu'il incombe de gérer les relations avec l'employée [66].

Quand il s'agit d'une femme active et qualifiée, il arrive que certains, dans l'entourage, la blâment pour cette décision. Ils lui reprochent de faire reposer son émancipation sur l'exploitation d'une de ses semblables, en oubliant que ce qui est sous-traité n'est pas son ménage *à elle*, mais bien celui *du couple*. De même, lorsqu'une mère reste à la maison, il faut encore une fois se figurer que le travail domestique n'est pas un travail pour s'étonner, le cas échéant, qu'elle se fasse aider. Stéphanie Allenou a raconté dans un livre comment, seule avec trois jeunes enfants, dont des jumeaux, elle avait failli y laisser sa santé mentale et comment la venue d'une femme de ménage quelques heures par semaine s'était révélée providentielle : « Je profite de sa présence pour me sauver. C'est vraiment ça : me "sauver", trouver mon salut ! Je ne sais pas comment elle fait pour gérer le ménage et les enfants en même temps, et je ne veux surtout pas le savoir [67] ! »

Ce « je ne veux pas le savoir » renvoie l'écho parfait de celui que lancent certains hommes. Comme ce mari d'une autre mère de trois enfants en bas âge : « T'occuper des enfants est la seule

---

64 « Depuis 11 ans, moins de tâches ménagères, plus d'Internet », *Insee Première*, n° 1377, novembre 2011.

65 Les enquêtes portant sur la répartition des tâches au sein des couples homosexuels sont encore rares, mais tendraient à montrer un partage plus équitable, en particulier chez les lesbiennes. *Cf.* François-Xavier Devetter et Sandrine Rousseau, *Du balai, op. cit.*

66 François-Xavier Devetter et Sandrine Rousseau, *Du balai, op. cit.*

67 Stéphanie Allenou, *Mère épuisée* [2011], Marabout, Paris, 2012.

chose que tu aies à faire, alors s'il te plaît, tu gères, et je ne veux pas en entendre parler [68]. » Il le justifie par le fait qu'il a « d'autres soucis en tête », en oubliant que bien des mères travaillent à l'extérieur et rentrent elles aussi avec « d'autres soucis en tête », sans que cela les empêche, ou les dispense, de faire face ensuite aux exigences de la vie familiale. Quant à ceux qui jurent de leur bonne volonté, mais invoquent des contraintes professionnelles, à moins qu'ils aient un patron très tyrannique, il y a quelques raisons de se méfier. Énumérant les raisons pouvant expliquer le présentéisme – le fait de passer plus d'heures au bureau que nécessaire –, le chercheur François Fatoux mentionne le cas des hommes qui « se satisfont sans vouloir le reconnaître de rester "coincés" au travail, car rentrer tôt signifie préparer le repas, assurer le suivi scolaire des enfants, leur donner à manger, faire le ménage [69] ». Quand l'alternative se résume à avoir une femme de ménage ou à *être* la femme de ménage, certaines, si elles le peuvent, choisissent la première option.

Autrefois, les bonnes travaillant pour des hommes célibataires ou veufs devenaient parfois aussi leur maîtresse et cherchaient alors à se faire épouser (le mariage secret de Hannah Cullwick avec son patron reste toutefois un cas singulier). Il y avait les servantes-compagnes ; désormais, il y a les compagnes-servantes. Jean-Claude Kaufmann a rencontré un homme de trente-trois ans qui vivait seul ; pendant quelque temps, il avait eu une femme de ménage qui prenait tout en charge pour lui, allant jusqu'à composer ses repas. Mais, ayant trouvé un emploi plus stable, elle l'avait quitté, le laissant inconsolable. « Maintenant, déclarait-il, je cherche la femme idéale... heu ! heu ! je veux dire : je cherche la femme de ménage idéale. »

---

68 Cité par Violaine Guéritault, *La Fatigue émotionnelle et physique des mères. Le burn-out maternel* [2004], Odile Jacob, « Poches/Psychologie », Paris, 2008.

69 François Fatoux, « Présentéisme : alibi masculin pour éviter les tâches ménagères ? », *Libération*, 26 mai 2014.

Assistant à un repas chez une femme de quarante-sept ans, le sociologue la voit « tout entière au service de son mari, sur le qui-vive, rarement assise, se levant à chaque instant pour lui donner du pain ou lui remplir son verre ». Le cas le plus frappant qu'il ait pu observer est cependant celui de Renata, quarante-sept ans elle aussi. Lorsqu'elle rentre chez elle le soir, vers 22 heures, après avoir déjà fait le ménage de son salon de coiffure, elle se lance dans un marathon affolant. Elle prépare un bon dîner pour son mari (« jamais de surgelés »), mais elle le laisse le manger seul devant la télévision, pendant qu'elle-même avale un sandwich debout, tout en ramassant le linge sec. Puis elle fait la vaisselle du dîner du mari, nettoie toutes les pièces de l'appartement, étend une nouvelle lessive, repasse ; elle change tous les jours tout le linge, même les draps. Sa fébrilité témoigne d'un conditionnement qui confine au traumatisme. Elle est incapable ne serait-ce que de s'asseoir un moment avec ses amis quand ils lui rendent visite. Mais elle ne voit pas sa névrose ; ce mode de vie lui procure au contraire une grande fierté : « J'ai un potentiel d'énergie énorme, j'arrive à tout gérer en même temps. Et en plus j'aime ça. En fait, ce ne sont pas des contraintes [70]. » Même discours, dans les années 1970, chez Janet Gallagher, femme au foyer britannique : « Il faut que je trouve quelque chose à faire, que je sois tout le temps en mouvement. Je ne peux pas m'asseoir et lire le journal ou quelque chose du genre, sinon je m'ennuie. Je dois continuer à m'activer, parce que j'aime le travail ménager [71]. » De nombreuses femmes, invitées non seulement à se conformer au rôle de la servante, mais aussi à s'y réaliser, à y puiser leur estime d'elles-mêmes, ont ainsi *trop bien* répondu à l'injonction et s'exposent dès lors à être montrées du doigt comme des monstres. En quelque sorte, le mécanisme est le même que pour les actrices qui, sommées de ne pas vieillir, suscitent ensuite des

70 Jean-Claude Kaufmann, *Le Cœur à l'ouvrage, op. cit.*

71 Cité par Ann Oakley, *Housewife, op. cit.*

cris d'horreur et des sarcasmes impitoyables quand leurs injections de botox ou leurs opérations de chirurgie esthétique se voient trop. Il faut obtempérer, mais de façon élégante. L'aliénation doit fonctionner, mais elle ne doit pas apparaître comme telle.

Dans *La Condition pavillonnaire*, le roman de Sophie Divry, l'héroïne, mariée et mère de deux enfants, comprend peu à peu le piège dans lequel elle est tombée, comme en témoigne ce passage mi-figue mi-raisin : « Puisque c'était cela, fonder une famille ; devenir reine et esclave à la fois ; avoir constamment le souci des autres, adultes comme enfants, connaître leurs besoins, leurs horaires ; mettre son corps au service du bon fonctionnement de la machine familiale, pieuvre dévorante dans laquelle toute la personne de M. A. s'était fait avaler, toute sa personne manipulée par les tentacules de la bête, qui tour à tour demandait un biberon, un conseil, où est passé le puzzle et qu'est-ce qu'on mange ce soir ma chérie ; tant et si bien qu'il fallait une carie douloureuse pour t'obliger à partir en urgence chez le dentiste, déléguant exceptionnellement la préparation du dîner au père – lui qui t'aidait si gentiment [72]. » Au moins, elle ne se fait pas arracher sa dent malade... Ce serait impensable, même : elle se doit d'être belle et désirable. Non seulement la bourgeoise a conservé sa mission de représentation mondaine, mais elle a aussi hérité du service érotique qu'assuraient les bonnes. Elle se retrouve donc « invitée à habiter son corps avec autant d'énergie qu'autrefois à le déserter [73] », sans que le progrès pour son propre épanouissement soit vraiment établi. Au lit avec son mari, M. A. finit par avoir « le sentiment de faire un deuxième service [74] ».

---

72 Sophie Divry, *La Condition pavillonnaire*, Noir sur Blanc, « Notabilia », Paris, 2014.

73 Anne Martin-Fugier, *La Place des bonnes*, *op. cit.*

74 Sophie Divry, *La Condition pavillonnaire*, *op. cit.*

Celles qui cherchent à se distancier du rôle de la servante, à refuser ce qu'on attend d'elles, ne s'en dépêtrent pas aussi facilement. La femme de ménage ou la nounou, quand il y en a une, peut se mettre à incarner, délibérément ou à son corps défendant, la mauvaise conscience de l'employeuse : celle qui assume *son* travail à sa place, la femme qu'elle devrait être. Elle peut pratiquer une sorte de dumping sexuel, en se montrant plus conforme qu'elle aux attentes sociales – ou masculines. Une ancienne institutrice, Célestine, raconte que, à une époque où elle s'investissait beaucoup dans son métier, elle avait embauché une femme de ménage à plein temps. L'employée, qui est restée neuf ans, a inévitablement fini par se sentir chez elle et par lui faire l'effet d'un double un peu envahissant. La rumeur d'une liaison avec le mari de Célestine, fondée ou non, a achevé de rendre la situation invivable. De même, une jeune femme cadre, dont les enfants s'étaient plaints que la maison était sale et lui avaient reproché de ne pas passer assez souvent l'aspirateur, a réagi en mettant sèchement à la porte la nounou : dans son esprit, elle seule pouvait leur avoir mis cette idée en tête [75]. Une décision profondément injuste, mais qui dit bien à quel point le terrain est sensible.

« Les mains d'une femme dans la farine »

À l'époque de la domesticité, on disait aux serviteurs que leur place dans l'ordre social s'expliquait par la volonté divine. Ils ne devaient donc pas se rebeller contre leurs maîtres, mais accepter leur condition de bonne grâce et réaliser leur vocation en montrant un dévouement sans limites ; aux Philippines, pays profondément catholique, les employées de maison

75 Jean-Claude Kaufmann, *Le Cœur à l'ouvrage*, *op. cit.*

entendent aujourd'hui le même discours [76]. Une pléthore d'histoires édifiantes – c'est-à-dire prônant un masochisme terrifiant – relataient l'émouvant destin de servantes dont la vie se résumait à une longue suite d'avanies et qui se sacrifiaient noblement pour leurs maîtres. Deux prix de vertu, attribués chaque année, récompensaient les domestiques les plus méritants. Les employées citées avaient en commun de s'être « dépouillées de tout » pour leurs maîtres, et même d'avoir « pris un travail à l'extérieur pour les entretenir [77] ». La « double journée », déjà... ! Cette morale du sacrifice a été transférée sur les femmes en général ; sauf que ce n'est plus au nom de Dieu, mais au nom de l'Amour. Sur un réseau social, une utilisatrice retranscrit ce dialogue avec sa mère : « – M'man, arrête, on peut sortir la poubelle tout seuls. – Qu'est-ce que tu veux, c'est comme ça. J'aide les gens. Comme Amélie Poulain. » L'héroïne du film de Jean-Pierre Jeunet (2001), qui trouve le bonheur en se consacrant à celui des autres, pourrait bien représenter, en effet, la version moderne de sainte Zite, la patronne des gens de maison.

Pour amener les épouses à reprendre le rôle auparavant assigné aux bonnes, il a fallu glorifier des tâches jusque-là escamotées et ouvertement méprisées. Ainsi naquit une imagerie promise à un avenir florissant, dont le renouvellement constant paraît indispensable afin d'éviter que les intéressées reviennent à elles et réalisent à quel point elles se font escroquer. Il faut orchestrer d'assourdissants concerts de louanges, souligner combien elles sont indispensables, s'émerveiller bruyamment de leur incroyable énergie, de leur stupéfiant sens de l'organisation, se pâmer devant la beauté du paysage domestique au centre duquel elles trônent. Anne Martin-Fugier cite la chanson de Claude Nougaro, en 1965 : « Mieux encore que

---

76 *Cf.* Julien Brygo, « Profession, domestique », art. cit.

77 Anne Martin-Fugier, *La Place des bonnes*, *op. cit.*

dans la chambre j't'aime dans la cuisine / Rien n'est plus beau que les mains d'une femme dans la farine [78] »... Dans un cabinet de pédiatrie, une affiche proclame : « Dieu ne pouvait être partout à la fois, aussi, il créa les mères. » Sans oublier ce slogan des magasins Intermarché : « Donnons plus à celles qui donnent tant [79]. »

Faire les courses, le ménage et la lessive, une façon d'exprimer son amour à son compagnon et à ses enfants ? Cette idée reçue ne résiste guère à l'examen. Quand une femme voit tous les autres membres de la famille se décharger sur elle des tâches jugées rebutantes, quand elle est réduite à leurs yeux au rôle de bonne à tout faire, au point que tous les traits de sa personnalité disparaissent, cette exploitation compromet plutôt ses chances d'entretenir avec eux des relations riches et harmonieuses. Soit elle se rebelle, elle leur en veut et elle devient une mégère acariâtre qui récrimine sans cesse ; soit elle porte docilement son fardeau et elle développe des obsessions qui finissent par la couper des autres en la rendant pénible, maniaque, anxieuse. Lorsque Mierle Laderman Ukeles était allée interroger les éboueurs new-yorkais, dans les années 1970, ils lui avaient fait cette déclaration troublante : « Vous savez pourquoi les gens nous détestent ? Parce qu'ils nous prennent pour leur mère, leur bonne [80]. »

De plus, comme le remarque Ann Oakley, « être une bonne mère ne fait pas appel aux mêmes qualités qu'être une bonne ménagère, et la pression pour remplir les deux objectifs à la fois peut représenter un poids insupportable [81] ». Les enfants salissent et se salissent, ils sèment le désordre, ils ont des demandes

78 *Idem.*

79 Cité par Violaine Guéritault, *La Fatigue émotionnelle et physique des mères, op. cit.*

80 Bénédicte Ramade, « Après la révolution, qui ramassera les poubelles ? », art. cit.

81 Ann Oakley, *Housewife, op. cit.*

intempestives ; ils ne cessent de venir ruiner les efforts fournis pour garder la maison bien tenue. Lors de son « *burn-out* maternel », Stéphanie Allenou a vécu une expérience intéressante : tout s'est soudain mis à aller beaucoup mieux quand, pour les vacances, la famille est partie camper. « Nous sommes installés comme des pachas : pas de chaises hautes, pas de lits à barreaux, pas de désordre, rien à casser, un minimum de vaisselle, pas de machine à faire tourner, pas de téléphone qui sonne quand on donne le bain. Une maison, c'est bien, mais quelle charge de travail ! » Elle qui, à plusieurs reprises, avait eu peur de devenir une mère maltraitante retrouve un « vrai plaisir » à être avec ses enfants : « Cette vie simple, avec le minimum nécessaire, me rend infiniment plus libre et disponible pour les choses essentielles. Bien sûr, il y a encore quelques tâches indispensables, mais elles n'interfèrent pas dans ma relation avec mes enfants [82]. » Une femme au foyer anglaise disait combien elle détestait le mot *housewife* : « Je ne suis pas mariée à une maison [83] ! » Peut-être bien que si, en réalité.

Si l'argument de l'amour ne suffit pas ou si quelques raisonneuses se mettent en tête de comprendre pourquoi leur compagnon ne pourrait pas, lui aussi, manifester son amour en étendant une lessive ou en leur préparant un bon repas après une dure journée [84], on invoquera, comme à l'époque pour les domestiques, un ordre naturel, lié cette fois à la réalisation d'une essence féminine profonde. Justifier la subordination par

---

82 Stéphanie Allenou, *Mère épuisée, op. cit.*

83 Cité par Ann Oakley, *Housewife, op. cit.*

84 La philosophe américaine Susan Bordo souligne que le rôle traditionnel de la femme – dans la publicité, en particulier – est d'être celle qui prépare avec amour de bons plats pour les autres, mari et enfants, et qui y trouve son compte. On n'imagine pas qu'elle puisse être la *destinataire* de telles attentions. *Cf.* Mona Chollet, « Une femme disparaît. L'obsession de la minceur, un "désordre culturel" », *Beauté fatale, op. cit.*, chapitre 4.

une disposition innée des subordonnées : quand elles parlent de leur domestique, certaines patronnes reproduisent à leur tour cette essentialisation. Comme Charlotte, expatriée franco-belge à Hong Kong, à propos des employées philippines : « C'est dans leur culture, c'est dans leurs gènes. C'est vrai qu'elles sont toutes dévouées. Elles sont un peu gamines, toujours, quand je les vois avec un petit bébé, à s'exciter, "Oh la la... !" [85] » On connaissait l'« instinct maternel » ; il y aurait donc aussi l'« instinct philippin ».

Parce que c'est « dans ses gènes », une femme est censée exécuter le travail domestique sans se poser de questions. Le faire avec grâce, offrir à sa famille un logement propre, rangé et accueillant, lui permettra même de se sentir au sommet de sa féminité. Son compagnon, en revanche, exprimera une virilité sauvage et brute en conservant une distance dédaigneuse à l'égard de ces occupations de femmelette. « Je n'aimerais sûrement pas voir mon mari faire le ménage. Je ne crois pas que ce soit viril pour un homme de rester à la maison. J'aime qu'un homme soit un homme [86] », déclarait en 1971 une ancienne comptable mariée à un journaliste. En 2004, dans une interview, l'actrice française Charlotte Gainsbourg estimait encore qu'un homme qui changeait les couches de son bébé n'était pas séduisant [87].

Or, si la nature est bien faite, elle ne l'est malheureusement pas au point d'avoir équipé hommes et femmes d'un disjoncteur qui figerait leurs gestes et les changerait en statues de sel dès qu'ils se lancent dans une activité non conforme à leurs essences respectives. Alors, l'inquiétude règne. Chacun redoute

---

85 Julien Brygo (réal.), *Profession, domestique*, film photographique réalisé pour le site du *Monde diplomatique*, adapté de l'article « Profession, domestique », art. cit.

86 Cité par Ann Oakley, *Housewife*, *op. cit.*

87 « Charlotte Gainsbourg intime », *Elle*, 23 août 2004.

à tout instant de commettre un impair qui ruinerait irrémédiablement son sex-appeal ou de voir l'autre en commettre un. « Le partage des tâches nuit-il à la libido ? », interrogeait en 2014 le magazine *Elle*, conscient de la sourde panique régnant dans les chaumières. L'article prenait prétexte d'une étude dont il estimait que, si discutable soit-elle, elle avait cependant relancé un « débat » « vieux comme les stéréotypes » : « Si les hommes et les femmes se ressemblent trop, pourront-ils encore se désirer [88] ? » Grave question. Ayant, pour ma part, longuement réfléchi à cet écueil et aux moyens de l'éviter, j'ai élaboré une stratégie que je livre ici en exclusivité. Il s'agit d'épier sans relâche les gestes de son ou de sa partenaire, et de rayer définitivement de son répertoire tous ceux qu'on lui voit exécuter. Elle lit un livre ? Messieurs, oubliez pour toujours l'existence des livres. Il se brosse les dents ? Mesdames, ne brossez plus *jamais* les vôtres – etc. Septième ciel garanti. Du moins si vous réussissez encore à vous trouver dans la même pièce sans vous exposer à un mimétisme fatal.

Il faut tout de même relever que ces interdits semblent toujours, une fois dépassés, aussi inconsistants et incompréhensibles qu'ils paraissaient terrifiants sur le moment. Aujourd'hui, de nombreuses personnes trouvent naturel qu'un homme change les couches de son enfant et n'auraient pas l'idée de le juger « efféminé » – horreur ! Les propos de Charlotte Gainsbourg avaient d'ailleurs fait réagir dans le courrier des lectrices de *Elle*. En gros, il suffit de décider qu'un comportement est sexy pour qu'il le devienne, et inversement. Se pourrait-il alors – on n'ose l'imaginer – que le maintien de ces oukases vise d'autres fins que la prospérité érotique du peuple ? La débauche de mauvaise foi observée en 2012 à propos d'une étude norvégienne pourrait le laisser penser. Cette étude affirmait que la « proportion de divorces parmi les ménages qui partagent les

88 Laure Leter, « Le partage des tâches nuit-il à la libido ? », *Elle*, 16 mai 2014.

tâches domestiques de manière équitable » était environ « 50 % plus élevée » que parmi ceux où la femme accomplissait l'essentiel du travail. Les chercheurs n'établissaient aucun lien de cause à effet entre les deux : simplement, les couples les plus modernes partageaient mieux les tâches et, *par ailleurs*, ils se séparaient aussi plus facilement quand ils ne jugeaient plus la vie commune satisfaisante. Mais les médias français n'allaient pas s'embarrasser de telles arguties. L'AFP avait ouvert le bal en titrant : « Plus un homme aide à la maison, plus il risque le divorce. » Les autres, en reprenant la dépêche, avaient sorti les cotillons : « Messieurs, si vous travaillez beaucoup à la maison, attention au divorce ! » (Atlantico.fr) ; « Homme tâtant du balai, divorce assuré ! » (AuFeminin.com) ; « Homme au balai, divorce à la clé » (DirectMatin.fr) ; « Votre homme fait le ménage ? Divorce en vue » (Europe 1) [89]... Ce qu'il s'agit de préserver, ce n'est pas le désir au sein des couples, mais la bonne vieille servitude féminine. L'une des épouses interrogées par Ann Oakley signale un détail intéressant : son mari change les couches de leur fille quand elles sont mouillées, mais pas quand il présume qu'elles sont sales [90]. Il ne redoute donc pas d'adopter une posture attentatoire à sa virilité – debout devant la table à langer –, mais cherche simplement à s'épargner une tâche qui le dégoûte. On notera ce que cela dit de la considération qu'il a pour sa femme. Ah, l'ineffable romantisme des rôles traditionnels...

L'apprentissage d'un rapport spécifique au domestique commence à un moment de la vie qui n'est même pas situable ; il se fait à travers l'acquisition d'une identité de genre intriquée à l'identité personnelle au point d'en être indissociable. Il sera d'autant plus facile, plus tard, d'attribuer les comportements

---

89 « Partage des tâches et divorce : le mauvais titre de l'AFP (et des autres) », Les Nouvelles News, 27 septembre 2012, www.lesnouvellesnews.fr.

90 Ann Oakley, *Housewife*, *op. cit.*

des uns et des autres à la nature, la pauvre. Cela explique pourquoi tant de femmes se piègent elles-mêmes lorsqu'elles vivent avec un homme : « Ça ne me dérange pas de m'en occuper », « Je tolère la saleté moins bien que lui », « Je préfère le faire moi-même plutôt que de devoir repasser derrière lui »... Les statistiques concernant la durée du travail ménager dans les foyers d'une seule personne, 2 h 15 par jour pour les femmes et 1 h 35 pour les hommes, portent elles aussi la trace de cette éducation différenciée [91]. Un ami qui vit seul me racontait comment, lors d'un séjour en groupe où chacun assumait les tâches ménagères à tour de rôle, il avait été intrigué de constater que les femmes, quand c'était leur tour de faire la cuisine, salissaient beaucoup moins que lui. Pas au sens où elles nettoyaient après avoir terminé – il le faisait aussi –, mais où leurs gestes étaient plus attentifs, plus sobres, plus précis. Il avait tenté de les imiter, mais avait trouvé cela très difficile.

Petite, j'adorais l'aspirateur-jouet, livré avec de la fausse saleté, que m'avaient offert des proches de la famille. Je me vois encore répandre soigneusement les grains de polystyrène sur le sol du salon, puis les aspirer avec ardeur – même si j'aurais du mal à prétendre que ce fut la naissance d'une vocation. Par la suite, apparemment, les fillettes ont été encore plus gâtées que je ne l'avais été : « En 2006, le catalogue de la chaîne de magasins de jouets Toys"R"Us présentait un chariot "professionnel" de ménage, poussé (pour plus de réalisme ?) par une petite fille noire [92]. » L'auteure du blog féministe Les Entrailles de Mademoiselle a consacré un billet à la véritable « culture du ménage » que lui ont transmise sa mère et ses grands-mères, et aux difficultés qu'elle éprouve à s'en défaire devenue adulte.

---

91 « Principaux temps sociaux au cours d'une journée moyenne selon le type de ménage en 2010 », enquête « Emploi du temps », *loc. cit.*

92 François FATOUX, *Et si on en finissait avec la ménagère ?* Belin, « Égale à égal », Paris, 2014.

Même le langage portait la trace de l'assignation du domestique aux femmes : « Les hommes devaient être en location dans les maisons, nous, nous devions en être les propriétaires. "*Ma* cuisine, *ma* vaisselle, *mes* rideaux." Ils étaient même en location dans leur slip. "J'ai pris du retard dans *mes* lessives." » Aux yeux des femmes, les hommes étaient « les grands salisseurs devant l'Éternel. À croire qu'ils le faisaient exprès. Leurs chaussures devaient être équipées de semelles spéciales crasse. De leur bouche et leurs mains, tout tombait sur le carrelage blanc, de l'assiette à la bouche, il fallait que ça tombe, c'était comme ça, mi-amusant, mi-agaçant. Aux toilettes, un arrosage de crasse, une volonté de tout pourrir. Et un air de s'en foutre [93] ». Ce témoignage tendrait à indiquer que si l'indifférence des hommes à l'égard du ménage peut être sexy, c'est à la condition expresse qu'ils assument leur virilité jusqu'au bout, et qu'ils ne rentrent plus *du tout* dans les maisons.

« Nous ne voulons rien concilier du tout »

En 1973, au Royaume-Uni, le travail ménager était devenu un châtiment possible pour certains criminels. Un tribunal avait condamné l'un d'eux à nettoyer un foyer pour personnes âgées. Une journaliste avait alors porté à l'attention des juges le fait qu'à travers le pays des milliers de femmes étaient déjà « internées pour des durées plus ou moins longues » et exécutaient « cette nouvelle peine hautement dissuasive baptisée "ménage" ». Nombre d'entre elles « éprouvaient des difficultés croissantes à se rappeler de quel forfait elles s'étaient rendues coupables, au juste [94] ».

---

93 « Ménage de printemps », Les Entrailles de Mademoiselle, 21 mars 2009, http://blog.entrailles.fr.

94 *Evening Standard*, 22 janvier 1973. Cité par Ann Oakley, *Housewife*, *op. cit.*

Quoi qu'elles puissent faire, les femmes restent comme marquées au fer rouge de la domesticité. Qu'elles soient revenues en masse sur le marché du travail à partir des années 1960 n'y a pas changé grand-chose. Comme l'écrit Christine Delphy, elles ne sont libres que de « fournir un double travail contre une certaine indépendance économique [95] ». Là aussi, qui plus est, le domestique les rattrape : elles sont massivement présentes dans les métiers – mal payés, en général – liés à l'univers du foyer, comme les services à la personne ou le secteur de la petite enfance, et elles travaillent à temps partiel beaucoup plus que les hommes (en France, 80 % du travail à temps partiel concerne des salariées) [96]. Même quand elles partent sur un pied d'égalité avec les hommes, leur désavantage resurgit : une ingénieure de trente ans, en couple depuis peu avec un autre ingénieur qui jure être disposé à un partage équitable des tâches, se retrouve pourtant à tout assumer, car il rentre systématiquement plus tard qu'elle. De surcroît, elle entend sa propre mère, « qui pourtant l'a toujours incitée à faire des études et à être indépendante », lui dire : « Fais attention, s'il n'est pas bien à la maison tu ne le garderas pas [97]. » Ce qui, en 1872, se disait plutôt en ces termes : « Le foyer domestique doit être pour l'homme le port où cesse l'orage, sinon il cherchera ailleurs une diversion à ses fatigues [98]. »

« Arrêtez de célébrer notre exploitation, notre prétendu héroïsme. À partir de maintenant, nous voulons de l'argent

---

95 Christine Delphy, *L'Ennemi principal*, vol. 1, *Économie politique du patriarcat* [1997], Syllepse, « Nouvelles questions féministes », Paris, 2013.

96 *Cf.* Monique Meron et Margaret Maruani, *Un siècle de travail des femmes en France. 1901-2011*, La Découverte, « Sciences humaines », Paris, 2012.

97 « Chevalière des arts domestiques », Olympe et le plafond de verre, 5 juillet 2012, http://blog.plafonddeverre.fr.

98 Cité par Geneviève Heller, *« Propre en ordre ». Habitation et vie domestique, 1850-1930 : l'exemple vaudois*, Éditions d'En Bas, « Histoire populaire », Lausanne, 1979.

pour tout ce que nous faisons, de manière à ce que nous puissions accepter ou refuser ce que nous voulons [99]. » Au cours des années 1970, en Italie, au Royaume-Uni, aux États-Unis et au Canada, des féministes, persuadées que le boulet du travail domestique empêcherait toujours l'égalité, avaient formulé la revendication d'un salaire ménager. Selon elles, celui-ci devrait être versé à toutes les femmes, indépendamment de leur situation de famille : « Nous sommes toutes des ménagères, même si nous réussissons parfois et pour de longues périodes à échapper à cette condition. » Cette idée n'a trouvé que peu d'écho en France ; elle fut cependant portée en 1979-1980 par la revue autonome *Jamais contentes !* [100].

Pour celles qui prônaient le salaire ménager, la promotion du salariat comme moyen d'émancipation apparaissait comme une impasse, un simple redoublement de leur exploitation (peut-être faudrait-il, par souci de clarté, dire « double journée d'exploitation » plutôt que « double journée de travail » ?). « Nous ne voulons rien concilier du tout », clamaient-elles. Ce dont elles avaient besoin, c'était d'argent, avec l'autonomie à l'égard du mari que cela rendait possible, et non de travail : « Du travail, nous en faisons déjà assez, nous en avons même par-dessus la tête. » Lors d'une rencontre entre des ouvrières de Lip, des salariées bretonnes et des membres du Groupe salaire ménager de Genève, en 1975 à Besançon, l'une des participantes, Violette, résumait cette distinction par cette formule lapidaire : « Mon salaire me libère, mon travail m'écrabouille. »

---

99 Collectif L'Insoumise, *Le Foyer de l'insurrection. Textes sur le salaire pour le travail ménager*, Genève, 1977. De même pour les citations suivantes, sauf mention contraire.

100 Antonella Corsani, « Quelles sont les conditions nécessaires pour l'émergence de multiples récits du monde ? Penser le revenu garanti à travers l'histoire des luttes des femmes et de la théorie féministe », *Multitudes*, n° 27, avril 2006, www.cairn.info.

Immigrée algérienne en France, Faousia soulignait dans un entretien, en 1976, que le travail à l'usine, loin d'être libérateur, aurait pour effet de tuer la sociabilité intense développée par les femmes dites « au foyer » de son entourage, qui se rendaient sans cesse visite, se rencontraient dans leur immeuble ou dans la rue. « L'usine, ce n'est pas une voie pour elles, ce n'est pas une sortie du tout, parce que ça les boufferait. Elles n'auraient plus le temps pour dire bonjour, elles deviendraient complètement dingues. » En revanche, elles souffraient de la dépendance économique à l'égard de leur mari. Faousia mentionnait une mère de huit enfants qui « en avait marre de cette situation » et qui avait voulu partir. Des amies l'avaient hébergée à tour de rôle pendant un mois, mais elle avait été obligée de retourner chez elle, car elle n'avait « pas un sou ». Faousia rêvait : « Si tu as des sous, tu parles d'une manière différente avec ton mari. Il te fait chier, tu fous le camp, tu prends tes gosses, ou tu partages les enfants, tu les coupes en six ou n'importe quoi, mais tu penseras à ta vie d'une manière différente. »

Une grande partie des arguments formulés en faveur d'un salaire ménager recoupent ceux avancés pour défendre l'idée d'un revenu de base universel. La nécessaire reconnaissance du travail domestique, qu'il soit effectué par des hommes ou des femmes, figure d'ailleurs parmi les justifications possibles de ce dernier. Les deux projets ont parfois été mêlés : la revue *Camarades*, qui publiait l'entretien avec Faousia, avait été fondée par Yann Moulier-Boutang, figure française du mouvement pour un revenu garanti. La féministe britannique Selma James, qui avait lancé en 1972 la Campagne internationale pour un salaire domestique, avait commencé par revendiquer un salaire « pour les femmes au foyer » ; puis, lors de la Conférence nationale des mouvements féministes, une participante lui avait objecté : « Qu'est-ce que cela va devenir si les hommes veulent faire le travail que nous faisons ? » Sur le panneau, James avait alors rayé « femmes au foyer » et écrit à la place : « travail domestique [101] ».

La majorité des féministes françaises reprochaient à celles qui réclamaient un salaire ménager de vouloir « renvoyer les femmes à leurs casseroles » (à quoi un collectif suisse répliquait : « Les avons-nous jamais quittées ? »). Aujourd'hui, les partisans du revenu garanti, eux, s'entendent dire qu'ils sont naïfs, que cette mesure ne peut représenter, au mieux, qu'un emplâtre sur une jambe de bois, puisqu'elle laisse intact le mode de production capitaliste. Ces critiques révèlent le même malentendu. Aucune de ces deux propositions ne permet, c'est vrai, de substituer d'un coup une situation idéale à une situation problématique. Mais elles ne le prétendent pas : elles visent seulement à enclencher un processus. Prôner un salaire ménager ne signifie pas que l'on se résigne à une existence vouée aux tâches domestiques : « Ce n'est pas du tout : "Je reste à la maison pour laver les casseroles et c'est bien, c'est ça que je veux, paye-moi pour ça, je vais faire ça toute ma vie", arguait Faousia. Il faut vraiment le voir dans la perspective où ça te permettra de te donner d'autres horizons. Ce qu'il faut voir, c'est que les femmes se sentiront plus légères, qu'elles définiront au fur et à mesure ce qu'elles veulent. » Elle s'étonnait que les autres féministes ne comprennent pas ce mode de pensée : « Les filles du Mouvement [de libération des femmes] disaient : "Oui, mais elles vont rester toute la journée à la maison, et ça, ça ne va pas." Et ça, moi, je dis que ce n'est pas vrai. »

De même, les défenseurs du revenu garanti ont bien conscience qu'une telle mesure ne changerait pas la nature du système. Ce qu'ils veulent, en assurant à chacun les moyens de vivre sans être obligé d'avoir un travail rémunéré, c'est remédier à une situation bloquée, donner de l'air à une société au

---

101 Joseph Confavreux, « Selma James : "Il faut salarier le travail domestique" », Mediapart.fr, 19 février 2014.

bout du rouleau, permettre à du neuf de surgir. Le tout en acceptant de ne pas savoir à l'avance où mènera le processus, en laissant aux gens la possibilité de réfléchir à leurs désirs et de reprendre du pouvoir sur leur vie, en faisant confiance à leurs ressources propres, au lieu de leur fournir clé en main une émancipation pensée à leur place.

Dans les deux cas, il s'agit d'abord de soulager une pression devenue insupportable, qui empêche tout arrêt, toute réflexion : pour les femmes, la pression du travail domestique – et, pour certaines, de la dépendance économique – avec le salaire ménager ; pour l'ensemble de la population, la pression du travail tout court [102], ou celle du chômage, avec le revenu garanti. L'enjeu est, comme le formulait en 1974 le groupe Lotta femminista de Modène, de « conquérir un minimum d'espace vital ».

Parler de salarier le travail domestique suscite souvent une réserve instinctive : faut-il vraiment tout marchandiser ? Ne faut-il pas préserver ce havre de gratuité que représente la sphère privée ? Et l'amour, dans tout cela ? – eh oui, revoilà l'amour. Cette réaction ne peut se comprendre que si l'on adopte le point de vue de n'importe quel membre d'une famille, sauf celui de la femme. Pour elle, comme on l'a vu, il y a exploitation plutôt que gratuité. Le rôle qui lui est assigné compromet plutôt ses chances d'exprimer et de recevoir de l'amour. La sociologue Arlie Hochschild a réalisé dans les années 1980, en Californie, une étude qui a fait date sur le partage des tâches dans des familles où les deux parents travaillaient à l'extérieur. Elle raconte avoir entendu pour la première fois l'expression qui a donné son titre à son livre, *the second shift* (« le second poste de travail »), dans la bouche d'une femme qui « résistait de toutes ses forces à cette idée : sa famille était tout

102 Philippe Duport, « Des médecins du travail alertent sur la multiplication des cas de burn-out », FranceInfo.fr, 28 novembre 2014.

pour elle, et elle ne voulait pas réduire les tâches domestiques à un boulot ». Pourtant, elle le ressentait bien ainsi : « Vous êtes de service au travail. Vous rentrez à la maison, et vous êtes de service. Ensuite, vous retournez au travail, et vous êtes de service [103]. »

Il suffit d'y prêter attention : la reconnaissance des tâches domestiques comme travail est déjà partout. Violaine Guéritault, psychologue éditée chez Odile Jacob, c'est-à-dire pas exactement le profil d'une féministe matérialiste radicale, a forgé le concept de « *burn-out* maternel ». Elle parle de « description du poste de travail », de « labeur », de « travail de nuit » (obligatoire), de « vacances » et de « congé maladie » (inexistants). L'une de ses patientes lui confie qu'avant la naissance de ses trois enfants, quand elle se projetait dans la période où elle ferait une pause dans sa vie professionnelle pour les élever, elle imaginait « des sorties au parc », « la préparation de gâteaux fabuleux », mais pas du tout le temps qu'elle a finalement passé aux tâches ménagères : « Je ne m'attendais pas à travailler deux fois plus que si j'avais été au bureau [104] ! » Les femmes au foyer interrogées par Ann Oakley parlent d'un « boulot » (*job*) : « Je sais que c'est mon boulot » ; « C'est le boulot le plus dur du monde » ; « Lui, il peut faire la grasse matinée le dimanche, mais moi, mon boulot ne s'arrête jamais [105] »... La marchandisation ne résiderait-elle pas plutôt dans le développement actuel des « services à la personne », largement dû au conflit insoluble qui agite tant de couples ?

La revendication du salaire ménager, dans l'esprit de celles qui la portaient, avait au moins la vertu de dénoncer le mensonge d'une « nature » féminine vouée aux tâches

---

103 Arlie Hochschild (avec Anne Machung), *The Second Shift. Working Families and the Revolution at Home* [1989], Penguin Books, New York, 2012.

104 Violaine Guéritault, *La Fatigue émotionnelle et physique des mères, op. cit.*

105 Ann Oakley, *Housewife, op. cit.*

domestiques. « Le capital a mythifié fortement les origines du rôle féminin », écrivait l'universitaire américaine Silvia Federici dans un texte pour le salaire ménager en 1975, trente ans avant de consacrer à l'histoire de cette mystification un livre magistral : *Caliban et la Sorcière* [106].

Cette naturalisation va de pair avec une autre, dont elle est indissociable : celle de la famille mononucléaire. « Les familles semblent se mettre en place d'elles-mêmes, naturellement, remarque Jean-Claude Kaufmann. En fait, la société doit se mobiliser et dépenser une énergie folle. Elle doit travailler, à l'aide de romans, films et chansons, pour que le sentiment prenne consistance. Et par les phrases les plus banales, les images les plus simples, elle doit veiller à reproduire la norme d'obligation [107]. » Aux romans, films et chansons, j'ajouterai les magazines féminins, les blogs art de vivre, le *people*... Il vaut la peine de se pencher maintenant sur cette « fabrique de la famille » et sur la façon dont s'est forgé ce modèle de vie unique que nous n'interrogeons même plus.

---

106 Silvia FEDERICI, *Caliban et la Sorcière. Femmes, corps et accumulation primitive* [2004], traduit de l'anglais (États-Unis) par le collectif Senonevero, Entremonde/Senonevero, Genève/Marseille, 2014.

107 Jean-Claude KAUFMANN, *Le Cœur à l'ouvrage, op. cit.*

6

L'hypnose du bonheur familial.
Habiter, mais avec qui ?

Des tartelettes d'hiver aux artichauts, cèpes, fenouil, persil, oignons et copeaux de parmesan. C'est en remontant à la source de cette photo, trouvée sur un site de *food porn* (ne me jugez pas), que je suis tombée pour la première fois sur Manger, le blog cuisine de Mimi Thorisson. Design sobre et classique, mosaïques de photos subtilement assorties mariant les paysages, les portraits et les natures mortes des plats ou de leurs ingrédients... Impressionnée par l'esthétisme raffiné de l'univers où j'avais atterri, j'ai entrepris de parcourir l'ensemble des billets.

Beauté brune d'une quarantaine d'années, Mimi Thorisson vit à la campagne, dans le Médoc, avec son mari photographe – les photos du blog sont de lui – et une foultitude d'enfants. Son blog, rédigé en anglais, est une ode à la cuisine française et au terroir, à peine tempérée par un cosmopolitisme de bon ton : elle-même est née à Hong Kong d'un père chinois et d'une mère française, et son mari, Oddur, est islandais. Les photos montrent la famille cueillant des brassées de fleurs d'acacia pour en faire des beignets au printemps, dînant aux bougies dans le jardin les soirs d'été, vagabondant dans les vignes au moment des vendanges, cueillant des champignons dans une forêt brumeuse en automne. Vêtue avec élégance et simplicité, tenant souvent en laisse l'un des fox-terriers dont son mari fait l'élevage, prenant la pose avec les commerçants, restaurateurs et petits producteurs de la région, Mimi balade d'une image à l'autre sa silhouette de mannequin, sa chevelure brillante et son sourire de Joconde. On la retrouve découpant gracieusement des légumes dans le clair-obscur de sa cuisine rustique, ou portant des pommes dans le creux de son tablier blanc, pieds nus sur le carrelage. Sur une autre photo, un chien tente d'atteindre une tarte tout juste sortie du four qui refroidit sur le rebord de la fenêtre. Les plats sont présentés dans des assiettes en porcelaine ancienne posées sur une table au bois patiné, un verre de vin scintillant à proximité.

Comment s'en étonner ? Mimi Thorisson est célèbre. Elle a sa propre émission sur Cuisine +, la chaîne du groupe Canal +, et elle a publié à l'automne 2014 un premier livre de recettes, *A Kitchen in France* [1]. Les Américains l'adorent ; ils ne peuvent que l'adorer. Dans la vision qu'elle en donne, la France apparaît exactement conforme à leurs fantasmes : un pays de cocagne figé dans une éternité bucolique, peuplé de gastronomes joviaux habitant de nobles demeures en vieilles pierres. Mimi elle-même incarne à la perfection cette « femme française » à la fois mince, chic et bonne vivante devenue un filon éditorial aux États-Unis depuis le best-seller de Mireille Guiliano *French Women Don't Get Fat* (« Les femmes françaises ne grossissent pas ») [2]. Mais elle fascine aussi ses compatriotes. *Madame Figaro* la range parmi les « blogueuses que l'on aime détester » (1er avril 2014). C'est que, sur le tableau de la féminité idéale, elle coche toutes les cases, et plutôt deux fois qu'une.

---

1 Mimi Thorisson, *A Kitchen in France. A Year of Cooking in my Farmhouse*, Clarkson Potter/Random House, New York, 2014.

2 Mireille Guiliano, *French Women Don't Get Fat. The Secret of Eating for Pleasure* [2005], Vintage, New York, 2007, http://mireilleguiliano.com.

Être une compagne, une mère, une cuisinière et une maîtresse de maison parfaite, belle et bien habillée, dont la vie de famille se résume à une longue suite de plaisirs et qui offre à sa progéniture une enfance de rêve : tôt ou tard, les femmes contemporaines en viennent à conclure qu'on leur fait miroiter là un modèle impossible. Elles se disent que cette créature est comme les licornes : elle n'existe pas. Et puis, bim ! Mimi Thorisson apparaît – ou une autre. Stupeur : les licornes existent bel et bien, en définitive. Difficile de décider s'il faut y voir une bonne ou une mauvaise nouvelle. Une bonne, parce qu'elle réactive le rêve, elle renouvelle le stock d'images ; elle redonne un but à atteindre, qui consiste maintenant à lui ressembler (en langage de commentaire de blog, on dit qu'elle est « inspirante »). Une mauvaise, parce qu'à côté d'elle les autres se sentent nulles, malchanceuses et minables. Non seulement elle réussit à être une licorne, mais elle n'a même pas l'air de trouver cela difficile ; elle n'a même pas l'air d'*essayer*. Ni ses cinq grossesses, ni une vie consacrée à la nourriture n'altèrent sa ligne impeccable. Quand elle accouche, c'est chez elle, seule avec son mari, « sans effort, naturellement », dans une chambre « pleine de roses », après que tous deux ont indéfiniment reporté le moment de partir à la clinique en raison de leur commune aversion pour les sols en plastique. Plus tôt dans la journée, elle avait lu quelques pages de *Mrs Dalloway* de Virginia Woolf, mis des draps propres à sécher au soleil et préparé à ses enfants une tarte aux poires pour le goûter ainsi qu'un clafoutis aux cerises pour le dessert [3]. Elle paraît vivre son quotidien à la tête d'une famille nombreuse avec une nonchalance hédoniste, tout en menant ses affaires tambour battant : émission de télévision, livres de recettes, fiches dans *Elle*, stages de cuisine…

Forcément, les autres lui tournent autour, cherchent la faille. Venue l'interviewer à l'occasion de la sortie de son livre,

---

3 Mimi THORISSON, « The busy bees », Manger, mimithorisson.com, 11 juin 2014.

la blogueuse mode Géraldine Dormoy en profite pour jouer les espionnes – ou plutôt, elle vient *pour* jouer les espionnes : elle voulait, dit-elle, « vérifier sur place si le style de vie du clan Thorisson était aussi idyllique qu'il y paraissait ». Au début, elle trouve un motif de soulagement : « En voiture sur le chemin entre Bordeaux et la ferme familiale, près de Vendays, les paysages que j'aperçois ne dégagent pas tous un charme de carte postale. » Mais, au final, elle fait chou blanc. Dans la maison, la seule fausse note qu'elle puisse repérer, à la faveur d'un passage aux toilettes, c'est un panier de linge sale en retard dans la salle de bains. Son hôtesse se révèle « aussi cool en vrai qu'en photo », et dotée du talent de « transformer le rêve en réalité [4] ».

Les sirènes du conformisme

Moi aussi, en parcourant les pages de Manger, je pousse un soupir d'envie. Mais d'envie pour quoi, au juste ? Je n'ai jamais même essayé de cocher les cases de la féminité idéale. Je suis casanière, mais je n'ai rien d'une fée du logis. Mes goûts me portent vers le même territoire physique que Mimi Thorisson, la maison, mais pas du tout vers les mêmes territoires symboliques. La seule recette de cuisine que je maîtrise à peu près est celle du pop-corn. L'amour compte beaucoup pour moi, je ne suis pas un monstre sans cœur, mais je n'ai jamais vu l'intérêt de me marier et j'ai toujours su que je ne voulais pas d'enfants. Mon principal rêve de gamine, c'était de faire quelque chose de moi-même – d'écrire, en l'occurrence – et de rester aussi libre que possible pour profiter de la vie. Ce projet me semblait si objectivement désirable et m'obnubilait à tel point que lorsque mes amis, au début de notre vie d'adultes,

4 Géraldine Dormoy, « L'interview de maman : Mimi Thorisson, blogueuse et auteure culinaire », Café Mode, 28 octobre 2014, http://blogs.lexpress.fr.

ont commencé à fonder des familles, ils m'ont plongée dans la perplexité et l'effarement, comme s'ils faisaient là quelque chose de totalement imprévisible et incongru.

En même temps, je réalisais peu à peu que, autour de moi, mes dispositions et mes aspirations suscitaient la désapprobation discrète ou véhémente d'un nombre non négligeable de personnes. Elles me faisaient sortir des clous et on se bousculait pour me verbaliser. Je manquais gravement à mon devoir d'incarner la Femme : un minimum de conversation, bien sûr, mais surtout, douce, maternelle, trônant au royaume du sensuel et n'en franchissant les frontières qu'avec modération. Mon intellectualité, qui aurait été admise et même valorisée chez un homme, apparaissait comme une tare. Quand j'ai lu ce jugement porté par le critique Jacques Siclier sur le premier film d'Agnès Varda, *La Pointe courte*, en 1955, il s'est gravé dans ma mémoire en lettres de feu : « Tant de cérébralité chez une jeune femme a quelque chose d'affligeant [5]. » On me dira que j'exagère, que de nos jours des milliers de femmes exercent des métiers intellectuels et que tout le monde l'accepte comme un fait banal. Honnêtement, j'en doute. Un jour, alors que je présentais l'un de mes livres dans une Fnac, un type d'une soixantaine d'années était venu s'asseoir pour écouter en me dévisageant, sourcils froncés. À la fin, prenant la parole, il avait maugréé que si les bonnes femmes se mêlaient de nous expliquer la vie, maintenant... J'en étais restée coite – de toute façon, que voulez-vous répondre à quelqu'un qui refuse le simple fait que vous ouvriez la bouche ? « Il y a une tradition dans la phobie masculine de la femme de lettres, observait Chantal Thomas en 1998. Entre le ricanement supérieur, la fausse pitié ou la franche hostilité, la femme qui écrit n'attire pas la sympathie des hommes [6]. »

---

5 Cité par *Télérama*, 3 mai 2000.

6 Chantal Thomas, *Comment supporter sa liberté*, *op. cit.*

Il m'a semblé que celui-là avait exprimé tout haut, et crûment, ce que d'autres pensaient tout bas. Et pas seulement de parfaits inconnus qui ne signifiaient rien pour moi. Parfois, ce sont des gens très importants à vos yeux qui manifestent, à travers leurs paroles ou leur comportement, ou les deux, des idées arrêtées sur la « place de la femme », selon l'expression consacrée. Des artistes que vous admirez, ou des auteurs, par exemple – je voue un culte à Nicolas Bouvier, mais lorsqu'il parle des femmes, je prends une claque et le charme se rompt brusquement. Des gens avec qui vous partagez par ailleurs une complicité, des convictions ; des gens que vous estimez, ou que vous aimez profondément. Pas de chance : il se trouve que, chez beaucoup, c'est précisément là que s'arrêtent le progressisme, l'ouverture d'esprit, l'anticonformisme, la radicalité, la capacité de remise en question. La vie serait trop simple si tous les machos étaient des abrutis complets : bien souvent, ce sont des abrutis partiels, et c'est presque pire. J'en retire un sentiment pénible d'inadéquation et de déception mêlées. De surcroît, même quand on ne vous témoigne aucune animosité, évoluer dans des milieux où vous êtes entourée essentiellement d'hommes peut suffire à vous donner le sentiment d'être une intruse. Lorsque je suis confrontée aux désagréments qu'apporte parfois ma position de journaliste et d'essayiste, je me surprends à me dire que rien de tout cela ne m'arriverait si j'avais su rester à ma place. Cette disqualification plus ou moins subtile a beaucoup fait pour ma prise de conscience féministe. Pour reprendre la formule de Marie Shear, « le féminisme est l'idée subversive selon laquelle les femmes sont des êtres humains ». Le mot présente d'ailleurs le défaut de suggérer une démarche spontanée, comme sortie de nulle part, et de rendre invisible le sexisme auquel il répond.

Je n'envie donc pas la vie de Mimi Thorisson – sa vie me rendrait neurasthénique en dix minutes : j'envie la conformité de ses aspirations. Ramer à contre-courant, cela fatigue. Ce doit être si bon, si confortable, si reposant de se laisser glisser dans la normalité comme dans un bain chaud ; d'occuper un terrain balisé au préalable par des millions d'autres femmes, et peut-être surtout par des millions de *représentations* de ce que doit être une femme ; d'endosser un rôle qui ranime le souvenir de millions d'images familières, rassurantes ; de se sentir approuvée dans ce que l'on est et dans ce que l'on fait par des siècles de culture savante ou populaire. Beaucoup de féministes n'éprouvent aucune nostalgie à l'égard du modèle qu'elles rejettent ; moi, si. J'en éprouve même davantage que des femmes qui ne se revendiquent pas particulièrement féministes. Ainsi, l'une de mes amies me dit que, tout en ayant elle-même des enfants, elle se sent mal à l'aise lorsqu'elle entre dans une maison dont l'occupante embrasse trop ostensiblement le rôle de Mère : elle aime qu'un intérieur porte la marque d'une personnalité, et non d'un archétype. Moi, en revanche, je reste toujours admirative devant un salon cosy ou une décoration de Noël réussie. Je pourrais fonder un nouveau courant du féminisme : le courant « poule mouillée ».

Autant dire que lorsque j'écris sur l'aliénation, c'est pour m'en défendre, autant que pour aider les autres à s'en défendre. On n'avoue pas volontiers ce genre d'ambivalence : on préfère ne pas courir le risque d'être perçue comme une traîtresse potentielle par d'autres féministes, ou de donner du grain à moudre à ceux qui nous accusent d'être jalouses ou insatisfaites. Mais, en le taisant, on laisse dans l'ombre les arbitrages plus ou moins conscients que doivent opérer beaucoup de femmes lorsqu'elles essaient de prendre en compte à la fois leurs aspirations propres et les attentes de la société. Qu'elles choisissent de privilégier les premières ou les secondes, il y aura toujours un prix à payer.

Les lecteurs de Manger semblent y trouver un antidote à certaines insuffisances ou certains fléaux contemporains : l'impression de mener des vies absurdes, la laideur ou la pauvreté sensorielle des environnements où nous évoluons, l'anonymat ou la férocité des rapports humains. Je les comprends et cela explique sans doute aussi pourquoi je suis sensible au charme de ce blog – je ne raffole pas des sols en plastique, moi non plus. Sauf que l'antidote proposé ici implique la réactivation d'une mystique féminine conservatrice ; et ce avec une puissance particulière. Voici une femme cultivée, qui parle cinq langues, qui a étudié la finance, travaillé dans la mode, été productrice pour CNN, mais qui a finalement trouvé le bonheur en s'installant à la campagne pour se consacrer à la cuisine et à la vie de famille [7]. Toutes les opportunités s'offraient à elle, et elle a *choisi* de rentrer à la maison : n'est-ce pas merveilleux ?... C'est ce qu'elle expliquait à l'été 2014, une attaque anonyme postée sur son compte Instagram lui ayant fourni l'occasion d'un plaidoyer *pro domo*. « Le commentaire (que j'ai effacé – mais maintenant, je le regrette un peu) disait quelque chose du genre : "Vous promouvez la maternité et la cuisine, alors que les femmes devraient être dans les conseils d'administration, en train de prendre les décisions importantes en tant que chefs d'entreprise [8]." » À la suite de ce billet, trois cent dix-sept personnes ont exprimé leur indignation, avant de bombarder son auteure de mots de réconfort et de compliments. Toutes tombaient d'accord sur cette conclusion : le véritable acquis du féminisme, c'est la « possibilité de choisir ».

Cet argument revient de façon sempiternelle dans les odes à la domesticité. « Le féminisme, c'est avoir le choix », clamait une lectrice de *Elle* (3 novembre 2008), réagissant à un article intitulé « Quand Superwoman rentre à la maison ». « Je n'ai pas l'impression d'être antiféministe et de renier le combat de toutes ces

---

7 *Cf.* aussi les « femivores », ces Américaines très diplômées qui choisissent de s'installer à la campagne : Mona Chollet, « Un héritage embarrassant. Interlude sur l'ambivalence », *Beauté fatale*, *op. cit.*, chapitre 2.

8 Mimi Thorisson, « Jour de fête », Manger, mimithorisson.com, 9 août 2014.

femmes que j'admire, disait une autre, qui avait démissionné à la fin de son congé maternité (10 décembre 2010). Elles m'ont permis de choisir la vie que je veux et de m'épanouir. Et si ça passe par le fait de réussir la charlotte aux fraises, où est le mal ? » Toutes oublient cependant que ces « choix » sont fortement conditionnés et que certains restent bien plus faciles à assumer que d'autres. Mimi Thorisson possède peut-être le talent de « transformer le rêve en réalité » ; mais pas n'importe quels rêves. « Il m'arrive de penser que vous êtes une personnification de la Terre-Mère elle-même », lui écrit une lectrice de son blog. Comment celle qui rêve d'être ingénieure, mathématicienne, économiste ou conceptrice de jeux vidéo, et qui se sent moyennement désireuse d'incarner la Terre-Mère, peut-elle lutter contre la prégnance de telles images ?

Ann Oakley voit dans le poids de ces représentations le principal obstacle à une diversification des professions embrassées par les femmes : « Celles qui travaillent dans des domaines à dominante masculine sont souvent perçues comme asexuées. Une femme qui prend son métier au sérieux apparaît traditionnellement comme l'antithèse de la femme féminine. [...] La réalisation de soi coïncide avec l'image sociale de la masculinité. » Ce que confirme, par exemple, Christophe, haut fonctionnaire d'une quarantaine d'années, qui se vante d'avoir une épouse « formidable, il faut le dire », « pas intéressée par son métier » et « tournée vers la famille [9] ». Pour échapper à des étiquettes dont elles ne veulent pas, ou contre lesquelles leur entourage les met en garde, beaucoup renoncent à s'aventurer en terrain hostile. Dès lors, les grands discours sur l'égalité restent vains. Les opportunités offertes aux femmes dans le domaine professionnel ou politique ressemblent à « une

9 « "J'ai une femme exceptionnelle". Carrières des hommes hauts fonctionnaires et arrangements conjugaux », Centre d'études de l'emploi, Paris, novembre 2014.

invitation lancée à des hôtes indésirables avec la certitude que les circonstances les empêcheront de l'accepter [10] ». Mimi Thorisson elle-même approuve d'ailleurs cette ségrégation persistante : « Parfois, je dis à mon mari : "Je suis si heureuse d'être une femme et non un homme." J'ai toujours eu le sentiment que les deux sexes étaient complètement égaux à tous égards. Bien sûr, les femmes ont dû (et doivent encore) batailler davantage pour faire reconnaître cette égalité, mais pour moi cela n'a jamais signifié qu'elles devaient être comme les hommes, ou "battre les hommes à leur propre jeu". Les femmes devraient jouer leur propre jeu, définir leurs propres règles, non [11] ? » En 2014, on pouvait donc encore interpréter le refus de se cantonner à l'univers familial comme une attitude agressive (« battre » les hommes) et contre nature.

Vendre la famille aux femmes

La « première déesse domestique [12] », l'ancêtre de Mimi Thorisson et de tant d'autres – à commencer par la Britannique Nigella Lawson, auteure en 2000 de *How to Be a Domestic Goddess* –, s'appelait Isabella Beeton (1836-1865). En 1861, elle rassembla les articles qu'elle avait écrits pour *The Englishwoman's Domestic Magazine*, la publication de son mari Samuel Beeton, dans un ouvrage intitulé *Mrs Beeton's Book of Household Management* (« Le livre de gestion domestique de Mme Beeton »), qui connut un succès phénoménal. C'était l'époque où se forgeait le modèle de la « fée du logis » ; un modèle auquel Isabella Beeton, apparemment, correspondait

10 Ann Oakley, *Housewife*, *op. cit.*

11 Mimi Thorisson, « Jour de fête » (dans les commentaires), art. cit.

12 Polly Russell, « Mrs Beeton, the first domestic goddess », *Financial Times*, 3 décembre 2010.

elle-même assez peu : elle « se tenait aussi éloignée qu'elle le pouvait de sa propre cuisine ». Bill Bryson subodore son dilettantisme à certains signes, comme le fait qu'elle préconise de « faire bouillir les pâtes pendant une heure trois quarts avant de servir ». Elle multiplie les mises en garde contre certains aliments qu'elle juge d'une toxicité létale, en particulier la tomate. Elle plagie toutes les sources qui lui tombent sous la main, sans même prendre la peine, parfois, de remettre au féminin les propos tenus par un auteur masculin. Son livre suit une logique mystérieuse : il consacre des pages à la préparation de la soupe à la tortue, mais « ne mentionne même pas l'*afternoon tea* ». S'il s'est pourtant vendu dès la première année à des dizaines de milliers d'exemplaires, c'est en raison « de sa suprême assurance et de sa grande clarté ». Mrs Beeton offrait « un manuel d'instructions que l'on pouvait suivre religieusement, et c'était exactement ce que les gens voulaient [13] ».

Avec le recul, le caractère artificiel, voire ridicule, des productions culturelles alimentant le mythe de la « déesse domestique » apparaît comme une évidence. Mais, sur le moment, elles exercent leur pouvoir de fascination et d'intimidation avec une grande efficacité. S'adaptant sans cesse à l'air du temps, elles manifestent une faculté de renouvellement remarquable. Depuis deux siècles, c'est aux femmes que l'on « vend » la famille, à la fois comme destin incontournable et comme promesse de félicité, à travers le rôle central qu'elles sont appelées à y jouer. Sur Pinterest, des foules d'utilisatrices créent des tableaux sur le thème du mariage incluant des photos de robes, de pièces montées, de baisers, de bagues, de diadèmes, de bouquets, de tables de fête et de bals romantiques. Je n'en ai encore jamais vu chez un utilisateur masculin. Aux États-Unis, on surnomme « bridezillas » (contraction de *bride*, « mariée », et de « Godzilla ») les obsédées de la cérémonie parfaite.

---

13 Bill Bryson, *At Home*, *op. cit.*

Certaines ont déjà tout planifié, « de la couleur des robes que porteront leurs demoiselles d'honneur (champagne) aux arrangements floraux (des roses blanches et roses, des hortensias blancs, des lis et des orchidées) ». Il ne leur manque que... le fiancé. « Le mariage demeure un signe de validation pour les femmes, observe une sociologue américaine. Il leur permet de prouver leur valeur, de prouver leur féminité [14]. »

De fait, c'est bien à elles qu'il faut vendre la famille, car ce sont elles qui ont le plus à y perdre. Rien de plus mensonger que le cliché misogyne de l'homme martyr « piégé » dans le mariage par une harpie triomphante [15]. Aux États-Unis, détaille l'écrivaine Elizabeth Gilbert, les femmes mariées « n'accumulent pas autant de richesses que les célibataires (en moyenne, en se faisant passer la bague au doigt, une femme perd 7 % de salaire) ; elles réussissent moins bien professionnellement ; elles ont une santé plus fragile, courent plus de risques de souffrir de dépression ou de mourir de mort violente – et ce en général de la main de leur mari ». Les hommes mariés, en revanche, vivent plus longtemps que les célibataires, « accumulent plus de richesses, excellent dans leur travail, risquent moins de mourir de mort violente. Ils sont plus heureux et souffrent moins d'alcoolisme, d'addiction aux drogues ou de dépression ». Les sociologues appellent cela le « déséquilibre du bénéfice conjugal ». On peut tenter de le résorber en se mariant tard, en faisant peu ou pas d'enfants et en choisissant un conjoint qui ne rechigne pas à passer l'aspirateur ou à faire les courses. Elizabeth Gilbert raconte que sa sœur et elle s'étaient

---

14 Abby Ellin, « Blame the princess. Chasing the fairy-tale wedding », *The New York Times*, 21 novembre 2014.

15 *Cf.* la bande dessinée de Liv Strömquist, *Les Sentiments du Prince Charles*, traduit du suédois par Kirsi Kinnunen et Stéphanie Dubois, Rackham, Paris, 2012.

fixé pour but, plus jeunes, de réussir un « mariage sans épouse », c'est-à-dire sans victime [16].

En France aussi, non seulement, comme on l'a vu, les femmes mariées risquent de devoir assumer une part écrasante des tâches domestiques, mais leur carrière a toutes les chances de souffrir de la fondation d'une famille [17]. Les pauses pour s'occuper des enfants, et/ou le fait de passer à temps partiel après leur naissance, les exposent à toucher des retraites très inférieures à celles des hommes. Quand elles se prolongent, ces interruptions compromettent leurs chances de retrouver du travail et les rendent financièrement dépendantes de leur compagnon. Une histoire de dents – eh oui, encore – donne une idée des situations que cela peut produire. À l'occasion d'une fête de voisinage, en 2010, une jeune mère racontait à deux autres : « J'avais des soins dentaires à faire, plutôt onéreux. Il fallait que je lui demande une grosse somme, mais comme on s'était disputés la veille, je n'ai pas pu et j'ai dû annuler le rendez-vous. Il faut que j'attende trois mois, maintenant [18]... »

Il y avait 2,1 millions de femmes au foyer en France en 2011, contre 3,5 millions en 1991 ; mais elles n'étaient plus que 21 % à invoquer des « raisons personnelles », contre 59 % vingt ans plus tôt. Avec l'augmentation de la précarité, la majorité d'entre elles (35 %) avancent la fin d'un CDD et 11 %, un licenciement économique pour expliquer leur retour à la maison [19]. Les mères américaines, quant à elles, sont de plus en plus

---

16 Elizabeth GILBERT, *Mes alliances. Histoires d'amour et de mariages* [2010], traduit de l'anglais (États-Unis) par Christine Barbaste, Le Livre de poche, Paris, 2012.

17 *Cf.* François DE SINGLY, *Fortune et infortune de la femme mariée* [1987], PUF, « Quadrige Essais Débats », Paris, 2004.

18 « Mère au foyer : dévalorisée, démunie et dépendante », http://romy.tetue.net, 28 octobre 2010.

19 « Femme au foyer : une situation davantage subie qu'il y a 20 ans », LeMonde.fr, 20 août 2013.

nombreuses au foyer : 29 % de celles qui avaient des enfants de moins de dix-huit ans en 2012, contre 23 % en 1999. Six pour cent disent n'avoir pas pu trouver d'emploi, contre 1 % en 2000. La moitié n'ont pas fait d'études universitaires, contrairement à 70 % de celles qui travaillent. Un tiers vivent en dessous du seuil de pauvreté, contre 12 % pour les mères qui travaillent. Ce retournement de tendance s'explique aussi par le fait que les mères latinos et asiatiques, qui font plus d'enfants que les femmes blanches et noires, ont davantage tendance, par tradition culturelle, à les garder elles-mêmes à la maison [20]. La « liberté de choix » tant vantée est donc relative.

Que les mères travaillent ou pas, elles ont aussi tout à perdre en cas de séparation. En 2011 toujours, en France, « 34,5 % des familles monoparentales, essentiellement des femmes avec enfants, soit plus de 1,8 million de personnes », avaient des revenus inférieurs au seuil de pauvreté (contre 11,2 % des personnes vivant en couple) [21]. En 2014, 40 % des pensions alimentaires étaient impayées, en totalité ou en partie [22]. Joëlle Burg, retraitée, habite un logement minuscule d'une pièce dans un immeuble dégradé en Lorraine. « Je n'ai pas beaucoup cotisé, il me manque pas mal de mois », explique-t-elle. Après avoir vécu avec son mari dans une grande maison dont ils étaient propriétaires – ou plutôt dont *il* était propriétaire –, elle s'est retrouvée obligée de chercher du travail pour la première fois à l'âge de cinquante et un ans, lors de son divorce. « Je faisais des petits ménages, surtout sur le Luxembourg. C'était du mi-temps, trois heures par jour à peu près [23] », raconte-t-elle.

---

20 Stéphane LAUER, « De plus en plus de mères au foyer aux États-Unis », LeMonde.fr, 9 avril 2014.

21 « Familles monoparentales et pauvreté », Observatoire des inégalités, 1er octobre 2011, www.inegalites.fr.

22 Nathalie CHEYSSON-KAPLAN, « Une garantie publique contre les pensions alimentaires impayées », LeMonde.fr, 29 septembre 2014.

23 Samuel BOLLENDORFF et Mehdi AHOUDIG (réal.), *À l'abri de rien, op. cit.*

Il existe en définitive une seule catégorie de femmes pour lesquelles le mariage et la famille représentent une bonne, et même une très bonne affaire : celles qui se chargent, ou que l'on charge, d'incarner publiquement l'épouse et la mère idéale. L'actrice américaine Angelina Jolie fascine la terre entière avant tout parce qu'elle a eu le bon goût d'apparier sa féminité exacerbée avec la virilité tout aussi exacerbée de Brad Pitt, et parce qu'ils élèvent ensemble six enfants (trois adoptés et trois biologiques). Autant, voire davantage, qu'à interpréter des personnages à l'écran, le métier d'actrice consiste à rendre désirables les rôles féminins traditionnels. La chronique *people* redouble ainsi l'effet des tombereaux de comédies romantiques produits par l'industrie cinématographique. « Je suis née pour être une épouse et une mère [24] », clame Salma Hayek, mariée au milliardaire français François-Henri Pinault. À l'automne 2014, Angelina Jolie racontait en plaisantant que depuis son mariage avec Brad Pitt, l'été précédent, après dix ans de vie commune, elle avait davantage de moments où elle déclarait qu'elle allait « être une meilleure épouse, cuisiner mieux » ; à quoi son mari répondait : « Oh non, chérie, il faut savoir pour quoi on est bon et pour quoi on n'est pas bon. » Aussi sec, tous les médias titraient sur le désir de la star d'« être une meilleure épouse [25] ».

Au même moment, Blake Lively, comédienne calamiteuse découverte dans la série *Gossip Girl* [26], portait à un niveau inédit la rentabilisation du statut de future mère. Elle avait annoncé sa grossesse sur le site Internet consacré à l'art de vivre et à la mode qu'elle venait d'ouvrir – imitant en cela sa consœur Gwyneth Paltrow, également auteure de livres de cuisine illustrés de

24 « Salma Hayek covers Latina : "I was born to be a wife and a mother" », Celebitchy.com, 12 octobre 2011.

25 « Angelina Jolie says she wants to "be a better wife" to Brad Pitt », HuffingtonPost.com, 25 novembre 2014.

26 *Cf.* Mona Chollet, « *Gossip Girl*, célébration des élites américaines », *Le Monde diplomatique*, août 2010.

photos de famille. Elle y publiait des clichés d'elle participant à une *baby shower* (fête organisée pour les femmes enceintes) ou promenant son ventre rond dans les rues de New York. Non seulement elle les revendait aux médias, court-circuitant ainsi les paparazzis, mais les visiteurs de son site pouvaient, si un vêtement ou un accessoire leur plaisait, suivre un lien qui les amenait sur la boutique. S'affichant avec son amie Martha Stewart, la reine américaine du *lifestyle*, Lively déclarait qu'elle passait son temps à décorer sa maison et qu'elle envisageait d'apprendre à tricoter [27]. En France, *Elle* consacrait une double page extasiée à ses tenues de grossesse audacieusement sexy. Alors qu'auparavant elle était trop « lisse » pour intéresser grand monde, l'actrice, estimait le magazine, avait « réinventé son rôle : celui de maman glam, faisant de son bébé un tremplin pour sa carrière [28] ».

Les flots de dollars déversés sur les célébrités qui se positionnent comme les Femmes et les Mères les plus convaincantes leur permettent de peaufiner toujours davantage une image enviable. L'opulence façonne les corps, les tenues, les splendides demeures servant d'écrin à leur vie de famille. Elle renforce encore l'aura de succès, de prestige et d'argent qui les entoure, et qui est inversement proportionnelle au prestige et aux moyens dont jouissent la plupart des mères. L'omniprésence et la sophistication de ces représentations les rendent quasiment irrésistibles. Elles produisent chez de nombreuses femmes une sorte de transe qui leur fait oublier les circonstances de leur propre vie et les traits de leur personnalité. Le désir ardent de les imiter, de faire à son tour partie du club, éclipse les questions les plus élémentaires : puis-je m'attendre à

---

27 « Pregnant Blake Lively, Martha Stewart reunite after Preserve jab : pictures », *US Weekly*, 8 novembre 2014.

28 Sophie GACHET, « Blake Lively, une grossesse red carpet », *Elle*, 14 novembre 2014.

ne pas être trop seule pour assumer l'éducation d'un enfant ? Suis-je certaine d'y trouver assez de plaisir et d'intérêt pour en supporter les inconvénients ? Le rôle de mère correspond-il à mes dispositions, à mon caractère ? Ne risque-t-il pas de compromettre la réalisation d'autres de mes aspirations ? Quelles conséquences la fondation d'une famille aura-t-elle, selon toute probabilité, sur mon quotidien ? Cette dernière question est loin d'être un détail : le quotidien, c'est tout ce que l'on a. Or, dans son étude des années 1980, Arlie Hochschild relevait que même dans les foyers où le travail était relativement bien partagé, les femmes effectuaient deux tiers des tâches *quotidiennes* (cuisiner, nettoyer), ce qui les enfermait dans une « routine rigide ». Elles avaient aussi le mauvais rôle en se chargeant de presser les enfants pour leur faire respecter les horaires de coucher ou de départ pour l'école. Les hommes, eux, gardaient davantage de contrôle sur l'usage de leur temps, et davantage de loisirs [29].

La mise en scène de la vie des célébrités escamote les privilèges non négligeables dont elles bénéficient : des occupations professionnelles bien plus souples et faciles à concilier avec la charge d'une famille qu'un métier ordinaire – les enfants Jolie-Pitt, par exemple, sont scolarisés à la maison –, assez d'argent pour engager tout le personnel nécessaire... Dans *The Queen of Versailles*, Jackie Siegel raconte avec amusement : « Quand j'étais jeune, je ne savais même pas qu'il existait des nounous, alors je m'imaginais plus tard avec un enfant – à la rigueur deux. Mais quand j'ai découvert que je pouvais avoir des nounous, je ne me suis plus arrêtée d'en faire [30] ! » (Elle en a eu sept, la huitième étant une nièce de son mari qui vit avec eux.)

Certaines entretiennent complaisamment la confusion entre leur situation et celle des autres femmes, sur le mode « Je

---

29 Arlie HOCHSCHILD, *The Second Shift*, *op. cit.*

30 Lauren GREENFIELD, *The Queen of Versailles*, *op. cit.*

suis une mère qui travaille, voilà tout » ; mais pas la « Supermom » Angelina Jolie. « Je ne suis pas une mère isolée qui cumule deux boulots et qui essaie de s'en sortir jour après jour, déclarait-elle en 2014. J'ai beaucoup plus d'aide que la plupart des femmes de cette planète, et j'ai les moyens financiers de payer la maison, les soins médicaux, la nourriture [31]. » Il faut dire qu'elle a quelques raisons de ne pas vouloir faire trop d'émules irréfléchies. En 2009, à la suite d'un traitement contre l'infertilité, une certaine Nadya Suleman, au chômage et déjà mère de six enfants qu'elle élevait seule, a défrayé la chronique en donnant naissance à des octuplés dans une clinique de Los Angeles – ce qui lui a valu dans les tabloïds le surnom d'« Octomom ». Clamant son admiration pour Jolie et son désir de l'imiter en tout, elle avait aussi recouru à la chirurgie esthétique pour tenter de lui ressembler [32]. Si extrême soit-il, cet exemple traduit un élan mimétique banal et très répandu. « Je vois tous les jours des jeunes femmes de vingt-cinq ans en dépression post-partum car elles ne comprennent pas pourquoi, pour elles, c'est moins facile que pour Angelina Jolie [33] », témoignait en 2012 une infirmière de la maternité de l'Institut Montsouris, à Paris.

En dehors même de l'influence des chroniques *people*, les représentations dans lesquelles nous baignons propagent une vision très irréaliste de la maternité, comme l'illustre le cas de la femme citée au chapitre précédent, qui n'avait imaginé pour son congé parental que « des sorties au parc et la préparation de gâteaux fabuleux », et pas du tout des corvées domestiques. L'héroïne du roman de Pascale Kramer *L'Implacable Brutalité du*

---

31 « Angelina Jolie knows that being mega-rich makes motherhood easier », Jezebel.com, 21 mai 2014.

32 « Angelina Jolie "creeped out" by octuplets mother after receiving letters from her – and hearing rumours of her plastic surgery », Dailymail.co.uk, 20 février 2009.

33 Lauren Bastide, « Maternité : les people nous mentent ! », *Elle*, 30 mars 2012.

réveil, elle, réalise à la naissance de sa fille qu'elle s'est laissé entraîner par des images séduisantes, par un narcissisme superficiel, par les aimables encouragements de son entourage et les compliments sur le beau couple qu'elle formait avec son mari, davantage que par un désir propre [34].

Le monde de la mode investit lui aussi le marché de l'idéal domestique et familial. Une imagerie idyllique se construit autour de la confection de luxe pour enfants, qui connaît un renouveau depuis les années 1980 et est devenue stratégique pour les marques ces dix dernières années. En 2013, elle représentait 4,5 % du prêt-à-porter de luxe mondial et résistait mieux à la crise que la mode pour adultes. Treize maisons ont lancé leur ligne en trois ans : Paul Smith Junior, Young Versace, Little Marc Jacobs [35]... En France, le magazine *Milk* se consacre aux vêtements pour enfants, aux loisirs et à la décoration intérieure, avec des reportages chez des parents travaillant dans le design, la mode ou la publicité. Constance Gennari anime l'émission *Les Tribus de Constance* sur Maison + et tient le blog The Socialite Family (« La famille mondaine »). Partant du principe selon lequel « les vieilles valeurs reviennent en force », elle y propose un « échantillon de familles cool et élégantes ». Ses interviewés posent avec leur progéniture, indiquent où ils ont acheté ou chiné les meubles de leur loft/de leur appartement haussmannien, annoncent la destination de leurs prochaines vacances et expliquent pourquoi ils ont appelé leur fils Arsène ou leur fille Léonie. L'écriture bigarrée (« Quand on rentre chez Isabelle, on est tout de suite frappé par la couleur qui sort de chez elle ») forme un contraste savoureux avec le snobisme du propos. Aux États-Unis, le site The Glow – « L'Éclat » : celui que

34 Pascale KRAMER, *L'Implacable Brutalité du réveil*, Mercure de France, « Bleue », Paris, 2009.

35 Julie PÊCHEUR, « Les enfants modèles du Web », *M le magazine du Monde*, 31 août 2013.

la maternité donne aux femmes, ou du moins aux femmes riches – offre un « aperçu du monde des mamans inspirantes et branchées ». Il propose à ses lectrices « des idées de décoration, des secrets sur l'art de faire plusieurs choses à la fois et des intérieurs de rêve ». Des stylistes, des femmes d'affaires et des actrices, toutes minces comme des lianes et vêtues avec élégance, certaines enceintes jusqu'aux yeux, mais minces quand même, y sont photographiées dans des appartements luxueux en train de jouer avec leurs enfants, entourées de leurs chiens et de leurs chats et nimbées d'une lumière d'un autre monde.

Dans un registre moins chic et élitiste, la chaîne française M6 a choisi au cours des années 2000 de se repeindre « aux couleurs de la vie domestique », proposant des émissions sur la décoration, la cuisine, l'art de vivre. Son personnage vedette, c'était fort logiquement la ménagère, qui, « quand elle ne se pomponne pas dans sa salle de bains, nourrit ses bambins et bichonne son logis ». Bibiane Godfroid, directrice des programmes de 2007 à 2014, l'expliquait ainsi : « C'est une chaîne où on travaille pour les responsables des achats de moins de cinquante ans, et il paraît que ce sont surtout les femmes [36]. » C'est aussi la chaîne qui a diffusé en France *Desperate Housewives* (« Femmes au foyer désespérées », 2004-2012). Aux États-Unis, les premiers épisodes de cette série avaient fait sensation, laissant présager une critique au vitriol, improbable dans une production télévisuelle grand public, de l'*American way of life*, avec ses banlieues pimpantes et ses maîtresses de maison épanouies. Une mère de famille aisée, blonde et angélique, commençait par se tirer une balle dans la tête avant de revenir commenter en voix off la vie de ses anciennes voisines et amies. Tournant rapidement au vaudeville banal et à la célébration de ce qu'il était censé brocarder, *Desperate Housewives* n'a cependant fait qu'affirmer avec toujours plus de virulence,

---

36 Virginie FÉLIX, « Elle nous M6 fort », *Télérama*, 11 avril 2012.

au fil de ses huit saisons, son conformisme bigot et son sexisme crasse [37]. Il est vrai que les convictions républicaines affichées par son créateur, Marc Cherry, auraient pu dès le départ inciter à la prudence.

Combats avec l'ange

Dès son inauguration, le règne de l'« ange du foyer » a eu son envers du décor et ses victimes collatérales, qui méritent que l'on s'y attarde. L'expression « ange du foyer » provient d'un poème de l'écrivain britannique Coventry Patmore, « The angel in the house », publié en 1854. Durant cette période, c'est-à-dire entre le milieu et la fin du XIXe siècle, en Angleterre comme aux États-Unis, racontent Barbara Ehrenreich et Deirdre English, une étrange épidémie se répandit chez les femmes des classes moyennes et supérieures. À l'époque, elles n'étaient pas encore censées être ces ménagères actives et dynamiques qui tenaient la maison seules ; elles avaient des serviteurs pour s'en charger à leur place. L'épouse oisive, délicate, effacée et, pour tout dire, le plus insipide possible représentait pour un homme l'attribut suprême de la réussite sociale. En rentrant chez lui, il désirait trouver en elle une négation du monde violent qu'il avait construit au-dehors, sur le dos des colonisés et des ouvriers. Censées mener une vie paisible, « cousant, dessinant, décidant des menus, veillant sur les enfants et les domestiques », beaucoup perdirent toute énergie, toute envie de vivre, et ne quittèrent plus leur lit. Certaines se suicidèrent [38]. En dépression depuis ses dix-neuf ans, Alice James

---

37 *Cf.* Mona Chollet, « Femmes au foyer désespérantes », Le lac des signes, Les blogs du Diplo, 21 mai 2010, http://blog.mondediplo.net.

38 Barbara Ehrenreich et Deirdre English, *For Her Own Good. Two Centuries of the Experts' Advice to Women* [1978], Anchor Books, New York, 2005.

(1848-1892), qui avait toujours envié la liberté de ses frères Henry, romancier, et William, psychologue, accueillit la nouvelle de son cancer, à l'âge de quarante-trois ans, comme une délivrance. Après sa mort, Henry tenta de s'opposer à la publication de son journal, insupportable ramassis d'insolences. L'hommage funèbre qu'il avait rendu dix ans plus tôt à leur mère résume bien l'idéal féminin de l'époque : « Elle incarnait la patience, la sagesse, l'exquise maternité... À jamais résonnera l'inextinguible vibration de sa nature dévouée [39]. »

« Il m'arrivait de ramper sous les lits jusque dans des cagibis pour éviter d'être broyée par cette profonde détresse. » Pendant des années, Charlotte Perkins Gilman (1860-1935), qui avait cédé à la pression et s'était résignée à se marier malgré le peu d'envie qu'elle en avait, souffrit elle aussi de « mélancolie ». Elle ne comprenait pas ce qui lui arrivait – mais observait tout de même qu'elle se sentait mieux dès qu'elle s'éloignait de sa maison, de son mari et de sa fille. Elle emprunta de l'argent pour aller consulter un spécialiste renommé à Philadelphie. Le médecin lui ordonna de sortir le moins possible de chez elle, de ne pas consacrer plus de deux heures par jour aux activités intellectuelles et de ne plus jamais toucher « ni à une plume, ni à un pinceau, ni à un crayon » aussi longtemps qu'elle vivrait. Une fois rentrée, elle se conforma à ce régime durant trois mois et faillit basculer dans la folie. Elle finit par quitter son mari en lui laissant leur fille, qu'il éleva avec sa nouvelle épouse, une proche amie de Charlotte – ce qui fit scandale. Elle vécut par la suite une vie prolifique d'écrivaine et de conférencière, et connut un second mariage heureux. Mais elle ne se consola jamais de toutes ces années perdues. En 1890, elle publia une nouvelle inspirée de l'histoire de sa dépression : *The*

---

39 Henry JAMES, *Carnets*, Denoël, Paris, 1984. Cité par Diane DE MARGERIE, « Charlotte Perkins Gilman : écrire ou "ramper" », postface *in* Charlotte PERKINS GILMAN, *La Séquestrée* [1890], Phébus, « Libretto », Paris, 2002.

Yellow Wallpaper (« Le papier peint jaune ») [40]. Elle était une évadée, une rescapée, comme sa contemporaine la romancière Edith Wharton (1862-1937), qui déclarait à une amie : « Pendant douze ans, j'ai rarement su ce que c'était que d'être délivrée d'un intense sentiment de nausée [41]. »

Restée dans l'histoire comme la fondatrice de la « science domestique », c'est-à-dire l'application des principes scientifiques à l'entretien d'une maison, à l'hygiène et à la nutrition, Ellen Swallow Richards (1842-1911) a connu un destin emblématique. Dans sa jeunesse, d'une nature indépendante et curieuse, elle sombra dans la dépression durant deux ans quand elle dut soigner sa mère malade. Elle reprit espoir en apprenant l'ouverture d'une université accueillant des étudiantes – il n'en existait pas auparavant en Nouvelle-Angleterre, où elle vivait. Là, elle montra une telle soif de savoir qu'elle marchait dans les couloirs en tenant un livre ouvert devant ses yeux. Passionnée de science, et en particulier de chimie, elle devint ensuite la première femme admise – non sans mal – au Massachusetts Institute of Technology (MIT). Elle devait cependant étudier à l'écart des autres et travailler seule dans son propre laboratoire. Ses professeurs lui demandaient régulièrement de repriser leurs bretelles ou de classer leurs papiers. Une fois son diplôme acquis, aucune opportunité de carrière ne s'offrit à elle, ce qui l'amena à se rabattre, en désespoir de cause, sur la « science domestique », seul domaine dont elle pouvait être sûre que personne ne la chasserait. Il semble toutefois qu'elle n'ait jamais eu une conscience claire des enjeux qui traversaient sa vie. Au MIT, elle se vantait de toujours laisser son nécessaire de couture bien en évidence, histoire de prouver que ses études ne la pervertissaient pas. Élitiste et individualiste, manifestant une loyauté indéfectible envers un ordre qui n'avait cessé de lui

---

40 Charlotte PERKINS GILMAN, *La Séquestrée*, *op. cit.*

41 Diane DE MARGERIE, *Edith Wharton, lecture d'une vie*, Flammarion, Paris, 2000.

savonner la planche, elle voyait d'un mauvais œil le mouvement féministe. Elle désapprouva la décision du MIT de s'ouvrir officiellement aux femmes, en 1878 [42].

« En ce temps-là – la fin du règne de la reine Victoria – chaque foyer avait son Ange. Et quand j'ai commencé à écrire, j'ai fait sa connaissance avec les tout premiers mots. L'ombre de ses ailes se profila sur ma feuille, je perçus le bruissement de ses jupes dans la pièce. » Ainsi parlait Virginia Woolf en 1931 dans une conférence intitulée « Métiers de femmes », qu'elle avait imaginée comme une suite, deux ans plus tard, à son merveilleux essai féministe *Une chambre à soi* [43]. Se souvenant de ses débuts, elle racontait sa confrontation avec le modèle dont Coventry Patmore – en s'inspirant de sa propre épouse – avait si bien saisi l'essence dans son poème. Elle commençait par décrire cette femme idéale : « Elle était absolument charmante. Elle était parfaitement altruiste. Elle excellait dans l'art difficile de la vie de famille. Quand il y avait du poulet, elle prenait le pilon ; s'il se produisait un courant d'air, elle s'asseyait au milieu. » Se penchant pour murmurer à son oreille dès que la jeune journaliste s'asseyait à sa table de travail, l'Ange menaçait de l'étouffer, de l'empêcher d'écrire librement, de sorte qu'elle n'avait pas eu le choix : « Je me suis jetée sur elle et l'ai prise à la gorge. » Elle plaidait la légitime défense : « Si je ne l'avais pas tuée, c'est elle qui m'aurait tuée. » Mais le combat avait été rude : « Elle eut du mal à mourir. Son caractère imaginaire l'aidait beaucoup. Il est beaucoup plus difficile de tuer un fantôme qu'une réalité. Elle se faufilait toujours quand je croyais l'avoir achevée [44]. » Virginia Woolf estimait avoir fini par s'en

---

42 Barbara EHRENREICH et Deirdre ENGLISH, *For Her Own Good*, *op. cit.*

43 Virginia WOOLF, *Une chambre à soi* [1929], traduit de l'anglais par Clara Malraux, 10/18, Paris, 2001.

44 Virginia WOOLF, « Métiers de femmes » [1931], *Lectures intimes*, traduit de l'anglais par Florence Herbulot et Claudine Jardin, Robert Laffont, « Pavillons Poche », Paris, 2013.

débarrasser définitivement. Et pourtant, à l'avenir, l'ange du foyer ne cesserait de renaître de ses cendres.

Aux États-Unis, l'après-guerre vit revenir en force la célébration du bonheur familial. Au début du siècle, le combat pour le droit de vote (les Anglaises l'obtinrent en 1918, les Américaines en 1919) avait considérablement amélioré l'estime de soi des femmes. Il leur avait démontré pour commencer, comme l'écrivit la suffragette Ida Alexa Ross Wylie, que ces jambes qu'il était malséant de seulement nommer dans la bonne société « pouvaient courir beaucoup plus vite qu'un flic anglais [45] ». Mais, désormais, les enthousiasmes et les espoirs de cette période, celle du féminisme de la « première vague », paraissaient loin. Les traumatismes de la Grande Dépression, puis de la Seconde Guerre mondiale et de la guerre froide, conjugués à l'essor des banlieues résidentielles et à l'idéal du bonheur par la consommation, poussaient au repli. En vigueur de 1934 à 1966, le code Hays, qui déterminait ce qui devait ou ne devait pas être montré sur un écran de cinéma, sommait les studios de « défendre le caractère sacré du mariage et du foyer ».

Durant quinze ans, les Américaines subirent un conditionnement forcené visant à les persuader que le dévouement à leur famille et l'entretien de la maison devaient suffire à leur bonheur. Tout désir de faire usage de l'éducation que beaucoup avaient reçue, de travailler à l'extérieur, d'être partie prenante de la société, était condamné comme « non féminin » ; il ne pouvait produire que des « mégères asexuées ». Au début des années 1960, beaucoup de femmes de la classe moyenne blanche étaient à moitié folles d'aliénation. Dans ce contexte, le livre de la journaliste Betty Friedan *The Feminine Mystique* (« La mystique féminine »), en 1963, fit l'effet d'une bombe [46].

45 Cité par Betty FRIEDAN, *La Femme mystifiée*, traduit de l'anglais (États-Unis) par Yvette Roudy, Gonthier, Paris, 1964.

46 Betty FRIEDAN, *La Femme mystifiée*, *op. cit.*

En disant à ses lectrices qu'il était normal d'aspirer à autre chose, que ce n'était pas elles qui avaient un problème, il bouleversa leurs existences.

En 2011, l'historienne Stephanie Coontz a reconstitué l'impact exceptionnel qu'a eu ce livre sur la société américaine [47]. Tout en rendant hommage à Friedan, elle remet son travail en contexte, en analyse aussi les points aveugles et les faiblesses. Avec l'aide de ses étudiants, elle a dépouillé l'abondant courrier reçu par la journaliste et interrogé des dizaines de lectrices de l'époque. « Nous étions une génération de femmes intelligentes, écartées du monde », se souvient l'une d'elles. Une autre raconte comment elle envoya *The Feminine Mystique*, accompagné d'un petit mot acerbe, au psychanalyste qui essayait de lui faire « accepter son rôle d'épouse ». Une autre, encore, le lut en pleurant sans pouvoir s'arrêter et n'interrompit sa lecture que pour aller balancer dans les toilettes sa plaquette d'antidépresseurs. Certains maris interdirent le livre dans leur maison ; d'autres écrivirent à Betty Friedan pour la remercier, lui disant qu'elle leur avait permis de mieux comprendre leur femme. Des représentantes des générations suivantes témoignent également. L'une déclare : « Je n'ai compris ma mère que deux fois au cours de ma vie : quand j'ai lu le livre de Job et quand j'ai lu *The Feminine Mystique.* »

Plusieurs lectrices de Friedan coururent s'inscrire ou se réinscrire à l'université et quelques-unes devinrent de brillantes chercheuses. D'autres s'investirent dans la vie militante ou trouvèrent des petits boulots ; d'autres divorcèrent. Pour certaines, cependant, il était trop tard. Coontz rapporte l'histoire d'Anne Parsons, fille d'un célèbre sociologue de Harvard qui promouvait activement l'idéal de la femme au foyer. La jeune fille écrivit à Betty Friedan une lettre de huit pages, lui

47 Stephanie Coontz, *A Strange Stirring. « The Feminine Mystique » and American Women at the Dawn of the 1960s*, Basic Books, New York, 2011.

racontant comment, tourmentée par ce modèle, elle avait renoncé à ses études, puis les avait reprises. Mais son sentiment d'inadéquation était tel qu'elle finit par se faire interner. À la clinique, elle remplissait des pages entières avec les mots : « Tu n'es pas capable d'accepter tes instincts féminins basiques. » Elle finit par se suicider [48].

Éloigner les hommes et les femmes

À partir du moment où, au XIXe siècle, penseurs, politiciens et syndicalistes décidèrent que le travail salarié ne convenait pas aux femmes et que leur place était à la maison, le mot « naturel » ne cessa de revenir dans leur bouche et sous leur plume. Certains « parlaient de l'incompatibilité de la femme avec la machine, opposant le doux et le dur, le naturel et l'artificiel, le futur et le présent, la reproduction de l'espèce et la production de denrées inanimées [49] ». Aujourd'hui encore, diverses théories en apparence irréfutables, qui invoquent l'autorité de la science et s'appuient sur de fausses évidences, gouvernent nos représentations, notamment à travers la psychologie évolutionniste et ses ouvrages à succès [50]. Il est souvent difficile de s'arracher à l'illusion du « naturel » et de discerner à quel point des formes d'organisation sociale qui nous paraissent intangibles, incontestables, résultent en réalité d'aléas sociaux et historiques.

---

48 *Cf.* aussi Wini BREINES, *Young, White, and Miserable. Growing Up Female in the Fifties*, University of Chicago Press, Chicago, 2001.

49 Joan W. SCOTT, « La travailleuse », *in* Georges DUBY et Michelle PERROT (dir.), *Histoire des femmes en Occident*, *op. cit.*

50 *Cf.* Irène JONAS, « Les ouvrages "psy" sur le couple », Les mots sont importants, 12 avril 2012, www.lmsi.net, et *Moi Tarzan, toi Jane. Critique de la réhabilitation « scientifique » de la différence hommes/femmes*, Syllepse, « Nouvelles questions féministes », Paris, 2011.

La séparation entre le domicile et le lieu du travail productif, rappelle Ann Oakley, ne caractérise pas les sociétés humaines en général, mais les sociétés industrialisées. En Grande-Bretagne, avant la période d'industrialisation intensive (1750-1850), les activités les plus répandues étaient le textile et l'agriculture. La famille, constituée non seulement du père, de la mère et des enfants, mais aussi de serviteurs et d'apprentis des deux sexes, formait une unité de production qui pourvoyait en même temps à son propre entretien. Le travail domestique en tant qu'activité distincte et isolée n'existait pas : il s'intégrait à l'activité principale de la famille. Garçons et filles non mariés l'exécutaient sous la direction de la femme mariée, qui assumait, à parts égales avec son conjoint, son rôle dans le travail productif. La maisonnée cuisinait, mangeait et se reposait dans le hall central ; la cuisine en tant que pièce spécifique n'apparut qu'à la fin du XVIe siècle et ne se généralisa à l'ensemble de la classe ouvrière qu'à la fin du XIXe siècle.

De même que les femmes participaient à la production, les hommes, dans ce contexte, appartenaient pleinement à la sphère domestique. Les pères vivaient avec leurs enfants dans la même intimité que les mères. Un homme du XVIIe siècle, Ralph Josselin, père de dix enfants, a ainsi laissé un journal dans lequel il consignait jour après jour leurs progrès : « Il signale à quel âge ils ont fait leurs dents, marché, parlé, et s'interroge sur le bon moment pour leur sevrage. Dans un cas au moins, la décision fut prise conjointement par lui et par son épouse [51]. » Un lieu qui permette de mêler travail et vie de famille : cette configuration spatiale fait partie de celles que l'architecte Christopher Alexander identifie comme bénéfiques pour l'être humain. De cette façon, dit-il, « l'amour et le travail sont connectés, unifiés ; les gens qui vivent là sont en mesure de comprendre et de ressentir leur cohérence ». Un père

51 Ann Oakley, *Housewife*, *op. cit.*

n'identifie plus sa femme et ses enfants aux « loisirs » et au week-end ; une mère échappe à la fois au stéréotype de la ménagère et à celui de la « femme qui travaille » [52].

Dans les années 1940 et 1950, à Yvetot, en Normandie, l'écrivaine française Annie Ernaux a vécu une telle situation, puisque ses parents tenaient un café-épicerie au rez-de-chaussée du domicile familial. La petite Annie grandit dans la même proximité avec son père qu'avec sa mère. Elle met du temps à réaliser son décalage par rapport à la norme, que l'école lui enseigne : « Le matin, papa-part-à-son-travail, maman-reste-à-la-maison, elle-fait-le-ménage, elle-prépare-un-repas-succulent, j'ânonne, je répète avec les autres sans poser de question. » Son père à elle « ne s'en va pas le matin, ni l'après-midi, jamais. Il reste à la maison. Il sert au café et à l'alimentation, il fait la vaisselle, la cuisine, les épluchages ». Ses souvenirs de cette figure paternelle pas comme les autres lui inspirent des pages magnifiques : « Une présence sereine et sûre à toute heure du jour. Par comparaison avec les ouvriers autour, les commis voyageurs partis toute la journée de chez eux, il me semblait que mon père était toujours en vacances et moi ça m'arrangeait bien. [...] Papa-bobo précipité avec inquiétude sur mon genou saignant, qui va chercher les médicaments et s'installera des heures au chevet de mes varicelle, rougeole et coqueluche pour me lire *Les Quatre Filles du docteur March* ou jouer au pendu. [...] Papa indispensable pour me conduire à l'école et m'attendre midi et soir, un peu à l'écart de la cohue des mères, les jambes de son pantalon resserrées en bas par des pinces en fer. Affolé par le moindre retard. Après, quand je serai assez grande pour aller seule dans les rues, il guettera mon retour. [...] J'ai quatre ans, il m'apprend à enfiler mon manteau en retenant les manches de mon pull-over entre mes poings pour qu'elles

52 Christopher ALEXANDER, *The Timeless Way of Building*, Oxford University Press, Center for Environmental Structure Series, New York, 1979.

ne boulichonnent pas en haut des bras. Rien que des images de douceur et de sollicitude. Chefs de famille sans réplique, grandes gueules domestiques, héros de la guerre ou du travail, je vous ignore, j'ai été la fille de cet homme-là [53]. »

Quand, de nos jours, certains affirment que les mères sont irremplaçables auprès d'un enfant et que « les pères et les mères, ce n'est pas pareil », ils ont raison, observe Ann Oakley. Ils ont raison dans la mesure où, à travers notre mode d'organisation sociale, nous avons activement construit cette réalité. Au point d'oublier que les mères sont loin d'être les seules à pouvoir apporter aux enfants ce dont ils ont besoin : la présence d'un ou de plusieurs adultes dignes de confiance qui prennent soin d'eux, les écoutent, les aiment. L'enchaînement à une personne unique peut même les fragiliser en les rendant trop vulnérables aux fluctuations de ses humeurs – surtout si elle vit mal cette responsabilité écrasante, ce qui serait compréhensible. Seule à s'occuper de ses trois jeunes enfants, Stéphanie Allenou, poussée à bout, brandit une cuillère en bois pour les menacer et finit par les voir esquisser un geste de protection dès qu'elle les gronde, même gentiment [54]. À la fin, il n'y avait plus « une journée sans fessées ou sans gifles, raconte-t-elle. Je luttais pour ne pas le faire, j'avais honte, mal pour eux, mais je me noyais [55] ». Du reste, les standards de la société exigent que l'on trouve un équilibre subtil, pour ne pas dire impossible : une mère considérée comme trop puissante, despotique, étouffante, sera condamnée aussi vite qu'une autre jugée trop peu présente.

L'assignation des femmes au foyer s'est faite et se fait toujours par le chantage au bien-être de l'enfant. Certains pères en viennent même à oublier qu'ils sont eux aussi liés à ces étranges

---

53 Annie ERNAUX, *La Femme gelée* [1981], Gallimard, « Folio », Paris, 1987.

54 Stéphanie ALLENOU, *Mère épuisée, op. cit.*

55 Patricia GANDIN, « Mères à bout de nerfs », *Elle*, 4 mars 2011.

petites créatures qu'ils aperçoivent parfois chez eux, tel Laurent, haut fonctionnaire trentenaire, qui déclare à propos de sa femme : « Pour l'instant, elle reste à la maison parce qu'elle a eu un deuxième enfant et tout ça demande beaucoup de temps. Je pense que d'ici quelques mois elle va reprendre. Mais là, elle a une petite interruption de trois ans [56]. » Même lorsqu'elles n'en peuvent plus, beaucoup de mères restent persuadées qu'elles sont les seules habilitées à s'occuper correctement de leur progéniture. Une ménagère des années 1970 s'offensait de ce que son mari se soucie autant qu'elle du bien-être de leur fille : « Le problème, c'est qu'il s'implique au point de se comporter comme une seconde mère [57]. » Le mot « père », apparemment, ne saurait désigner un parent attentif et aimant. Stéphanie Allenou, relatant la naissance de ses jumeaux, explique qu'elle était pressée de rentrer chez elle pour être auprès de son aînée : « Son père s'occupe bien d'elle, mais... comme un papa. »

Elle raconte que, dans son huis clos domestique avec les trois petits, il lui arrive de crier : « Pourquoi personne ne vient m'aider ? Je suis toute seule ! » Pourtant, elle ne remet pas en question la position de retrait à laquelle se cantonne la première personne qui pourrait alléger son fardeau : son mari. Quand, rentrant du travail et trouvant un bébé dans le salon, il le ramène systématiquement dans sa chambre, elle se contente d'écrire qu'elle le vit mal et que parfois elle va rechercher l'enfant parce qu'elle est « un peu têtue ». Et lorsqu'elle obtient de pouvoir s'échapper un soir par semaine pour aller chanter dans une chorale, c'est à condition qu'elle emmène sa fille avec elle, car son mari « ne se voit pas rester seul avec trois tout-petits pendant presque une soirée entière ». C'est-à-dire la situation qu'elle-même supporte à longueur de journée, toute

56 « "J'ai une femme exceptionnelle". Carrières des hommes hauts fonctionnaires et arrangements conjugaux », art. cit.

57 Ann Oakley, *Housewife*, *op. cit.*

la semaine ; mais elle ne le relève pas [58]. Quant à la psychologue Violaine Guéritault, tout en se penchant sur la « fatigue émotionnelle et physique des mères », elle parle d'« instinct maternel » et invite ses lecteurs masculins, dans les quelques pages qu'elle leur destine, à « apprécier la maternité à sa juste valeur », car il s'agit de « la profession la plus noble et la plus importante qui soit ». Elle passe sur le partage des tâches comme chat sur braise : elle les encourage surtout à offrir leur « écoute » plutôt que « des solutions », à « dire merci » à leur compagne, etc. [59].

Quand elles n'étaient ni agricultrices ni tisseuses, les Anglaises du XVIIe siècle fabriquaient, en tant que boulangères et brasseuses, la majorité du pain et de la bière (un élément essentiel du régime alimentaire de l'époque) consommés dans le pays, détaille Ann Oakley. Les corporations – d'imprimeurs, de libraires, de drapiers, d'orfèvres, de charpentiers, de forgerons, de pharmaciens… – admettaient les « sœurs » au même titre que les « frères ». D'autres travaillaient comme prêteuses sur gages, agentes maritimes, assureuses ou souffleuses de verre ; elles possédaient des navires ou des mines de charbon. Leurs activités économiques étaient indépendantes de leur position d'épouses et de mères : même mariées, elles pouvaient choisir un statut légal qui les rendait seules responsables de leurs affaires. Elles jouissaient de droits considérablement plus étendus qu'ils ne le seraient au XIXe siècle. Que tous deux partagent ou non la même activité, la notion de dépendance financière d'une femme envers son mari était inconnue. Au XVIIIe siècle, avant que la science ne devienne un bastion masculin, on trouvait aussi des chirurgiennes, des oculistes et des dentistes renommées – la reine Victoria (1819-1901) fut la

---

58 Stéphanie ALLENOU, *Mère épuisée*, *op. cit.*

59 Violaine GUÉRITAULT, *La Fatigue émotionnelle et physique des mères*, *op. cit.*

première souveraine à faire appel à une sage-femme homme [60]. Les héroïnes qui, au XXe siècle, ont pris d'assaut la forteresse médicale et hospitalière n'ont fait que rétablir une ancienne légitimité : au XIVe siècle, signale Silvia Federici, « seize docteures, parmi lesquelles plusieurs femmes juives spécialisées en chirurgie ou en médecine de l'œil, étaient employées par la municipalité de Francfort [61] ».

La naissance de la famille moderne au XIXe siècle a marqué l'aboutissement d'un long processus. Dans *Caliban et la Sorcière*, Federici évoque les chasses aux sorcières qui se déroulèrent aux XVIe et XVIIe siècles, en Europe comme au Nouveau Monde. Elle les replace dans le contexte de l'« accumulation primitive » qui a permis l'essor du capitalisme et pour laquelle ces persécutions ont été aussi importantes, dit-elle, que « la colonisation et l'expropriation de la paysannerie européenne ». Au terme d'un « processus unique d'avilissement social », les femmes, affaiblies, privées de tout pouvoir, ont pu être exclues du travail salarié, assujetties aux hommes et vouées à la procréation. Elles produisaient en effet une ressource qui allait devenir de plus en plus cruciale : la main-d'œuvre. Au XVIIe siècle, en France et en Angleterre, « la famille prit une importance nouvelle en tant qu'institution essentielle dans la transmission de la propriété et la reproduction de la force de travail ». Toute forme de contrôle des naissances fut diabolisée. Cette politique nataliste allait de pair avec une « destruction massive de la vie », notamment à travers la traite des esclaves. Discréditées en tant que travailleuses, les femmes durent se rabattre sur les emplois les plus déconsidérés, comme celui de domestique, avant de se résigner, pour beaucoup, à rentrer à la maison. « La redéfinition des tâches productives et reproductives et des rapports hommes-femmes à laquelle nous assistons dans cette

---

60 Ann Oakley, *Housewife, op. cit.*

61 Silvia Federici, *Caliban et la Sorcière, op. cit.*

période, observe Federici, ne laisse que peu de doute quant au caractère construit des rôles sexués dans la société capitaliste [62]. »

En même temps que les droits des femmes subissaient une « érosion continuelle », une misogynie obsessionnelle se propageait. « Il fut établi qu'elles étaient intrinsèquement inférieures, émotives à l'excès et délurées, incapables de se contrôler, et devaient être placées sous la coupe des hommes. » Ceux-ci apprirent à les craindre. Apparurent les archétypes de la « mégère », de la « sorcière » et de la « putain ». Le mot « commérage » prit une tournure péjorative qu'il n'avait pas au Moyen Âge. La solidarité entre hommes et femmes de même classe sociale fut brisée. Durant les chasses aux sorcières, certains essayèrent, à titre individuel, de sauver leurs proches du bûcher ; mais il n'y eut pas d'organisation masculine collective pour s'opposer aux persécutions (dont la plupart, contrairement à une idée répandue, étaient orchestrées par des cours de justice laïques, et non par l'Inquisition). Les historiens ne relèvent qu'une exception : des pêcheurs basques qui, en 1609, rentrèrent au port après avoir appris que leurs mères, leurs femmes et leurs filles étaient exécutées en masse, et attaquèrent un convoi de prisonnières pour les libérer [63].

Au XVIIIe siècle, les images négatives, ayant rempli leur office, cédèrent la place à celles d'une féminité vertueuse, douce, « capable d'avoir sur les hommes une influence positive ». Mais les stéréotypes, positifs ou négatifs, avaient définitivement pris le pouvoir. Des « années de terreur et de propagande » avaient laissé des traces profondes et rendu hommes et femmes étrangers les uns aux autres [64]. On en décèle encore les signes de nos jours, par exemple dans cette réplique d'un mari à son épouse quand elle essaie de lui faire comprendre que ses critiques continuelles la

---

62 *Idem.*

63 *Idem.*

64 *Idem.*

blessent : « De toute façon, on ne peut pas discuter avec toi, tu es tellement émotionnelle [65] ! » L'éloignement mental redouble l'éloignement concret, quotidien, produit par l'assignation à chacun d'une sphère de prédilection, travail ou maison.

« Lui et ma mère vivent ensemble dans le même mouvement [66] », écrivait Annie Ernaux à propos de ses parents. Mais leur situation était une survivance. Ce mouvement, dans la plupart des cas, a été cassé. « Comment s'est passée ta journée, chéri/chérie ? » : c'est bien « ta » journée et plus jamais « notre » journée. Or, même si deux personnes qui s'aiment ne souhaitent pas forcément rester rivées l'une à l'autre du matin au soir, il faut au moins, pour maintenir la relation vivante, que les trames de leurs existences puissent s'entremêler suffisamment. Il faut qu'elles disposent d'assez de temps ensemble. Il faut qu'elles puissent partager des passions, travailler à des desseins communs ou alors, si elles ont des intérêts différents, que chacune puisse accueillir l'autre dans son monde. Au lieu de cela, les couples modernes, au cours de la semaine, ne se voient que le matin et le soir, pour de brefs moments qui, de surcroît, ressemblent à un marathon. Les horaires à respecter, les tâches pratiques à accomplir pour assurer l'intendance quotidienne empêchent ou compromettent fortement le plaisir, le jeu, l'échange, la détente. Dans ce contexte, l'éducation des enfants risque de se réduire à une succession de corvées propice à l'énervement et aux conflits, loin de la joie et de la complicité qu'avaient pu apporter leur conception et leur naissance.

Ce quotidien trépidant produit aussi un éloignement sexuel. Silvia Federici explique les chasses aux sorcières par la « nécessité pour les élites européennes d'éradiquer tout un mode de vie qui, vers la fin du Moyen Âge, menaçait leur

---

65 Cité par Violaine Guéritault, *La Fatigue émotionnelle et physique des mères, op. cit.*

66 Annie Ernaux, *La Femme gelée, op. cit.*

pouvoir économique et politique [67] ». L'un des crimes dont leurs bourreaux accusaient les sorcières était le sabbat, c'est-à-dire un rassemblement nocturne aux fins de débauche. Les persécuteurs fantasmaient ainsi, pour mieux la réprimer, une transgression radicale de la discipline horaire que le capitalisme allait imposer : la nuit, les honnêtes gens dorment pour reconstituer leur force de travail. Dans *La Condition pavillonnaire*, Sophie Divry, pour dire le déclin de la vie sexuelle de son héroïne, écrit qu'un an après la naissance de leur deuxième enfant son mari « ne retarda plus qu'une fois par mois l'heure de son sommeil [68] ».

Ajouté au carcan de rôles fortement codifiés par la société, le fait de vivre des réalités différentes, de poursuivre des buts séparés, contribue lui aussi à tuer le désir. On en trouve une claire illustration dans la série de Michelle Ashford *Masters of Sex* (2013), librement inspirée de l'histoire de Virginia Johnson et William Masters, pionniers de l'étude scientifique de la sexualité humaine dans l'Amérique des années 1950 et 1960. Obstétricien renommé, William Masters a épousé la douce et éthérée Libby, qui se morfond toute la journée dans leur maison de la banlieue de Washington. Ils mènent des vies parallèles, ne se comprennent pas et en restent à une connaissance mutuelle superficielle. Quand, un soir, perturbée par leur absence de vie sexuelle, elle lui demande de coucher avec elle, cela donne une scène de copulation appliquée, placide et empruntée, qui dit bien leur absence de tout lien autre que formel. Leur manque de conviction est à la mesure de la liberté et de la passion qu'ils montrent, chacun de leur côté, avec leurs amants respectifs. William entretient une liaison de plusieurs années avec sa collaboratrice Virginia Johnson. Tous deux sont unis par une entente à la fois intellectuelle et physique, et par le

---

67 Silvia Federici, *Caliban et la Sorcière*, *op. cit.*

68 Sophie Divry, *La Condition pavillonnaire*, *op. cit.*

but commun qui les obsède : leur étude. Libby, elle, bourgeoise blanche d'abord « normalement » raciste pour son milieu et son époque, en vient, par un concours de circonstances, à s'engager avec conviction au service du mouvement pour les droits civiques et tombe dans les bras d'un militant noir. La maison familiale des Masters, où grandissent leurs deux fils (conçus par insémination artificielle), finit par représenter un lieu vide, un leurre, la scène d'un pur simulacre. Mari et femme en sont complètement désinvestis ; rien de significatif ne s'y joue. Libby, en digne femme au foyer des années 1950, avait placé tous ses espoirs dans la maternité ; mais elle réalise que ses enfants, quel que soit son amour pour eux, ne peuvent suffire à remplir sa vie.

Sans remise en question d'une organisation sociale qui, *structurellement*, tend à séparer les couples, l'injonction à l'épanouissement érotique apparaît d'une grande perversité. Faute d'avoir réussi à bouleverser le modèle hérité du XIXe siècle, la révolution sexuelle des années 1960 n'a pu que produire une tyrannie supplémentaire. Des conjoints qui se retrouvent le soir épuisés par le travail et par le temps passé dans les transports, en ignorant tout de ce que l'autre a vécu au cours de la journée, qui doivent encore faire les courses, préparer le dîner, aider les enfants pour leurs devoirs, les nourrir, les laver, les coucher, sont censés, une fois la porte de leur chambre refermée, se jeter voracement l'un sur l'autre. C'est à peu près impossible et les magazines féminins l'avouent à demi-mot quand, l'été, ils font comprendre à leurs lectrices que les vacances sont le moment ou jamais pour « réveiller leur libido ». Le reste de l'année, toujours généreux en conseils pour « entretenir le désir », ils présentent la fameuse « usure du couple » comme une fatalité, un effet de la « routine ». Mais ce qui est en cause, plutôt que la routine tout court, c'est peut-être bien la routine *capitaliste*.

Ironiquement, les deux acteurs qui allaient bientôt incarner le couple idéal du début du XXIe siècle, Brad Pitt et Angelina Jolie, se sont rencontrés sur le tournage d'une comédie dans laquelle ils interprètent des époux au bord de la rupture : *Mr and Mrs Smith*, de Doug Liman (2005). Au bout de six ans, la vie commune des Smith se résume à des dîners en tête à tête dans un silence mortel, de petits agacements et des dialogues convenus, dans une maison spectaculairement suréquipée en gadgets ménagers divers. « Il y a ce vide entre nous qui n'arrête pas de grandir, soupire Mrs Smith chez son psychothérapeute. Comment cela s'appelle-t-il, déjà ? » « Le mariage », répond le praticien. Tous deux sont agents secrets, travaillant pour des intérêts rivaux, mais chacun ignore que l'autre l'est aussi. Le jour où ils se démasquent mutuellement, la flamme renaît aussitôt... Le film n'est pas une grande réussite, mais la figure de l'agent secret fournit une métaphore utile pour exprimer la façon dont la vie maritale peut finir par reléguer dans la clandestinité la part la plus vivante de chacun. Lorsque arrive la ménopause, l'héroïne de *La Condition pavillonnaire* se laisse gagner par l'amertume : « Tu en voulais aux membres de ta famille : c'était leur faute si tu avais vieilli si vite, c'est qu'ils n'avaient pas su découvrir le secret qu'il y avait en toi [69]. »

Les explorateurs

Hors du couple hétérosexuel et de la famille nucléaire, point de salut ? En dépit du nombre de personnes qui vivent seules (34 % des ménages en France en 2011), de couples sans enfant (26 %), de familles monoparentales (8 %), de ménages dits « complexes » (familles recomposées, colocations : 5 %) [70], en

---

69 *Idem.*
70 Source : Insee

dépit de l'ouverture du mariage aux homosexuels dans dix-neuf pays [71], ce modèle semble nous obséder. Aux États-Unis, remarque le sociologue Eric Klinenberg, les quelques personnalités qui tentent de défendre les intérêts des célibataires, en protestant par exemple contre leur inégalité devant l'impôt par rapport aux couples, soulèvent là un sujet « étonnamment polémique compte tenu du grand nombre de gens qui vivent seuls » (27 % des ménages américains sont composés d'une seule personne). L'administration de George W. Bush finançait des campagnes de promotion du mariage [72]. Aujourd'hui comme hier, c'est peu dire que nos images du bonheur manquent d'audace et de diversité, et cette pauvreté n'est pas sans conséquences. Dans *La Femme gelée*, inspiré de son expérience désastreuse du mariage, Annie Ernaux disait combien les représentations dont elle était imprégnée l'avaient influencée : « Les femmes, l'été, faisaient des confitures dans une grande maison de campagne, les petits oiseaux chantaient, tandis que toussait et crachait dans une chambre de bonne celle qui s'était cru tout permis. Je préférais le bonheur forcément [73]. »

S'il s'agit de rendre justice à la réalité contemporaine, l'une des démarches les plus satisfaisantes est peut-être celle de la série médicale américaine *Grey's Anatomy*, sentimentale et mouvementée à souhait, diffusée depuis 2005. Ses héros, des chirurgiens d'un hôpital de Seattle, sont noirs, blancs, latinos ou asiatiques, hétéro-, homo- ou bisexuels, tout en étant des personnages à part entière, et jamais ces stéréotypes malhabiles que l'on rencontre dans tant de productions françaises. Les tribulations du couple lesbien formé par Callie Torres et Arizona Robbins tiennent en haleine les téléspectateurs de toutes

---

71 Au 1er janvier 2015.

72 Eric Klinenberg, *Going Solo. The Extraordinary Rise and Surprising Appeal of Living Alone* [2012], Penguin Books, New York, 2013.

73 Annie Ernaux, *La Femme gelée, op. cit.*

orientations sexuelles. En outre, la scénariste Shonda Rhimes a créé avec Cristina Yang un très beau personnage de femme qui ne veut pas d'enfants. En neuf ans, jamais elle n'a cédé à la tentation de la faire rentrer dans le rang, même lorsque la jeune chirurgienne a été confrontée au désir de paternité de son compagnon. Elle a brisé l'un des grands tabous de la télévision américaine en la faisant avorter [74]. Et quand l'actrice, Sandra Oh, a exprimé le souhait de quitter la série, en 2013, elle lui a préparé une sortie triomphale, en lui offrant la plus belle opportunité professionnelle dont elle aurait pu rêver – au lieu de la jeter sous un bus, comme il lui était arrivé de le faire avec d'autres par le passé. Certes, l'affection évidente que lui témoignait sa créatrice n'a pas empêché que de nombreux téléspectateurs aient d'elle une vision négative, mais Cristina Yang a au moins fourni un modèle identificatoire à une catégorie de femmes qui en manque cruellement.

Un autre personnage particulièrement intéressant de *Grey's Anatomy* est une maison : celle où l'héroïne, Meredith Grey, a grandi et qu'elle partage avec ses camarades au début de leur internat. Lorsque, des années plus tard, elle part s'installer ailleurs avec son mari et leurs enfants, elle la confie à l'un des membres de la bande, son vieil ami Alex Karev. La maison reste un lieu de passage, où chacun vient se réfugier en cas de crise existentielle ou conjugale. « Quelqu'un m'a dit de rentrer chez moi, et je ne savais pas trop où j'étais censée aller », explique Arizona à Alex en débarquant un soir avec sa valise, alors qu'elle est en pleine rupture. Tous s'y retrouvent parfois pour boire une bière dans le salon, souffler un moment, évoquer leurs souvenirs, trinquer aux amis disparus. « Toi aussi, tu as vécu ici ? » demande une nouvelle collègue à Callie lorsqu'elle se joint à eux pour la première fois. « *Tout le monde* a vécu ici »,

---

74 *Cf.* Pierre Sérisier, « L'IVG, sujet délicat des séries US », Le Monde des séries, 24 février 2010, http://seriestv.blog.lemonde.fr.

répliquent les autres en chœur. Dans cet espace ouvert, au statut indéterminé, ils peuvent prendre de la distance avec les identités qui sont les leurs à l'hôpital ou dans leurs foyers respectifs, comme on desserre un vêtement trop ajusté, et se montrer sous un jour différent.

La maison ébranle à ce point les rôles sociaux ou amoureux que Meredith peut débarquer sans frapper dans la chambre d'Alex et mettre sa petite amie à la porte parce que son mariage se délite et qu'elle a besoin de lui parler d'urgence. La petite amie en question, excédée, finit par exploser. Elle se plaint de ce quotidien si peu conforme à celui d'un couple normal : « Meredith est *toujours* dans notre lit, et maintenant Arizona est dans notre douche ! J'ai l'impression de faire partie d'une communauté ! » Mais Karev refuse de se résigner à la normalisation : « Écoute... Cette maison a toujours été ouverte. Même quand Meredith me détestait [au cours des premières saisons de *Grey's Anatomy*, Alex Karev était un type odieux], j'avais le droit d'être là. Les gens étaient dans la merde, ils avaient besoin d'un point de chute, ils venaient ici. Alors, tant que ce sera à moi de décider, elle restera ouverte, d'accord ? Et puis, Meredith dans mon lit et toi dans mon lit, ce sont deux choses très différentes. »

Si les maisons sont des « moules psychologiques », pour reprendre l'expression d'Alain de Botton[75], ce n'est pas seulement par leur salubrité, leur confort et leur esthétique, mais aussi par les configurations relationnelles qu'elles autorisent. À travers le rapport à soi et aux autres qu'elles interdisent ou qu'elles favorisent, elles permettent ou empêchent l'épanouissement de certains pans de nous-mêmes, réalisent ou laissent endormies certaines de nos potentialités. Virginia Woolf l'avait bien compris quand, invitée à s'exprimer sur « les femmes et le roman », elle affirmait que pour écrire une œuvre de fiction, il fallait « quelque

75 Alain de Botton, *L'Architecture du bonheur*, *op. cit.*

argent et une chambre à soi ». Elle s'excusait de s'attacher à ce « point de détail » – qui était évidemment tout sauf un détail, comme en atteste le retentissement de ce texte au cours des décennies suivantes [76]. Pouvoir refermer une porte sur soi, commentait Chantal Thomas près de soixante-dix ans plus tard, c'est « jouir d'un temps ininterrompu, évoluer dans le continuum d'une vie conceptuelle et imaginaire pleinement explorée ». La chambre « peut être d'allure modeste et de surface réduite, elle n'en contient pas moins un principe d'invincibilité – elle est, en réalité, aux dimensions d'un irréductible : cette volonté en moi d'aller jusqu'au bout de mes possibilités [77] ».

Avec le coût du logement et la montée de la précarité, ceux qui voudraient innover, tenter des expériences, distribuer autrement l'espace qu'ils habitent, n'en ont pas forcément les moyens. Ils s'accrochent au logement dont ils disposent (déjà bien heureux quand ils en ont un), composent avec une situation de pénurie et d'incertitude. Eric Klinenberg conclut son enquête sur l'habitat en solo par un voyage en Suède, pays qui détient le record du nombre de foyers d'une seule personne (47 %, et jusqu'à 60 % à Stockholm). Il souligne qu'ici, comme dans l'ensemble de la Scandinavie, le niveau relativement élevé de protection sociale et la facilité de trouver un logement permettent aux citoyens de conquérir leur autonomie : « Ils savent que le filet de sécurité les rattrapera en cas d'accident. » Les enfants, dit-il, quittent souvent le nid familial dès l'âge de dix-neuf ou vingt ans pour s'installer dans leur propre appartement [78]. Ailleurs en Europe, comme aux États-Unis, la situation est très différente. Mais, réalisables ou pas, nos désirs dans ce domaine méritent d'être explorés et affinés.

---

76 Virginia Woolf, *Une chambre à soi*, *op. cit.*

77 Chantal Thomas, *Comment supporter sa liberté*, *op. cit.*

78 Eric Klinenberg, *Going Solo*, *op. cit.*

Dans son encyclopédie de l'architecture idéale, Christopher Alexander déclare sans ambages que la famille nucléaire n'est « pas une forme sociale viable ». « Chacun de ses membres est trop étroitement lié aux autres ; toute relation qui vire à l'aigre, même pour quelques heures, prend un tour critique [...]. Chaque difficulté enfonce un peu plus l'unité familiale dans une spirale de malaise ; les enfants s'exposent à toutes sortes de dépendances et de névroses œdipiennes ; les parents dépendent l'un de l'autre à tel point qu'ils finissent par être forcés de se séparer. » Il préconise donc de former de larges maisonnées composées de plusieurs ménages de divers types : couples avec ou sans enfants, célibataires, retraités [79]... Le principe de l'habitat groupé, en somme : des logements indépendants, mais voisins, avec des espaces partagés (buanderie, salle de fête, salle de gym, salle de jeux pour les enfants, jardin, terrasse, chambre d'amis...). Encore peu connu en France, l'habitat coopératif, en particulier, offre une structure juridique qui laisse toute latitude aux habitants sur l'aménagement, la gestion et la jouissance de leur cadre de vie, tout en interdisant la spéculation. Il s'est particulièrement développé dans les pays nordiques – 18 % du parc immobilier en Suède, 13 % en Norvège [80] –, mais aussi en Suisse (8 %, et jusqu'à 20 % dans une ville comme Zurich [81]). Quand ils ne s'installent pas dans un lieu existant, les collectifs, au cours d'un processus de plusieurs années, engagent un architecte pour dessiner le bâtiment de leurs rêves, qui répond en général à des normes écologiques. Afin de ne pas rester entre privilégiés, certains, comme

79 Christopher ALEXANDER, *A Pattern Language*, *op. cit.*

80 *Cf.* Martin DENOUN et Geoffroy VALADON, « L'habitat coopératif ou la "propriété d'usage" », *in* « Changer la vie, mode d'emploi », *Manière de voir*, n° 136, août-septembre 2014.

81 Rachel KNAEBEL, « Coopératives d'habitat : et si la France s'inspirait du modèle suisse ? », Basta !, 8 octobre 2012, www.bastamag.net.

en France le Village vertical de Villeurbanne [82], travaillent en collaboration avec des coopératives HLM (spécialisées dans l'accession sociale à la propriété) et des collectivités locales.

En mutualisant leurs ressources, ils obtiennent une qualité de vie inatteignable individuellement. « Tout le monde veut avoir son confort privé. Mais on ne réalise pas que le confort collectif peut être beaucoup plus grand, argue l'écrivain suisse Hans Widmer [83], fondateur de plusieurs coopératives d'habitation à Zurich. En partageant, on peut se permettre davantage de choses. Je dis toujours : le voisinage, c'est comme un hôtel quatre étoiles [84] ! » (Il appelle « voisinage » un modèle d'organisation urbaine socialement et écologiquement soutenable.) Mill'o, immeuble coopératif en bois d'une dizaine d'appartements dans la campagne genevoise conçu par l'architecte Stéphane Fuchs, est si beau et agréable qu'il a attiré jusqu'aux visiteurs les plus inattendus, du magazine féminin français *Glamour* (août 2008) à la télévision sud-coréenne. Il correspond aux normes HLM, tout en ayant été le premier bâtiment du canton à recevoir le label Minergie-Eco. Livrés chaque semaine par la coopérative maraîchère Les Jardins de Cocagne, ses habitants peuvent s'offrir de la nourriture et des produits d'entretien biologiques grâce aux achats groupés : « Ce n'est pas l'écologie qui coûte cher, c'est l'individualisme [85]. »

Pour des parents, l'habitat coopératif présente l'avantage de répartir sur un plus grand nombre d'adultes la charge des

---

82 Aline LECLERC, « À Villeurbanne, un "village vertical" comme une alternative à la crise du logement », Une année en France, 14 mai 2013, http://crise.blog.lemonde.fr.

83 Notamment auteur, sous le pseudonyme de P. M., de *Bolo'Bolo* [1983], Éditions de l'Éclat, « Premier secours », Paris, 1998, disponible sur www.lyber-eclat.net.

84 « "Le bien commun peut être un luxe partagé" », *Le Courrier*, 26 juin 2014.

85 Marie VERDIER, « Pour se loger aux Voirets, il faut participer », *La Croix*, 28 juillet 2008.

enfants, dédramatisant par exemple les questions de garde. Ils peuvent décider de sortir sur un coup de tête, sans devoir se préoccuper à l'avance de trouver – et de payer – un baby-sitter. Les courses et le travail domestique se trouvent aussi allégés par leur mise en commun. « Parfois, je demande à mes voisins d'aller chercher mes enfants à l'école ou, quand l'un d'eux va chercher du pain, il demande aux autres s'ils en veulent. Des fois, on trouve même une baguette sur le rebord de la fenêtre au réveil », raconte Vincent Frick, habitant d'Éco-Logis, à Strasbourg. Sa voisine Zélia Simon ajoute : « Il y a eu une période où mon compagnon n'était pas là, j'étais seule avec ma fille de quatorze ans. Quand je travaille, je pars à 6 heures du matin et je reviens à 19 heures. Mais pour ma fille, je ne me fais aucun souci. Je sais qu'elle a dix portes auxquelles toquer si elle a un problème [86]. » Habitante de Mill'o, à Genève, Nadia Makhlouf expliquait à l'été 2008 : « Pour la prochaine rentrée scolaire, nous embaucherons une personne pour le repas des enfants le midi. C'est possible parce que nous partageons les frais à plusieurs familles et que nous disposons de la salle commune avec cuisine équipée [87]. » Au-delà des questions pratiques, il doit être infiniment agréable et réconfortant, au lieu d'occuper une unité d'habitation fragile et isolée, en contact direct avec le grand monde anonyme ou hostile, de sentir autour de soi, sous ses pieds, au-dessus de sa tête, de l'autre côté de ses murs, des présences amicales et familières, qui offrent une sorte de sas avec le reste de la société.

Christopher Alexander insiste sur la nécessité de garantir une intimité suffisante à chacune des entités emboîtées dans un habitat collectif : « Il faut à chaque unité familiale, à chaque personne, à chaque couple, un royaume privé, presque un foyer

---

86 Lucile Jeanniard, « Trois ans d'habitat participatif : "pas facile tous les jours" », Rue89.com, 25 mai 2013.

87 Marie Verdier, « Pour se loger aux Voirets, il faut participer », art. cit.

à part entière, qui réponde à son besoin d'un territoire propre. Dans le mouvement pour bâtir des communautés, les groupes n'ont pas pris ce besoin au sérieux. Ils l'ont ignoré, le voyant comme quelque chose qu'il fallait dépasser. Or il s'agit d'un besoin profond et fondamental. » Pour une famille nucléaire, qu'elle soit ou non entourée d'autres ménages, il conseille d'aménager un espace commun où tous se retrouvent, un espace pour les enfants, un espace pour les parents, et enfin un espace pour chacun des adultes, afin qu'ils puissent « maintenir leur individualité, sans risquer de la voir engloutie dans l'identité de l'autre ou dans l'identité du couple ». (Il mentionne aussi le besoin que les enfants peuvent éprouver d'avoir une chambre ou un coin à eux, besoin dont témoigne leur passion pour les cabanes et les niches de toute sorte.) La configuration où la famille vit au milieu d'autres gens, remarque-t-il, favorise paradoxalement la solitude et l'indépendance, car chacun peut s'isoler sans redouter que l'autre se sente délaissé s'il a envie de compagnie à ce moment-là [88].

Depuis les années 1970, les bâtisseurs de communautés ont accompli des progrès considérables. Tous les degrés de vie collective, toutes les combinaisons sont possibles. Outre des logements indépendants, le Heizenholz, immeuble coopératif zurichois, compte trois grands appartements en colocation, ainsi que des « clusters » de trois cent trente mètres carrés. Dans une colocation, classiquement, plusieurs personnes disposent chacune d'une chambre et partagent cuisine et salles de bains. Dans un cluster, elles partagent de vastes espaces communs (le plus souvent, une cuisine et une salle à manger), mais disposent aussi chacune d'un module privé constitué de deux pièces, d'une kitchenette et d'une salle de bains [89]. Chaque occupant

---

88 Christopher ALEXANDER, *A Pattern Language*, *op. cit.*

89 Dominique HARTMANN et Mario TOGNI, « "Vivre ensemble doit être un enrichissement" », *Le Courrier*, 26 juin 2014.

peut ainsi manger seul ou avec des amis dans sa petite cuisine, ou alors rejoindre les autres dans le grand espace. Même principe dans le futur écoquartier de trois cents appartements que bâtissent pour fin 2017 à la Jonction, à Genève, la Coopérative de l'habitat associatif (CODHA) [90], la coopérative de la rue des Rois et la Fondation de la Ville de Genève pour le logement social. Il comprendra une quinzaine de logements de dix, treize, voire... vingt-six pièces, composés là aussi de modules autonomes organisés autour d'espaces collectifs. Les familles monoparentales qui souhaitent cohabiter pour s'entraider disposeront de modules privés plus grands, avec des chambres pour les enfants : trois d'entre elles se partageront un treize pièces et demie de deux cent soixante mètres carrés. C'est tout de même autre chose que les clapiers individuels avec lits escamotables que l'ancien maire de New York présentait avec tant de fierté... Dans les clusters destinés à des retraités, les espaces communs intégreront une chambre pour héberger les petits-enfants de passage. « Puisqu'il paraît que la demande existe... », s'ébahit le journaliste de *La Tribune de Genève*. « Un promoteur classique ne pourrait pas se permettre une telle audace, commente Eric Rossiaud, président de la CODHA. Mais, dans une coopérative, les investisseurs, ce sont les futurs locataires [91]. » Quant à faire accepter le principe par les pouvoirs publics, c'est une autre affaire : « La découverte du cluster par une administration peut rappeler les premiers contacts entre l'ornithorynque et les naturalistes du XIXe siècle [92]. »

---

90 www.codha.ch. *Cf.* aussi Mona CHOLLET, « "Quand on s'investit dans un lieu, il devient vivant". L'Îlot 13, un "périmètre alternatif" à Genève », Peripheries.net, juin 2001.

91 Christian BERNET, « Des colocs à 13 pièces à Genève », *La Tribune de Genève*, 20 novembre 2012.

92 Vincent BORCARD, « Cluster : une expérience soft communautaire dans l'écoquartier de la Jonction à Genève », Villedurable.org, 16 mai 2013.

Le couple autrement

Tout le monde, cependant, n'a pas l'occasion ou l'envie de se lancer dans un projet d'habitat groupé. On peut trouver d'autres moyens, certes plus modestes, de prendre ses distances avec le modèle classique du couple ou de la famille nucléaire. Certains, pour se donner davantage d'espace personnel et préserver leur individualité, choisissent de faire chambre à part. « Enfant, raconte la blogueuse Agnès Maillard, qui vit à la campagne avec son compagnon et sa fille [93], je n'avais pas de chambre, parce qu'il n'y avait pas de place dans le F2 pour ça. J'ai passé mon enfance à dormir sur le canapé convertible du salon-salle à manger. Et j'avais transformé la table en tente touarègue. Plus tard, en pension, j'ai eu droit aux dortoirs de cinquante lits, aux chambrées de quatre ou six. Ce manque d'espace intime m'a conduite à l'âge adulte à revendiquer ma chambre à moi [94]. » En 2002, à Paris, Blandine et Michel, elle éditrice, lui consultant, parents d'une petite fille, ouvraient leurs antres respectifs à une journaliste. « J'aime bien le fouillis », disait-elle, tandis que lui montrait des « placards impeccables » et une « couette tirée à quatre épingles ». « Faire chambre à part, c'est aussi ça, commentait-il. Respecter l'autre, sa façon de vivre. Nous, on ne croit pas à la fusion. Pour s'aimer, il faut exister librement. » Elle ajoutait : « On aime bien dormir ensemble, aussi. Le fait d'avoir chacun sa chambre, c'est romantique, c'est un renouvellement quotidien de l'amour. » Même choix, en Alsace, pour William et Vincent, l'un infirmier, l'autre régisseur de théâtre : « Évidemment, il faut s'en donner les moyens, mais nous, on n'est pas spécialement riches, et on a privilégié ça plutôt que de s'acheter une voiture. »

---

93 Le Monolecte, http://blog.monolecte.fr.

94 Seenthis.net, 29 novembre 2014, et e-mail, 2 décembre 2014.

D'autres invoquent la nécessité de préserver leur sommeil. Les ronflements de Laurent empêchent Pierre de dormir : « Je ne pourrais pas supporter de me coucher seul, mais quand je me réveille, après le premier cycle, vers 4 heures du matin, je l'entends ronfler. Je me mets à stresser, je pense à ma journée du lendemain. J'ai besoin d'une base de repli, la chambre d'à côté. » Emmanuelle et Benoît, eux, ont des horaires décalés, et comme lui vit beaucoup la nuit, de temps en temps, il « se couche dans le salon, sur le canapé-lit [95] ». En se mettant à dormir à l'écart de son compagnon à la fin de sa grossesse, parce qu'elle se levait très souvent la nuit, Agnès Maillard a eu une révélation : « J'ai commencé à être plus en forme que jamais, c'est-à-dire à ne pas me réveiller fatiguée comme c'était le cas depuis des années. Ne pas être en permanence réveillée par ses ronflements et ses apnées du sommeil me permettait de faire des nuits complètes. La gamine a fait ses nuits à deux mois, et finalement, on a décidé qu'on dormait mieux tous les deux chacun de notre côté plutôt qu'en s'énervant ensemble [96]. »

« Faire chambre à part », « dormir sur le canapé » : des expressions employées en général pour signifier qu'il y a de l'eau dans le gaz. Tous doivent donc affronter l'incompréhension de leur entourage : « Mes amis pensent que je suis cinglée, dit une jeune femme. Du coup, mon copain ne veut plus que j'en parle, il a honte [97]. » Agnès Maillard n'en est arrivée à formuler son désir d'indépendance que par un concours de circonstances, après avoir longtemps « trouvé normal, comme tout le monde, de partager lit et chambre » avec son compagnon. Son choix, elle en a conscience, est « très mal vu » : « Je suis censée partager le lit conjugal et avoir quelque chose comme la cuisine ou la buanderie comme pièce vaguement

95 Ondine Millot, « Chambre à part », *Libération*, 5-6 octobre 2002.
96 E-mail, 2 décembre 2014.
97 Ondine Millot, « Chambre à part », art. cit.

dédiée[98]. » La chambre commune reste en effet l'expression d'une « conjugalité multiséculaire », écrit l'historienne Michelle Perrot[99]. Dans *L'Odyssée* d'Homère, Ulysse a façonné pour Pénélope et lui un lit dans le tronc de l'olivier autour duquel il a construit leur maison. Ce secret entre eux lui permet de se faire reconnaître d'elle à son retour[100].

La force de ce symbole n'a cependant pas empêché de nombreuses variantes. Le protestantisme, rappelle l'ethnologue Pascal Dibie, a institué les lits jumeaux – la solution adoptée par deux chercheurs autrichiens travaillant sur le sommeil, qui assurent : « La grande couette commune est un désastre. Chacun dans le lit veut la tirer à lui. C'est une source de tension énorme que nous avons mesurée[101]. » En France, au XVIIIe siècle, l'Église recommandait aux époux de coucher autant que possible dans des appartements séparés, pour des raisons de pudeur. Dans la noblesse, chaque conjoint avait ses quartiers. En 1780, l'architecte Nicolas Le Camus de Mézières voue la chambre à coucher « essentiellement au sommeil » ; « pour la "volupté", il dessine un boudoir, illuminé de glaces, avec lit de "repos", éventuellement en alcôve : tout pour faire une "retraite délicieuse" ; et il est clair qu'il distingue conjugalité et sexualité[102] ».

La pratique du sommeil séparé pour bien dormir « a toujours existé, insiste Pascal Dibie. Mais on ne l'avouait pas, c'était tabou[103] ». Les pays anglo-saxons l'acceptent cependant

98 Seenthis.net, 29 novembre 2014, et e-mail, 2 décembre 2014.

99 Michelle Perrot, *Histoire de chambres*, Seuil, « La Librairie du XXIe siècle », Paris, 2009.

100 *Cf.* Barbara Cassin, *La Nostalgie. Quand donc est-on chez soi ?* Autrement, « Les Grands Mots », Paris, 2013.

101 Laure Belot, « Sommes-nous vraiment faits pour dormir ensemble ? », *M le magazine du Monde*, 20 octobre 2012.

102 Michelle Perrot, *Histoire de chambres*, *op. cit.*

103 Ondine Millot, « Chambre à part », art. cit.

plus volontiers que les pays latins : aux États-Unis, en 2013, selon une étude de la Fondation américaine du sommeil, 20 % des couples ne dormaient pas ensemble, et on s'attendait à ce que 60 % des nouvelles maisons intègrent deux chambres matrimoniales en 2015 [104]. Le magazine français *Top Santé*, en revanche, ne l'envisage qu'après le départ des enfants et décrète que « cette décision est toujours le signe d'une *rupture symbolique* ». Il préconise, épouvanté, « des solutions pour éviter d'en arriver là » : acheter en pharmacie « des systèmes électriques ou des aérosols permettant de vaporiser dans la gorge une mousse anti-ronflements » ; et bien sûr, s'il le faut, « relancer le désir » en sortant au restaurant, en partant en thalasso et en « soignant sa tenue (sans oublier ses dessous) et son maquillage [105] ».

D'autres pourront franchir un pas supplémentaire et former des « couples non cohabitants ». Davantage encore que la chambre à part, cet arrangement effraie, car il implique de retirer les supports matériels de l'amour et de ne plus le faire reposer que sur l'impalpable du sentiment, sur la dynamique de la relation. Ceux qui s'y risquent laissent l'amour être « une mer dansant entre les rivages de leurs âmes », selon les mots de Khalil Gibran [106]. Et trouvent là un moyen radical de régler les conflits autour des tâches ménagères... Dorothea, quarante-cinq ans, amoureuse de José depuis onze ans sans jamais s'être installée avec lui, raconte qu'on lui demande : « Tu n'as pas peur qu'il te trompe ? » Comme si les conjoints cohabitants ne se trompaient ni ne se quittaient jamais ; et comme s'il valait mieux s'assurer de la fidélité de l'autre en gardant constamment un œil sur lui... « On passe parfois trois jours sans se voir,

---

104 Assma Maad, « Un couple sur cinq fait chambre à part », *Madame Figaro*, 28 novembre 2013.

105 Corinne Coste, « Couple : et si on faisait chambre à part ? », TopSante.com, 18 janvier 2011.

106 Khalil Gibran, *Le Prophète* [1923], Le Livre de poche, Paris, 1996.

dit Dorothea. Mais ce qui compte, c'est, lorsqu'on se retrouve, d'être disponibles l'un pour l'autre. D'avoir envie de l'autre. » Cette solution s'impose aussi pour des amants qui ont déjà des enfants chacun de leur côté, et qui ne veulent ou ne peuvent pas tenter l'expérience de la famille recomposée. Clara et Christophe, mariés et parents de trois enfants, ont quant à eux dû se rendre à l'évidence : on peut s'aimer sans être faits pour partager le même territoire. « Si l'on vit sous le même toit, le clash est permanent. » Ils ont donc loué pour lui un studio à trois cents mètres de l'appartement familial, où il vit et dort trois ou quatre soirs par semaine. (J'attends encore de lire un témoignage dans lequel ce serait la femme qui occuperait le studio.) Un luxe, certes, mais « pas forcément plus cher qu'un bon divorce [107] ».

Vivre seul, la terreur ultime ?

Ne pas cohabiter implique de risquer déjà un pied dans une condition que beaucoup redoutent comme la peste : la vie en solo. Pourtant, le tableau infiniment nuancé qu'en dresse Eric Klinenberg invite à réviser ses idées reçues. Certes, le sentiment d'isolement, le manque de contacts humains peuvent causer une grande souffrance. Les *singletons* (personnes vivant seules : célibataires, veufs, divorcés...) n'ignorent pas les bénéfices de la vie de couple : le réconfort d'une présence, l'intimité partagée, la possibilité de parler de ce que l'on vit, mais aussi plus de moyens financiers et de meilleures chances d'avoir des relations sexuelles. Du moins... si tout va bien. Car il faut se méfier du trompe-l'œil qui accorde tous les avantages à une situation et tous les inconvénients à l'autre. « Je n'ai

---

107 Marie-Claude TREGLIA et Isabelle SOING, « Vivre séparés... », *Marie Claire*, décembre 2005.

jamais été aussi misérable que quand j'étais mariée », déclare Helen, enseignante new-yorkaise d'une soixantaine d'années, divorcée deux fois. Sam, un musicien du même âge, ne trouve pas sa vie actuelle idéale, mais ne regrette pas pour autant son mariage : négligé par sa femme, il se sentait profondément seul tout en vivant avec quelqu'un. En se documentant pour son livre *Liebe wird oft überbewertet* (« L'amour est souvent surévalué »), pamphlet contre le couple paru en 2012 (non traduit), Christiane Rösinger, chanteuse célèbre en Allemagne, a rencontré des cas extrêmes « de femmes qui restaient dans des relations violentes parce qu'elles ne s'imaginaient pas passer le samedi soir seules à la maison [108] ». Par ailleurs, interroge Klinenberg, les affects communément attribués aux *singletons*, « solitude, regret, peur de l'échec, anxiété, incertitude face à l'avenir », sont-ils inhérents à la vie en solo, ou à... la vie [109] ?

Habiter seul, même quand on est encore jeune, suscite une hantise : la peur de mourir seul, de n'avoir personne sur qui se reposer dans la vieillesse ou la maladie. L'image employée par Bridget Jones, l'héroïne célibataire créée par Helen Fielding en 1996 et interprétée au cinéma par Renée Zellweger, qui craint de finir « dévorée par ses chiens » dans son appartement, a marqué les esprits. « Personne n'a peur de mourir marié [110] », lance Phil, journaliste d'une quarantaine d'années. « Qui s'occupera de toi quand tu seras vieux/vieille ? » : une question qu'entendent aussi les gens qui ne souhaitent pas d'enfants. Pour autant, est-il judicieux de mener sa vie en fonction de cette préoccupation ? Et, d'ailleurs, est-ce même possible ? Dans un couple, l'un des conjoints mourra forcément avant l'autre, à moins d'envisager le suicide à deux – ce que choisissent certains, comme le philosophe André Gorz et sa compagne

---

108 « Vivre seule, quel bonheur ! », *Courrier international*, 8 mars 2012.

109 Eric Klinenberg, *Going Solo*, *op. cit.*

110 *Idem.*

Dorine Keir, laquelle était atteinte d'une maladie incurable, en 2007. Les enfants devenus adultes peuvent partir s'installer à des centaines ou à des milliers de kilomètres. Mieux vaut donc s'autoriser une dose raisonnable de fatalisme et se concentrer plutôt sur la façon dont on veut vivre dans l'immédiat. Bien sûr, les questions pratiques – qui me viendra en aide si je perds mon autonomie, qui veillera sur moi si je tombe malade ? – dissimulent des préoccupations d'ordre symbolique et existentiel : qui m'aura aimé, pour qui aurai-je vraiment compté ? Quel sens aura eu ma vie ? Quelle trace restera-t-il de mon passage sur terre ? Mais ces questions-là sont trop subtiles et trop complexes pour que la composition du ménage suffise à y répondre.

Quand leur situation ne représente pas à leurs yeux la moins mauvaise solution, les *singletons* interrogés par Eric Klinenberg sont parfois aussi des gens carrément heureux, qui profitent de leur solitude et de leur liberté tout en entretenant des relations intenses et satisfaisantes. Ils trouvent stimulant de devoir rechercher la compagnie des autres et même de devoir surmonter les moments difficiles. Dans une société où l'une des plaintes qui reviennent le plus est le « manque de temps pour soi », remarque le sociologue, ils jouissent du temps et de l'espace personnels qui leur permettent de « restaurer leur énergie » et d'établir ensuite des relations plus profondes, d'effectuer un « retour fructueux vers le monde », en choisissant « le moment, le lieu et les termes de leurs engagements ». En 2006, Christelle, Strasbourgeoise d'une trentaine d'années qui avait quitté son compagnon, se souvenait de la première fois où elle avait invité un amant chez elle : le « plaisir de passer le week-end avec lui » avait été aussi grand, disait-elle, que le « plaisir de le voir repartir [111] ». En outre, loin de manifester une

---

111 Chloé Hunzinger (réal.), *Vivre seul*, France 3 Alsace, France 3 National et Ere Production, 2006.

tendance au repli, ceux qui habitent seuls sont poussés à sortir régulièrement de chez eux, ce qui, en ville, contribue à revitaliser la vie urbaine. Il ne faut pas se laisser abuser par l'expression « vivre seul ». Henry David Thoreau lui-même, au cours des deux années (1845-1847) qu'il passa dans sa cabane au fond des bois, près de l'étang de Walden (Massachusetts) [112], ne se trouvait qu'à une demi-heure de marche de sa ville natale de Concord. Il y retournait fréquemment pour voir sa famille et ses amis et boire des bières au pub. Il recevait aussi des visites, dont celles de sa mère qui « lui apportait de bons petits plats [113] ». Ou comment casser un mythe...

Toutefois, souligne Klinenberg, habiter seul convient surtout à ceux qui disposent de bons revenus. L'aisance financière leur assure une marge de manœuvre, un confort et un sentiment de sécurité plus difficiles à obtenir seul qu'à deux. Beaucoup exercent un métier qualifié qui les passionne et qui représente pour eux une source importante de sens et de gratifications. Mais la règle est loin d'être absolue. Christiane Rösinger voit même les choses autrement : « Les gens qui ne viennent pas de la bourgeoisie – d'une famille cultivée, des classes moyennes favorisées – prennent aussi un peu plus de risques. Je suis issue d'un milieu paysan modeste, et j'ai été boursière. Lorsqu'on a toujours vécu ainsi, on a l'habitude, on n'a pas besoin de grand-chose. Mais si on est habitué à un certain niveau de vie, je pense qu'on redoute davantage la chute [114]. » Klinenberg a aussi rencontré des retraités qui ne roulent pas sur l'or, mais qui tiennent par-dessus tout à leur indépendance : ils ne voudraient pour rien au monde habiter avec leurs enfants, dont ils jugent parfois

---

112 Henry David THOREAU, *Walden ou la Vie dans les bois* [1854], traduit de l'anglais (États-Unis) par Louis Fabulet, Gallimard, « L'Imaginaire », Paris, 1990.

113 Eric KLINENBERG, *Going Solo*, *op. cit.*

114 « Vivre seule, quel bonheur ! », art. cit.

l'atmosphère domestique toxique, et qui ont une fâcheuse tendance à les « faire bosser » en leur donnant leurs petits-enfants à garder. Conserver leur propre domicile leur permet de décider eux-mêmes des services qu'ils acceptent de rendre, ainsi que de mener leur vie sociale et leurs activités comme ils l'entendent [115].

La garantie d'une bulle de solitude vient parfois compenser des années de mauvais arrangements familiaux. Aîné de neuf enfants, Philippe a grandi dans une ZUP, dans un appartement bondé et mal isolé, et a dû s'occuper de la fratrie après le départ de son père. Puis il a rencontré un couple sans enfants qui lui a offert de l'héberger pendant son CAP d'électricien. Il s'est retrouvé à la campagne, dans une chambre à lui, et se souvient d'une « immense bouffée d'oxygène ». À l'âge adulte, il a renoué avec le bonheur de cette sensation quand sa fille adolescente, dont il avait la garde, a exprimé le souhait d'aller vivre avec sa mère [116]. De même, certaines femmes, après un ou plusieurs divorces, en viennent à réviser la vision idéale du couple dans laquelle elles ont été éduquées. Elles disent leur soulagement de ne plus effectuer les tâches domestiques pour deux ou plus. Avec à son actif un mariage raté et vingt ans passés à élever ses enfants, Charlotte, cinquante-deux ans, qui vit à Manhattan, se sent désormais autorisée à « faire passer ses besoins et ses désirs avant ceux de qui que ce soit d'autre ». Au début, seule dans sa grande maison, elle avait peur de l'« assassin sous le lit » ; elle a donc déménagé dans un plus petit logement qui lui convient mieux et dont elle a fait son « oasis » au milieu de la ville. Comme beaucoup de femmes de sa génération (aux États-Unis, le taux de divorce a atteint un pic dans les années 1980), Helen, déjà citée plus haut, a cru dans le « pouvoir rédempteur du grand amour », mais a découvert que « tomber amoureuse et vivre avec son mari ne la comblait pas,

---

115 Eric Klinenberg, *Going Solo*, *op. cit.*
116 Chloé Hunzinger, *Vivre seul*, *op. cit.*

ne lui permettait pas de devenir qui elle voulait être ». D'une manière générale, les femmes se révèlent plus douées pour habiter seules, signale Klinenberg. Entretenir les relations du couple fait partie des tâches qui leur incombent traditionnellement dans le mariage, et elles conservent cette capacité une fois veuves ou divorcées, alors que les hommes se retrouvent plus souvent démunis. Les amitiés féminines, en particulier, occupent une place importante dans leur existence – ce qui contredit les vieux clichés de la rivalité féminine et de la camaraderie masculine [117].

Certaines n'ont même pas besoin que l'expérience leur enseigne la défiance envers le mariage et la famille. Attachée à sa liberté, aimant par-dessus tout lire, écrire, flâner, voyager, déménager souvent, Chantal Thomas n'a pas eu d'enfant et a toujours habité seule. Elle est restée fidèle à l'éblouissement vécu dans sa chambre d'étudiante. Après tout, pourquoi faudrait-il, sous prétexte que l'on a atteint l'âge adulte, entreprendre d'éteindre les lampions alors que la fête ne fait que commencer – surtout quand le célibat féminin ne signifie plus, comme autrefois, une vie d'abstinence ? Aux États-Unis, en 1962, un an avant la parution de *The Feminine Mystique* de Betty Friedan, Helen Gurley Brown, journaliste à *Cosmopolitan*, avait fait sensation avec *Sex and the Single Girl* [118]. Elle y exhortait les jeunes femmes à repousser le moment du mariage afin de prendre le temps de multiplier les expériences et de se connaître elles-mêmes. En 1700 déjà, refusant de choisir entre le mariage et le couvent, Gabrielle Suchon signait un traité *Du célibat volontaire ou la Vie sans engagement*. Marie de Gournay, fervente lectrice de Montaigne dès ses dix-neuf ans (elle supervisera plus tard une édition posthume des *Essais*), rédige en 1622 une œuvre intitulée *Égalité des hommes et des femmes*. Elle

117 Eric Klinenberg, *Going Solo*, *op. cit.*

118 Helen Gurley Brown, *Sex and the Single Girl*, Bernard Geis Associates, New York, 1962.

« s'occupe de ses frères et sœurs et de ses trois chats, Donzelle, Minette et Piaillon, bravant tous les sarcasmes [119] ». À ce sujet, Eric Klinenberg dissipe quelques idées reçues : les couples et les familles sont beaucoup plus nombreux que les *singletons* à posséder des chiens et des chats. Ceux dont c'est le cas en retirent cependant une foule de bienfaits (meilleure espérance de vie, réduction de l'anxiété et du stress, sentiment de sécurité...) qui valent largement la peine, en effet, de « braver les sarcasmes [120] ».

Parlons-en, des sarcasmes. Ce qui pèse peut-être le plus sur ceux qui vivent seuls, c'est l'image réductrice et humiliante que leur renvoie leur entourage. Le mariage et la famille demeurent non seulement une référence, mais un idéal, ou du moins une norme à atteindre. « Certaines de mes patientes me disent carrément : "Je suis célibataire sans enfant, j'ai dépassé trente ans, donc j'ai raté ma vie [121]" », témoigne une psychologue française. Difficile, dans ce contexte, d'investir ses conditions de vie atypiques (qui ne sont même pas si atypiques que cela) de façon positive et créative. Si vous essayez, vos proches se feront un plaisir de vous couper les ailes. Les personnes rencontrées par Klinenberg disent leur surprise de constater que leurs parents, amis et collègues considèrent leur situation de famille comme leur caractéristique dominante, alors qu'à leurs propres yeux d'autres traits de leur personnalité comptent bien davantage. Kim, journaliste californienne, s'exaspère de cette image de la « célibataire pathétique et malheureuse qui n'arrive pas à rencontrer quelqu'un [122] ».

Avec une telle pression, il devient difficile de distinguer son propre ressenti des attentes et des regards extérieurs. Molly,

---

119 Georges Minois, *Histoire de la solitude et des solitaires*, Fayard, Paris, 2013.
120 Eric Klinenberg, *Going Solo, op. cit.*
121 Marlène Duretz, « Le couple, cette norme qui culpabilise les célibataires », LeMonde.fr, 25 novembre 2014.
122 Eric Klinenberg, *Going Solo, op. cit.*

web-designer de trente-sept ans vivant à Manhattan, explique qu'elle a toujours aimé passer beaucoup de temps seule. Parfois, elle est si bien chez elle qu'elle ne répond même pas au téléphone. « Si j'avais grandi à l'époque où on passait de la maison de son père à la maison de son mari, je n'aurais pas appris autant de choses sur moi-même », déclare-t-elle. Pourtant, même elle ne peut se défendre de la hantise que, peut-être, sa vie est un échec, que quelque chose ne tourne pas rond. Elle a connu quelques histoires d'amour, mais « rien de sérieux ». Elle a consacré beaucoup de temps à la recherche active de l'âme sœur, comme si elle s'y sentait obligée ; puis, un jour, elle en a eu marre et a préféré consacrer ses moments libres à ses amis. Peu importe qu'elle aime habiter seule, peu importe que cela lui convienne aussi bien : assumer son mode de vie exige d'elle une « extraordinaire quantité d'énergie [123] ».

Bien que, comme on l'a vu, elles se révèlent plus douées que les hommes pour la vie en solitaire, les femmes célibataires subissent une stigmatisation particulière. Demeure l'idée selon laquelle une femme seule est incomplète, inachevée ; une anomalie. Chantal Thomas consacre de nombreuses pages de *Comment supporter sa liberté* à combattre ce préjugé, et en particulier à défendre son droit d'aller au café seule, comme elle adore le faire [124]. Quand un autre client l'aborde en lui demandant si elle est seule, elle répond : « Oui, mais permettez-moi de le rester. » Les sollicitations masculines lui inspirent cette réflexion : « L'homme qui demande : "Êtes-vous libre ?" [...] est dans la même disposition que celui qui, au cinéma ou au restaurant, dans un train, s'informe : "Cette place est-elle libre ?" Oui. Alors il l'occupe. Aucune raison qu'elle reste libre. C'est un vide inutile. L'assimilation peut paraître choquante ; elle est constante [125]. » Si

---

123 *Idem.*

124 *Cf.* aussi Chantal THOMAS, *Cafés de la mémoire*, Seuil, Paris, 2008.

125 Chantal THOMAS, *Comment supporter sa liberté*, *op. cit.*

une heure tranquille paraît aberrante, que dire d'une vie entière ? Une femme étant faite pour être « au service de », comment sa vie pourrait-elle avoir un sens si elle ne peut se consacrer à une famille ou au moins à un conjoint ? Au sujet des vieilles filles, Balzac écrivait dans *Le Curé de Tours*, en 1832 : « Ni les hommes ni les mères ne leur pardonnent d'avoir menti au dévouement de la femme. [...] En restant fille, une créature du sexe féminin n'est plus qu'un non-sens. » On retrouve ce genre d'affirmation, aujourd'hui, sous la plume d'une professeure de littérature, Claude Habib, auteure d'un éloge de la vie de couple [126] : « Une amante ou une mère révèle des capacités qu'elle ignorait, qui ne préexistent pas. Par opposition, la femme seule n'est rien de nouveau. Sa solitude ne révèle rien [127]. »

L'homme seul, en revanche... L'homme seul, c'est autre chose. Au printemps 2014, quand deux stars hollywoodiennes, George Clooney et Jennifer Aniston, ont annoncé en même temps leurs fiançailles (lui avec une avocate britannique, elle avec un acteur), le magazine en ligne Jezebel s'est amusé à comparer le traitement médiatique des deux nouvelles. Pour Aniston, les titres clamaient : « ENFIN ! », ou « ENFIN HEUREUSE ! » Pour Clooney, c'était : « Un signe annonciateur de l'apocalypse. Les fans éplorées se consolent avec du chocolat. » Le *Daily Mail* osait : « Un regard qui dit "J'ai ferré l'homme qui refusait de s'engager" : celle qui a dompté Clooney est une belle avocate anglaise. » Depuis longtemps déjà, l'image que donnait d'eux la presse différait du tout au tout. Lui était « un charmant et génial playboy avec une garçonnière au bord du lac de Côme, qui ne s'arrêtait de séduire des femmes superbes que pour tourner des films acclamés par la critique ou pour essayer de sauver le Darfour ». Depuis son

---

126 Claude Habib, *Le Goût de la vie commune*, Flammarion, Paris, 2014.

127 « Claude Habib : "Quand un couple va mal, on convoque Vallaud-Belkacem" », *Le Journal du dimanche*, Paris, 5 mars 2014.

divorce d'avec Brad Pitt (qui l'a quittée pour Angelina Jolie), Aniston, en dépit d'une vie amoureuse bien remplie, traînait une image de perdante absolue : « Elle était triste, elle était seule, elle était seule et triste. » Sa vie n'était que « sanglots et yoga ». On supposait que quand elle mettait fin à une relation, c'était « le cœur lourd, son horloge biologique faisant entendre le tic-tac d'une bombe à retardement. Il y a vingt-huit millions de résultats pour la recherche Google "Jennifer Aniston enceinte", alors que, pour autant que l'on sache, elle n'a *jamais* été enceinte. Clooney, lui, a papillonné de femme en femme (six depuis 1993 : pas tant que cela, en plus) sans qu'un seul magazine n'imprime le mot "LARGUÉ" sur sa photo, et sans devoir supporter des gros titres sur un bébé inexistant [128] ». Et peu importe les protestations de l'intéressée, qui dénonce la pression exercée sur les femmes pour qu'à un moment de leur vie elles se marient et deviennent mères : « Je n'ai pas ce genre de liste de choses à faire où, en gros, si ce n'est pas coché, alors j'aurai échoué en partie en tant que femme, et j'aurai perdu de ma valeur parce que je n'aurai pas mis d'enfants au monde [129]. »

Elizabeth Gilbert cite pour sa part le cas d'une amie qui, jusqu'à l'âge de quarante ans, avait toujours attendu le jour de ses noces « pour se considérer comme une adulte » ; elle avait ainsi toujours « remis sa vraie vie à plus tard ». Prenant finalement conscience de cette absurdité, elle a décidé qu'elle devait « rompre le sortilège ». Le matin de son anniversaire, elle est descendue jusqu'à l'océan Pacifique avec un petit bateau en bois qu'elle avait construit elle-même et rempli de pétales de rose et de grains de riz. S'avançant dans l'eau, elle y a mis le feu et l'a laissé partir. « C'était un acte de sauvetage personnel.

---

128 Dodai Stewart, « George Clooney vs. Jennifer Aniston : a tale of two singles », Jezebel.com, 28 avril 2014.

129 « Jennifer Aniston se défend de ne pas être mère », ParisMatch.com, 28 août 2014.

Christine m'a dit plus tard que, tandis que la mer emportait définitivement la Tyrannie de la Mariée (qui brûlait toujours), elle s'était sentie transcendante et puissante, comme si elle venait de s'obliger, physiquement, à franchir un seuil critique. Elle avait finalement épousé sa propre vie, juste à temps [130]. »

Des familles d'amis

Autre choix possible, enfin : partager son lieu de vie avec des amis ou des connaissances, et non avec son partenaire amoureux. Le sociologue François de Singly a ainsi imaginé ce qu'il appelle une « eutopie » (littéralement : « lieu heureux », « lieu bénéfique »), développée dans un récit censé se dérouler en 2112 et intitulé « Pourquoi nous avons aboli le mariage ». Une abolition intervenue en 2048. En effet, explique-t-il, ni le rétablissement du divorce par consentement mutuel dans les années 1970 ni l'ouverture du mariage aux couples homosexuels n'avaient suffi à amender une institution impossible à sauver. « Cette vie à deux était dangereuse car elle établissait toujours, d'une manière ou d'une autre, une division du travail néfaste à l'égalité des conjoints. » Au-delà de la répartition des tâches, « la figure du couple hétérosexuel, dominante jusque dans les années 2040 », obligeait chacun à se penser et à se construire d'abord comme complémentaire par rapport à l'autre sexe : « La dimension masculine ou féminine de l'identité primait. » Afin de casser ce jeu de miroirs et de laisser chacun évoluer et s'épanouir avant tout en tant qu'individu, le ménage d'une seule personne est devenu « la forme socialement normale de la vie privée ». Mais il prend place dans un habitat qui combine « lieux personnels et lieux collectifs ». Les enfants, eux, ont chacun un adulte de référence, un parent :

---

130 Elizabeth GILBERT, *Mes alliances*, *op. cit.*

« Ils vivent avec ce parent dans son logement, dans une chambre personnelle. Et ils rencontrent, grâce à l'habitat collectif, d'autres adultes [131]. » Judith Stacey, sociologue à l'université de New York, approuverait sans doute une telle formule : lorsque vous vivez avec des amis, vous disposez d'un soutien affectif, mais, dit-elle, « les caprices de l'attirance physique ne menacent plus votre sécurité et votre stabilité [132] ».

Un individu indépendant et pourtant inscrit dans un collectif : c'est d'ores et déjà la situation de ceux – célibataires, veufs, divorcés, parents isolés – qui s'installent seuls dans une colocation ou dans un immeuble d'habitat coopératif. Pour des personnes âgées, ou qui en ont simplement fini avec la vie de famille, cette solution permet à la fois de fuir la solitude, de mutualiser des pensions pas forcément mirobolantes et d'éviter la maison de retraite. « Douze femmes sont venues nous voir un jour, raconte Eric Rossiaud, de la CODHA, à Genève. Elles avaient environ cinquante-cinq ans, les maris étaient partis, les enfants aussi et elles n'avaient pas envie d'habiter seules, éparpillées dans la ville. Elles voulaient vivre ensemble, mais nous n'avions rien à leur offrir. » Dans le futur écoquartier de la Jonction, les clusters visent notamment à répondre à ce type de demande [133]. À Montreuil, en Seine-Saint-Denis, un groupe de femmes a lancé en 1999 l'idée d'une « Maison des Babayagas » – du nom de la sorcière des contes russes. Gérée avec l'office HLM, celle-ci a ouvert ses portes en février 2013, malgré bien des tensions et des vicissitudes. Ses vingt et un appartements indépendants accueillent uniquement des retraitées, parce que les femmes seules sont très majoritaires, argue Thérèse Clerc, à

---

131 François DE SINGLY, « Pourquoi nous avons aboli le mariage », La Vie des idées, 4 novembre 2011, www.laviedesidees.fr.

132 Hilary HOWARD, « A confederacy of bachelors », *The New York Times*, 3 août 2012.

133 Christian BERNET, « Des colocs à 13 pièces à Genève », art. cit.

l'origine du projet, et parce que « ce sont aussi les plus pauvres : leur retraite est en moyenne 40 % [134] plus faible que celle des hommes ». À la requête du conseil général, quatre logements ont en outre été loués à des jeunes de moins de trente ans [135].

Bien qu'elle concerne surtout les étudiants, la colocation séduit elle aussi les retraités. Après la canicule de 2003, meurtrière pour les personnes âgées isolées (19 490 morts en France selon l'Inserm), la psychosociologue Christiane Baumelle a fondé l'association La Trame, qui favorise ce type de solution. Elle accompagne dans leurs projets des groupes de trois à huit personnes. En Anjou, trois ex-Parisiennes qui se connaissaient depuis trente ans ont décidé de finir leur vie ensemble dans un ancien moulin au milieu de huit hectares de « potager, vergers, jardins et pâturages ». Après leur installation, l'une d'elles, frappée par une méningo-encéphalite, a fait « six mois de coma et d'hôpital » et mis deux ans à retrouver son autonomie. « Si elle avait été seule à Paris, elle serait morte », disent les autres. Dans le Gard, deux femmes et deux hommes se partagent une vieille demeure de maître. « J'aime beaucoup cette maison, où chaque pièce a plusieurs portes, comme au théâtre, déclare Hildée, la soixantaine. Cela me crée un sas personnel, me permet de me composer un visage après avoir reçu un coup de fil de l'extérieur, et je peux ainsi garder ce qui est personnel et apporter ce que je peux partager avec les autres [136]. » À Vitry-sur-Seine, en 2012, Arlette, ancienne institutrice de quatre-vingt-quatorze ans, et Mariam, étudiante en journalisme de vingt-cinq ans, offraient un exemple de colocation intergénérationnelle réussie. La première hébergeait la seconde depuis six

---

134 42 % très exactement. Noam Leandri et Louis Maurin, « Les inégalités face aux retraites », Observatoire des inégalités, 5 septembre 2013, www.inegalites.fr.

135 Anne Denis, « Les Babayagas, la silver solidarité au quotidien », *Libération*, 2 février 2014.

136 Emmanuelle Eyle, « Seniors en coloc », *Marie Claire*, octobre 2011.

ans, et elles avaient noué une amitié profonde, prenant leurs repas ensemble et passant des heures à parler. « Quand on fait des soirées entre amis, Arlette reste dans le jardin avec nous jusqu'à 3 heures du matin [137] », racontait Mariam.

Impliquant une grande proximité, la colocation présente cependant toujours une part de loterie. Incompatibilités d'humeurs, frictions produites par des habitudes différentes, tensions et conflits autour des tâches ménagères : elle peut se révéler un enfer. Alice l'a vécu quand, en 2000, alors dans la trentaine, elle a emménagé dans une grande maison à la campagne avec huit personnes de son âge. Ensemble, tous louaient aussi un appartement en ville : une personne y vivait en permanence, tandis que les deux chambres restantes servaient de pied-à-terre urbain aux autres. Au début, Alice a été médusée par un tel luxe : « C'était surréaliste, certains étaient sans emploi et sans RMI et pouvaient quand même assumer le coût. » Mais la vie collective tourne au désastre, essentiellement à cause d'un manque de communication. Alice passe de longs moments seule dans sa chambre et se fait mal voir : les couples avec enfants, qui n'ont « pas une minute à eux », la jugent « individualiste ». Elle sort de l'expérience « dégoûtée », peine à s'en remettre. En 2010, en dépit d'une nouvelle cohabitation réussie par la suite, elle vivait seule et ne se voyait pas retenter une colocation : elle le prendrait comme un « retour en arrière [138] ».

D'autres, en revanche, parviennent à une alchimie telle qu'ils ne souhaitent plus rien changer. Après avoir emménagé ensemble lorsqu'ils étaient étudiants, quatre New-Yorkais continuaient à cohabiter dix-huit ans plus tard, en 2012. « Nous sommes très proches, nous nous soucions profondément les uns

---

137 « Viens chez moi, j'habite avec ma coloc Arlette, 94 ans », Les faits du logis, 3 avril 2012, http://blogs.rue89.nouvelobs.com.

138 « Vivre en colocation », *Silence*, n° 383, octobre 2010.

des autres, explique Rick Brown, un membre du quatuor, et en même temps nous nous laissons beaucoup d'espace et nous ne nous mêlons pas de la vie quotidienne des autres. Nous avons tous les bénéfices d'une famille et très peu de la folie qui va avec en général. » Ils ont des petites amies, dont certaines à qui ils ont donné les clés. Ils collent les faire-part de mariage ou de naissance sur la porte du frigidaire : « Les gens qui grandissent autour de nous », commente Shyaporn Theerakulstit. Ils ont déménagé ensemble plusieurs fois, jusqu'à leur installation dans un logement sur deux étages avec jardin, où aucune chambre n'est mitoyenne d'une autre. Les recherches d'appartement n'ont pas toujours été faciles : « Je me souviens juste que je voulais tous vous tuer », déclare Luke Crane. Respectivement acteur, concepteur de jeux de rôles, journaliste et coach sportif, ils semblent avoir gardé une grande part de la fraîcheur et des rêves de l'enfance, sans que l'on puisse pour autant les accuser d'immaturité. Le fait de ne pas avoir de famille ni de crédit et de partager le loyer leur a permis de rester libres professionnellement, de se consacrer à ce qu'ils aimaient et même de quitter de « bonnes situations ». Danaher Dempsey a travaillé un temps comme analyste de données chez Pfizer, où il a eu droit pour la première fois de sa vie à des congés payés et à une assurance maladie ; mais il a réalisé que le salariat à plein temps ne lui convenait pas et a démissionné. « Pour mes amis qui étaient mariés et qui avaient des enfants, ma décision était incompréhensible. Si j'étais resté, j'aurais probablement gagné beaucoup d'argent, mais j'aurais été malheureux [139]. » (Ici, je pense à ce que me disait un ami à propos d'un camarade de promotion qui venait d'obtenir un CDI dans une boîte qu'il détestait : « Il est malheureux, mais au moins, il sait que ça va durer toute la vie. »)

Outre payer un loyer ensemble, on peut aussi choisir de *ne pas* payer un loyer ensemble. À Genève, j'ai eu la chance d'être

---

139 Hilary HOWARD, « A confederacy of bachelors », art. cit.

témoin d'un mouvement squat parmi les plus dynamiques d'Europe, qui a duré trois décennies – des années 1980 à la fin des années 2000 – et qui a impliqué, à son apogée, plus de cent soixante lieux occupés. Réagissant à la spéculation et à la pénurie de logements abordables, ses protagonistes ont aussi changé le visage de la ville. Ils ont ouvert des salles de concert et de spectacle où régnait une effervescence créative renversante, des bars à l'atmosphère unique, des restaurants à prix modique ou libre, des crèches, des librairies de seconde main. (Le futur écoquartier de la Jonction s'élèvera d'ailleurs à l'emplacement de ce qui fut à la fin des années 1990 un immense espace culturel autogéré baptisé Artamis.) Et ils ont bâti des lieux de vie d'une qualité exceptionnelle. Lui-même ancien squatter, le photographe Julien Gregorio a documenté les dix dernières années de cet âge d'or [140]. Il a saisi le bric-à-brac coloré, joyeux et inventif des intérieurs, les détails qui disent l'exubérance de la vie collective : une dizaine de brosses à dents alignées à côté d'un lavabo ; les panneaux émaillés de cœurs, de flèches et de mots en majuscules où les habitants se laissaient des messages au feutre ou à la craie : « Qui peut être là vendredi vers 16 heures-16 h 30 pour réceptionner le bois ? » ; ou, dans le registre vengeur : « Si on met des trucs dans des sacs en plastique dans le frigo, c'est qu'on n'a pas envie qu'un abruti les mangent [*sic*]... Genre des merguez. Chier-merde. »

Je n'ai jamais pris part à ce mouvement : je ne sais rien faire de mes dix doigts et j'ai blêmi en écoutant mon frère me raconter la guerre contre les rats que lui et ses camarades ont dû mener durant les premiers temps de leur installation au squat de la Tour. Mais j'ai observé l'expérience avec admiration, et j'ai pu mesurer ce qu'elle changeait à la fois dans le rapport au logement et dans le rapport aux gens avec qui l'on vit. Dénoncé comme un passe-droit honteux par les démagogues

---

140 Julien Gregorio, *Squats*, *op. cit.*

qui cherchent à dresser les locataires contre les squatters, le fait de ne pas payer de loyer change absolument tout. Il autorise à travailler très peu, de sorte que les occupants, tout en menant chacun leur vie, conservent une disponibilité remarquable les uns pour les autres. Les enfants, qu'ils aient ou non leurs deux parents dans le squat, sont constamment entourés d'autres adultes. Les réseaux d'amis et de connaissances, les visites et passages incessants créent une dynamique par laquelle on peut se laisser porter, avec sa circulation de l'information et des savoirs, ses opportunités, ses hasards, ses rencontres, ses impératifs. On peut passer la journée à aider un ami à retaper la roulotte dans laquelle il compte s'installer, ou transporter jusqu'à une place publique et faire fonctionner à plusieurs un manège pour enfants ancien que l'on a restauré. On peut écouter et réconforter, aussi longtemps qu'il le faut, celui ou celle qui va mal ou qui a subi un coup dur. L'aisance à la fois pratique et relationnelle qui naît de ce mode de vie produit des personnalités remarquablement solides, pleines de ressources, dont on se dit que, quoi qu'il arrive, elles sauront toujours se tirer d'affaire – non seulement survivre, mais bien vivre. Je parlais plus haut de la quasi-impossibilité pour des conjoints soumis à la discipline capitaliste du travail d'entremêler les trames de leurs vies ; ici, des gens qui n'ont ni relation amoureuse (ou pas forcément) ni liens du sang entremêlent très étroitement les leurs.

« Nous venons tout juste d'emménager au huitième d'une tour de onze étages car je suis près du terme de ma grossesse. Nous sommes moins à l'étroit et nous avons enfin la place de monter le lit du bébé. Pourtant, face au paysage inconnu que j'aperçois par la fenêtre, je ne peux contenir mes larmes en regardant le ciel. Il faut dire qu'une fois mon mari parti au travail, personne ne vient jamais et que je ne sors pas davantage. La journée s'écoule sans que j'aie l'occasion de parler à qui que ce soit. Comme j'ai l'habitude de regrouper mes courses le dimanche, je n'ai aucune raison de sortir. Inconsciemment, je passe mes journées à guetter le retour de mon mari. » Les témoignages recueillis par l'association SOS-Bébé au Japon traduisent sans doute la forme chimiquement pure de la division du travail entre hommes et femmes. Une jeune mère appelle la permanence téléphonique car elle est en train de devenir aphasique : elle reste seule toute la journée avec le bébé, et son mari rentre si tard et si fatigué qu'il s'endort sans même avoir eu la force de lui parler. « Nous avons connu une femme dont le mari n'était pas au courant de la naissance de leur fille vingt-quatre heures après [141] », racontent les responsables de l'association. Cette situation infernale explique en partie pourquoi le Japon a l'un des taux de natalité les plus bas des pays développés [142]. À l'inverse, les expériences que je viens de passer en revue visent toutes à amender ce modèle de vie d'une manière ou d'une autre. Ce n'est pas toujours facile, ni même possible ; mais mieux comprendre l'origine et le fonctionnement du système dont nous avons hérité peut aider à trouver des armes pour lui résister. L'essentiel étant, seul, en couple ou entre amis, sans enfants ou avec, de ne jamais se résigner à l'extinction des lampions.

---

141 Muriel Jolivet, *Un pays en mal d'enfants. Crise de la maternité au Japon*, La Découverte, « Cahiers libres/Essais », Paris, 1993.

142 « La natalité du Japon au plus bas », Agence France-Presse, 27 août 2014.

7

Des palais plein la tête. Imaginer la maison idéale

Dans quelques jours, Pierre le potier, sympathique moustachu à l'air rêveur, fêtera son anniversaire. Pour l'occasion, il échafaude un plan ambitieux : fabriquer une théière géante dans laquelle il pourra préparer assez de thé pour ses cent quarante-cinq amis, sa compagne et lui-même. Tous viennent l'aider à rouler la terre, à monter les plaques, le bec, l'anse et le couvercle. Quand ils ont terminé, ils se retrouvent face à une théière qui fait deux fois leur taille. Ils la hissent sur un plateau à roulettes de la surface d'une chambre à coucher et démolissent un mur de la poterie pour la faire sortir. Mais voilà : impossible de trouver un moyen de la faire entrer dans l'appartement de Pierre, qui habite au quatorzième étage, escalier C, sixième porte. Alors, à son insu, ses amis l'emportent jusqu'à une clairière dans la forêt voisine. Là, ils construisent autour d'elle une maison à un étage en forme de théière, avec une porte, des fenêtres et une cheminée. Puis ils la bourrent de papier et l'entourent de petit bois, jusqu'à ce qu'on ne la voie plus. Le soir de son anniversaire, ils invitent Pierre le potier à allumer le feu. Une fois que le bois et le papier ont brûlé, il découvre une maison-théière parfaitement cuite, où peuvent entrer tous ses amis, la potière et lui.

J'étais trop jeune pour aimer déjà le thé quand j'ai lu cette histoire, mais elle m'a subjuguée [1]. Je contemplais avec émerveillement les illustrations du génial Roger Blanchon, en particulier l'image finale, qui montrait la maison-théière vue du dehors, ornée de guirlandes, vivement éclairée de l'intérieur et remplie de fêtards. Deux invités rigolards entrechoquaient leurs tasses en se penchant aux fenêtres, l'un coiffé d'un chapeau pointu en papier coloré, tandis que d'autres surgissaient d'entre les arbres et se précipitaient pour rejoindre ceux qui dansaient au rez-de-chaussée. Roger Blanchon, mais aussi Quentin Blake (l'illustrateur attitré de Roald Dahl), Nicole Claveloux, Tomi Ungerer, Fernando Puig Rosado, Binette Schroeder, Maurice Sendak, Georges Lemoine, Tove Jansson, Étienne Delessert et beaucoup d'autres : avec un cerveau d'enfant, aussi malléable que de l'argile, pas encore chargé d'expériences et de références, je m'engloutissais tout entière dans leurs dessins. Ils faisaient office de porte d'entrée vers des mondes différents, qu'il me semblait arpenter physiquement. Lorsque je les revois aujourd'hui, ce sont des escapades passées dans d'autres univers qui me sautent au visage, bien plus que de simples souvenirs de lecture.

Les maisons de certains amis de mes parents me faisaient une impression tout aussi forte, et d'une nature très similaire. Après tout, un dessin et une maison ont en commun d'être des productions manuelles, de se déployer dans un cadre circonscrit et d'exprimer une personnalité dans ce qu'elle a de plus singulier. Tous deux vous plongent dans une petite utopie personnelle ; ils vous donnent accès à une certaine vision de la vie. À cinq ou dix ans, on entretient avec les amis de ses parents des rapports plutôt distants. Pourtant, il me semble que certains d'entre eux m'ont communiqué leurs secrets les plus profonds, l'essence de ce qu'ils

---

1 Nicole Schneegans et Roger Blanchon, « L'anniversaire du potier », *Les Belles Histoires de Pomme d'Api*, n° 82, 1979.

étaient, simplement parce que je suis entrée chez eux, exactement comme le trait de Quentin Blake ou celui de Tomi Ungerer disaient qui ils étaient. L'un de ces amis, un architecte à lunettes rieur et débonnaire, vivait seul dans une maison de village dans la campagne genevoise – sans doute le plus beau coin de la campagne genevoise, sur une commune viticole. Ses fenêtres restaient ouvertes en permanence pour permettre à sa vingtaine de chats d'aller et venir. Certains dimanches, toute une bande d'amis se retrouvait chez lui. Ils l'aidaient à préparer à manger dans la cuisine, un îlot construit dans un coin du salon, sorte de cabane sans toit percée de passages multiples. Nous, les enfants, courions partout, explorions les lieux, lui empruntions son matériel de dessin. C'était un environnement de bois et de pierre à la fois brut et sophistiqué, avec des éclairages travaillés et chaleureux – impossible d'ignorer que nous étions chez un architecte. Un escalier étroit et raide menait d'abord, à mi-parcours, à un petit couloir qui distribuait les chambres, puis, au sommet, à l'espace renversant d'une grange transformée en atelier. Une échelle permettait d'accéder à une vaste mezzanine. Il n'y avait pas de garde-corps, et le vertige ajoutait encore au plaisir de l'escalade et de la balade sous les combles. J'y ai appris ce qu'il y a de particulièrement satisfaisant dans la juxtaposition d'une verticalité forte et d'une grande surface plane, peu meublée.

Rien de plus excitant que les dessins et les maisons. Alors, que dire des dessins de maisons ? Ils conjuguaient et démultipliaient deux formes de magie. Quand, à l'âge adulte, j'ai découvert *Ma vallée* de Claude Ponti, j'ai regretté de ne pas avoir pu lire cet album enfant, tant j'aurais voulu me projeter dans les pièces rondes et biscornues de l'Arbre-Maison avec la même intensité que je m'étais projetée dans la maison-théière et dans tant d'autres. Ponti en propose un plan en coupe sur une page entière [2]. Un escalier serpente de la cave au sommet du tronc,

---

2 Claude PONTI, *Ma vallée*, L'École des loisirs, Paris, 1998.

desservant sept ou huit niveaux ou demi-niveaux, chacun ou presque pourvu d'une cheminée. Tout en haut est aménagée une « chambre des étoiles », avec un télescope devant la fenêtre à croisée, une mappemonde, un canapé, une petite bibliothèque. Juste en dessous, dans la salle de bains, la baignoire dispose elle aussi d'une vue imprenable sur le firmament. À l'étage des chambres – qui comprend une « chambre pour dormir avec beaucoup d'amis » –, dans la salle dite « de la balanquette », un canapé rouge est suspendu au plafond par des chaînes juste à la hauteur d'une fenêtre. Je rêverais de travailler au petit bureau éclairé par une lampe que l'on aperçoit en retrait, niché sous les marches de l'escalier et attenant à une autre bibliothèque. (La « grande bibliothèque », toutefois, se trouve plus bas, à côté du « lit à lire au chaud », opportunément chauffé par le foyer de la cuisine-salle à manger située à l'étage inférieur.) La piscine intérieure et la « chambre des trapèzes » exauceraient idéalement mon fantasme de réclusion prolongée sans l'inconvénient du ramollissement physique. Quant à la nourriture, les « réserves d'hiver » entassées dans les caves y pourvoiraient sans difficulté.

Les dessinateurs disposent d'un avantage de taille sur les bâtisseurs de maisons : les seules limites que rencontrent leurs réalisations sont celles de leur imagination. Pendant des années, j'ai gardé affichées au mur de ma chambre, là où je pouvais les contempler en me couchant, les pages que Nicole Claveloux avait remplies de lits fabuleux [3] : lit-boîte d'allumettes, lit-coquillage, lit des cavernes, lit à baldaquin et falbalas débordant de dormeurs entassés, matelas digne de *La Princesse au petit pois* avec une courge à la place du petit pois... Abrité sous un dais et garni de plantes vertes, un lit-appartement aux coussins moelleux intégrait un coin cuisine, une écritoire et un lavabo, un peu comme dans le film d'Yves Robert

3 Béatrice FONTANEL, « Le lit superstar », illustrations de Nicole Claveloux, *L'Univers d'Okapi*, n° 272, 15-31 mars 1983.

Alexandre le Bienheureux (1968), dont le héros, interprété par Philippe Noiret, installe dans sa maison un système de poulies pour acheminer jusqu'à son lit tout ce dont il a besoin.

Difficile aussi pour un ingénieur ou un architecte de rivaliser avec le réalisateur de films d'animation Hayao Miyazaki lorsqu'il crée le « château ambulant [4] ». Cet assemblage vivant et hétéroclite, hérissé de pistons et de cheminées, se déplace sur des pattes de poulet dans une débauche de cahots et de fumée ; grâce à une poignée intérieure magique, sa porte peut desservir des lieux aux antipodes les uns des autres. Ce cœur domestique foutraque et poussiéreux transbahuté à travers le vaste monde correspond à un vieux rêve. De même, certains des lits de Nicole Claveloux combinaient les attributs du confort le plus voluptueux et ceux du voyage, de la vitesse : lit à réaction, lit-bolide, lit volant, lit doté de bras et de jambes. Ce désir d'allier les charmes de l'intimité à ceux de l'aventure a produit *Little Nemo in Slumberland*, la bande dessinée de Winsor McCay, avec son lit aux constantes métamorphoses [5]. Il appartient aux grands motifs de rêverie identifiés par Gaston Bachelard : « Si le Créateur écoutait le Poète, il créerait la tortue volante qui emporterait dans le ciel bleu les grandes sécurités de la terre [6]. »

Sans pouvoir se permettre les mêmes délires débridés que les artistes, les inventeurs ne se sont pas avoués vaincus et ont trouvé mille manières de donner corps au désir d'emporter sa maison sur son dos : roulottes, caravanes, camping-cars… Guy Rottier, l'auteur de la « maison éolienne » qui permet de n'aller travailler que les jours de grand vent, exposa en 1964 la maquette d'une « maison de vacances volante » : une caravane-hélicoptère constituée d'un espace de vie pour trois ou quatre personnes, d'une cuisine, de toilettes et d'une cabine de

4 Hayao Miyazaki (réal.), *Le Château ambulant*, Studio Ghibli, 2004.

5 Alexander Brown, *Winsor McCay. The Complete Little Nemo, 1905-1927*, *op. cit.*

6 Gaston Bachelard, *La Poétique de l'espace*, *op. cit.*

pilotage. Elle empruntait à la technologie de l'hélicoptère Djinn, expérimentée à l'époque, ses pales à réaction qui « supprimaient l'entraînement mécanique du rotor », d'où son aspect compact et stable, comme si elle tenait en l'air par magie [7]. Quant à l'écrivain Raymond Roussel, fils d'une riche héritière, il s'était fait construire en 1925 une « villa nomade » dans laquelle il parcourut les routes de France, de Suisse et d'Italie. Cette voiture de neuf mètres de long comprenait plusieurs pièces, dont un salon-bureau-chambre à coucher modulable, une salle de bains avec baignoire et un dortoir pour ses deux chauffeurs et son valet. Les fauteuils, le lit large et confortable, les rideaux aux fenêtres offraient l'illusion parfaite, à l'intérieur, d'un appartement bourgeois. « On ne saurait concevoir un mode de déplacement plus agréable et plus fertile en sensations constamment renouvelées que celui qui permet de "cueillir le jour" au gré d'une fantaisie vagabonde, sous le ciel qui aura séduit, au sein du paysage qui sera un enchantement des yeux, sans renoncer néanmoins à une seule de ses habitudes, en continuant à jouir de tous les avantages du *home* familier, en s'assurant, enfin, la satisfaction unique de voyager sans quitter son "chez-soi" », s'enthousiasmait *L'Illustré*, consacrant un reportage à ce qu'il considérait comme « la plus belle automobile du monde » (27 février 1926) [8].

Parmi mes jeux d'enfant figuraient des panneaux en carton reliés en accordéon, illustrés des deux côtés, qui représentaient des façades d'immeubles. Il suffisait de les faire tenir debout pour créer des rues. Je passais en revue sans me lasser les mille détails dont fourmillaient ces dessins naïfs, salivant devant les bocaux de bonbons que l'on apercevait dans la vitrine d'une confiserie logée dans un rez-de-chaussée. Acheter une baguette de pain, promener son chien : dans cette ville pimpante et

---

7 Véronique Willemin, *Maisons mobiles*, *op. cit.*

8 *Idem.*

poétique, où régnait une atmosphère de paix et d'innocence, chacun vaquait à ses occupations quotidiennes avec un air de contentement absolu, bien compréhensible quand on a la chance d'évoluer dans un univers idyllique né sous le pinceau d'un illustrateur de talent. Et, en même temps, il se dégageait de l'ensemble un mystère épais, presque palpable, délicieux. Derrière chaque fenêtre se déroulaient des scènes d'autant plus captivantes qu'elles étaient fragmentaires. Je me serais tordu le cou pour essayer d'en voir davantage, si elles n'avaient pas été en deux dimensions. Les visions les plus anodines prenaient une tonalité fantastique ; cette grand-mère souriante dans sa cuisine, par exemple, avait le regard un peu trop fixe et m'apparaissait comme un genre de sorcière bienveillante. De même, lorsque, à la nuit tombée, on se promène dans les rues le nez en l'air, cherchant à deviner les intérieurs à travers les fenêtres éclairées, ce qui satisfait le plus notre œil est de capter une ambiance, un éclairage, un détail : une lampe ou un lustre, un pan de bibliothèque, un store ou un rideau, un balcon chargé de plantes. L'imagination ne demande pas mieux que de pouvoir compléter le tableau, travailler à partir de l'impulsion qu'elle a reçue de cet indice. Le fragmentaire est son aphrodisiaque ; la frustration, son aiguillon.

Cela explique aussi la fascination qu'exercent sur moi les (beaux) escaliers. Peu après mon inscription sur Pinterest, j'ai d'abord été déconcertée en prenant conscience de mon désir de créer un tableau dédié aux photos d'escaliers ; puis j'ai découvert que je n'étais pas seule à nourrir cette passion étrange et qu'il n'y avait rien de plus banal que de les collectionner [9]. Un escalier transforme en labyrinthe ce qui, sans lui, se résumerait à une boîte. Il représente une trouée, une échappée possible ; il signale un ailleurs encore inconnu, inexploré. Dans un logement qui nous séduit, sa présence signifie que ce n'est pas

9 *Cf.* Mona Chollet, « D'images et d'eau fraîche – Ode à Pinterest », art. cit.

encore fini, de même que, lorsqu'on aime un film ou un livre, on savoure la pensée du nombre de minutes ou de pages qu'il nous reste. Elle signifie que ce que l'on voit n'est pas tout : ce lieu tient en réserve d'autres pièces, d'autres dispositifs propices à d'autres variétés de plaisirs, d'autres richesses que l'on ne fait encore que pressentir ou entrevoir. Il promet d'autres perspectives, d'autres manières de sculpter l'espace, tel un acrobate exécutant une figure après l'autre. L'escalier multiplie les points de vue, crée parfois un puits de lumière. Lorsqu'il est dépourvu de contremarches, il offre au regard, au cours de la montée, une succession de lucarnes sur le paysage domestique qu'il surplombe. Mais il ne s'adresse pas qu'aux yeux : en rappelant à notre bon souvenir les muscles de nos jambes, il nous redonne un corps, ce corps qu'un appartement, au contraire, nous fait oublier en le contraignant, en le confinant dans un espace trop exigu, trop peu exigeant. Il nous remet dans notre corps d'enfant aventureux, qui éprouvait le besoin d'escalader tout ce qui pouvait l'être autour de lui, y compris ce qui n'était pas prévu pour. Un domicile doté d'un escalier, organisé entre une base et un sommet, entre des caves obscures et un grenier céleste, possède aussi une symbolique plus riche. À l'inverse, en ville, hormis dans les duplex ou les triplex, « le chez-soi n'est plus qu'une simple horizontalité. Il manque aux différentes pièces d'un logis coincé à l'étage un des principes fondamentaux pour distinguer et classer les valeurs d'intimité [10] ».

---

10 Gaston Bachelard, *La Poétique de l'espace*, *op. cit.* En revanche, on y gagne en sécurité : les escaliers représentent la deuxième cause d'accidents mortels (après les accidents de voiture). Le Royaume-Uni a été jusqu'en 2002 l'un des rares pays à tenir des statistiques précises à ce sujet. Cette année-là, 306 166 citoyens ont dû recevoir des soins médicaux à la suite d'une chute. *Cf.* Bill Bryson, *At Home*, *op. cit.*

Fantasmes et réalités

Fétichisme, vertige à l'idée de ce qui reste caché, affirmation d'une pulsion vitale, élans de sensualité, affolement devant trop de possibilités... Chez ceux qui en sont atteints, la passion des maisons peut s'apparenter à une seconde libido. Mais autant les livres et les jouets fournissent un carburant abondant à l'imagination des enfants, autant, en grandissant, on se retrouve singulièrement démuni. Ou, du moins, on se retrouvait démuni jusqu'à ces dernières années : l'essor de l'Internet des images a permis à des millions d'utilisateurs de Tumblr ou de Pinterest de se livrer à des orgies de photos d'intérieurs et d'abris de toutes sortes. L'omniprésence du terme *porn*, même s'il n'est pas réservé au registre domestique (on parle surtout du *food porn*), est significative : *cabin porn* pour les cabanes, *bookshelf porn* pour les bibliothèques, *interiors porn* pour l'architecture d'intérieur, *stair porn* pour les escaliers... Ce goût reste cependant curieusement clandestin. Ignorant les multiples témoignages du contraire, la société semble juger ces ruminations fantasmatiques dépassées chez un adulte – à l'exception du secteur marchand, bien sûr, qui ne se prive pas de les encourager pour tenter d'en tirer profit. Au sortir de l'enfance, en plus de me faire inviter chez les gens aussi souvent que je le pouvais, j'ai donc continué à me nourrir avec les moyens du bord. J'ai dévoré une impressionnante quantité de magazines de décoration, parce que c'était tout ce que je trouvais. Je restais pantelante d'admiration devant certaines des maisons qui y figuraient. En revanche, lorsque le charme n'opérait pas, devant des intérieurs qui me déplaisaient, trop apprêtés, opulents, prétentieux, je retrouvais toute ma lucidité sur les mécanismes à l'œuvre dans ces pages, qui se contentent le plus souvent de participer à l'étalage complaisant du mode de vie des riches.

Ne plus disposer d'autres supports que des magazines pleins de demeures luxueuses expose au risque de mal rêver. Non pas qu'il faille priver notre imagination de sa folie des grandeurs ; ce serait une grave erreur et, d'ailleurs, ce ne serait même pas possible, tant elle lui est consubstantielle. Citant une réflexion de George Sand, pour qui on pouvait classer les hommes suivant qu'ils aspirent à vivre dans une chaumière ou dans un palais, Bachelard estime que c'est plus compliqué que cela : « Nous avons chacun nos heures de chaumière et nos heures de palais [11]. » Nos fantasmes, en effet, revêtent la forme que leur donnent nos nécessités intérieures. Ils jouent un rôle compensatoire, nous servent de défouloir. Ainsi, la *tiny house* est un rêve de chaumière. Mais le journaliste du *New Yorker* qui se penchait sur le phénomène confiait que son trip à lui, en tant qu'habitant de la Grosse Pomme affamé d'espace, c'était plutôt l'exact inverse : « Parfois, je rêve que je découvre dans mon appartement des pièces dont j'ignorais l'existence. Tandis que j'entreprends de les explorer, j'éprouve une sérénité qui est absente de ma vie éveillée. Quand j'étais enfant, je voulais une maison si grande qu'il me faudrait une moto pour la parcourir d'un bout à l'autre [12]. » On pense à Georges Perec, qui, dans *Espèces d'espaces*, imaginait des appartements de sept pièces : une pour chaque jour de la semaine (après tout, disait-il, on fait bien des maisons de week-end). Le mercredoir, par exemple, serait dédié aux enfants, puisqu'ils ne vont pas à l'école ce jour-là. « Ce pourrait être une espèce de Palais de Dame Tartine : les murs seraient en pain d'épice et les meubles en pâte à modeler, etc. [13]. » Les constructions imaginaires dans lesquelles nous nous ébattons ne se confondent pas avec nos projets immobiliers concrets ; les unes et les autres répondent à des logiques et à des besoins distincts. Même s'il pouvait décider de la façon dont il voulait habiter en faisant abstraction de toute

---

11 Gaston Bachelard, *La Poétique de l'espace, op. cit.*

12 Alec Wilkinson, « Let's get small », art. cit.

13 Georges Perec, *Espèces d'espaces* [1974], Galilée, « L'espace critique », Paris, 2000.

contrainte financière, le journaliste du *New Yorker* ne choisirait probablement pas une maison qu'il devrait parcourir à moto. (Comme on l'a vu, si l'on se fixe l'objectif d'entretenir soi-même son lieu de vie, la différenciation se fait encore plus nettement.) Et je crois que même dans l'habitation la plus parfaite, la plus conforme à nos désirs, nous continuerions à rêver de maisons.

Le risque survient lorsque de la rêverie sereine, enrichissante, on bascule dans celle qui amène à mépriser sa propre vie. L'exposition des appartements et des maisons des riches fait courir ce danger. Les dispositifs de la société du spectacle, avec leur mise en scène constante de la réussite, se caractérisent en effet par leur capacité à fabriquer de l'insatisfaction. De l'insatisfaction et non de la révolte : chez ceux qui auraient toutes les raisons de revendiquer de meilleures conditions matérielles d'existence, ils détruisent ce minimum d'estime de soi sans lequel il n'y a pas de révolte possible. Quant aux plus favorisés, ils sont incités à se comparer sans cesse entre eux. Se répand ainsi une malédiction qui paralyse, qui empêche de faire corps avec ce que l'on est et ce que l'on a – et il me semble qu'un réseau social comme Instagram, en permettant d'effectuer la comparaison en temps réel, aggrave encore ce phénomène. Le magazine *Elle* parle d'un « bovarysme immobilier » qui se répandrait aujourd'hui dans les classes supérieures du fait de la vogue du *lifestyle* et de la disponibilité en ligne de milliers d'annonces, mais aussi de la hausse des prix (ce qui est rare devient encore plus désirable). « Madame Bovary ne rêve plus de monter à Paris. Elle fantasme sur cette petite grange à restaurer, qui serait si chic avec des volets bleu pâle – si seulement elle avait les 50 000 euros qui lui manquent… » Le bovarysme, c'est justement l'essence de cette mauvaise façon de rêver si bien saisie par Flaubert à l'époque de son apparition : une manie de la comparaison anxieuse, une incapacité à se fixer [14].

---

14 *Cf.* Mona CHOLLET, *La Tyrannie de la réalité*, *op. cit.*

Sollicité, le psychanalyste Serge Hefez décèle dans cette compulsion immobilière un signe du fait que « les gens ne supportent plus d'être enfermés dans une seule trajectoire, dans un seul couple, dans un seul domicile [15] ». « Enfermés » : le terme est significatif. Non pas qu'il ne faille jamais évoluer, mais de là à ne jamais pouvoir jouir de ce que l'on a...

Il n'y a cependant rien de fatal dans une telle logique. Rien n'empêche de s'accrocher aux formes de rêve heureuses que l'on a pu expérimenter dans l'enfance ou plus tard. Les casaniers, on l'a dit, se caractérisent par leur capacité à se satisfaire de ce qu'ils ont. Aussi longtemps que leur logement remplit sa fonction de chez-soi, qu'il permet ce mélange de plaisirs sensuels et imaginaires qui fait la félicité domestique, les défauts qu'ils peuvent avoir à lui reprocher ne pèsent pas très lourd – c'est le « principe d'invincibilité [16] » dont parle Chantal Thomas. Lorsque j'ai visité au cours de ma vie des habitations qui m'ont fascinée, elles ne m'ont jamais inspiré de la jalousie ou de la contrariété ; plutôt de l'exaltation à l'idée que de tels endroits existaient et qu'ils allaient désormais enrichir mon répertoire fantasmatique. Je m'illusionne peut-être et je sais que j'ai intérêt à rester vigilante, mais je crois même avoir réussi à faire un usage bénéfique des lieux qui me plaisaient dans les pages des magazines de décoration, en les traitant comme des déclinaisons de la maison-théière.

Non seulement il faut se résoudre à consommer un porno de maisons relativement pauvre et monotone après les feux d'artifice de l'enfance, mais nos rêves de maison raisonnables, ceux qui se rapprochent davantage d'un projet, trouvent eux aussi assez peu de relais. Alors que les choix architecturaux et urbanistiques façonnent notre quotidien, alors qu'ils déterminent notre rapport à nous-mêmes, à notre milieu, nos rapports

---

15 Patrick Williams, « La névrose immobilière », *Elle*, 27 juin 2014.

16 Chantal Thomas, *Comment supporter sa liberté*, *op. cit.*

les uns aux autres, bref, toute notre vie, ils restent remarquablement peu documentés, analysés et discutés. Ou, plutôt, les documents existent, mais nous nous y intéressons peu. Nous paraissons résignés à ce que ces choix nous échappent ; même le vocabulaire et les notions de base qui permettraient de s'en emparer nous font défaut. Alain de Botton formule une explication psychologique à ce désintérêt : nous refusons de reconnaître l'importance de l'architecture, dit-il, car cela impliquerait de reconnaître celle de la *mauvaise* architecture, ce qui serait trop démoralisant. « Si une pièce peut modifier notre état d'âme, si notre bonheur peut dépendre de la couleur des murs ou de la forme d'une porte, que nous arrivera-t-il dans la plupart des lieux que nous sommes contraints de regarder et où nous devons habiter [17] ? » Je voudrais pourtant tenter d'ébaucher ce qui se rapprocherait pour moi d'un habitat idéal, de façon inévitablement très modeste et très personnelle, mais avec d'autant moins de complexes que nous ne sommes pas vraiment saturés de contributions de ce genre.

Bâtir ou briller

À quelques exceptions près, les médias généralistes parlent peu d'architecture et, quand ils en parlent, ils la traitent comme un secteur de l'art contemporain. Ils proposent les portraits de quelques stars à l'ego hypertrophié, dont les réalisations s'adressent avant tout aux puissants de ce monde : villas fastueuses, sièges sociaux, magasins et boutiques, hôtels de luxe... Lorsqu'il arrive à ces grands noms de construire pour le citoyen lambda, à l'occasion d'une commande publique, ils semblent se soucier aussi peu du contexte dans lequel leur bâtiment prend place que des gens appelés à y évoluer. Au cours du

17 Alain de Botton, *L'Architecture du bonheur, op. cit.*

processus de conception de sa cabane d'écrivain, Michael Pollan avait reçu en cadeau de son architecte, afin de le stimuler dans sa réflexion, un abonnement à la revue *Progressive Architecture*. Il a vite compris que son ami lui signifiait par là ce dont il ne *voulait pas* pour leur projet. La revue s'intéressait exclusivement aux dessins et aux plans, et distribuait chaque année des récompenses sur cette base. Quand elle finit par introduire une rubrique dans laquelle un journaliste visitait un bâtiment existant pour voir comment il fonctionnait et comment les gens y vivaient, « cela fut considéré dans les cercles de la critique architecturale comme une innovation radicale ».

L'école postmoderne pousse particulièrement loin cette indifférence. Ses représentants se flattent même parfois de mettre les usagers mal à l'aise. L'architecte déconstructiviste Peter Eisenman se vantait ainsi de ce que la « nouvelle sensation spatiale » produite par un centre de congrès qu'il avait construit à Cincinnati ait fait vomir un congressiste. Avec ses maisons, dans les années 1970, il expliquait vouloir « déstabiliser l'idée de chez-soi » et, plutôt que de répondre aux besoins de ses clients, « les débarrasser de ces besoins ». En visitant l'une des habitations qu'il a construites, Pollan peut constater la présence dans la chambre à coucher d'une fente qui traverse le sol dans toute sa longueur et empêche d'y caser un lit double (« il y a en tout cas un besoin dont il a débarrassé ses clients »), ainsi que, dans la salle à manger, d'une colonne destinée à « frustrer la conversation autour de la table du dîner ».

Pollan avait voulu bâtir lui-même sa cabane pour s'offrir une incursion hors du royaume des mots et des concepts où il évoluait la plupart du temps. Il est donc pour le moins déconcerté de découvrir que beaucoup d'architectes contemporains conçoivent leurs œuvres comme des signes qu'il s'agit de déchiffrer ; certaines nécessitent même, pour être comprises, la maîtrise de références réservées aux initiés. Ils abandonnent ainsi, déplore l'écrivain, « précisément ce qui fait la valeur » de leur discipline : la possibilité de s'adresser au corps, à tous les sens, de façonner une expérience physique ; l'ancrage dans un lieu irréductiblement singulier qu'il s'agit de comprendre en profondeur afin d'en exploiter toutes les possibilités, loin de l'ubiquité et des illusions du spectacle mondialisé [18].

Ce « mauvais calcul » apparaît avec une clarté particulière dans ce que l'architecte français Karim Basbous appelle la logique « du Pictionary ». Comme dans le jeu qui porte ce nom, de nombreux bâtiments emblématiques construits au cours des vingt dernières années, remarque-t-il, s'attachent à illustrer un concept – et, qui plus est, un concept plutôt sommaire, avant tout destiné à assurer leur fortune publicitaire et médiatique : les quatre livres ouverts de la Bibliothèque nationale de France construite par Dominique Perrault à Paris, le geyser cristallisé de la tour Agbar de Jean Nouvel pour le siège de la Société des eaux de Barcelone, l'écume du Water Cube (piscine olympique) de l'agence Peddle Thorp & Walker à Pékin... Lorsqu'un édifice se voue ainsi à devenir un signe, cet objectif lui impose sa forme et prend le pas sur toute autre préoccupation. Il aboutit à un écrasement de l'espace habité. Plus haut, je comparais le cheminement dans un logement qui nous plaît à la lecture d'un livre ou au visionnage d'un film (avec une différence de taille, certes, puisque nous entrons dans un bâtiment avec tout notre corps). Dans la découverte d'un lieu, l'escalier représenterait ainsi l'équivalent du suspense dans un roman policier. Cette scénarisation est essentielle en architecture, rappelle Basbous : « L'édifice se dessine, se conçoit, selon un déroulé d'espace-temps : l'ordre des parties s'appuie sur celui du parcours, pour suspendre notre connaissance de l'édifice sans dilapider son potentiel esthétique dans la brièveté d'un coup d'œil et pour le distribuer avec économie le long d'une progression. » Mais la

18 Michael Pollan, *A Place of My Own*, *op. cit.*

logique du Pictionary compromet ce déroulé. Les habitants d'un bâtiment-image devront composer avec des intérieurs contraints, d'un usage malaisé et désagréable, car façonnés en fonction de l'effet que l'on veut produire de l'extérieur. Or, « en architecture, l'usage est la raison même de l'espace, ce qui en fait une chose habitée, utile, à la différence de la sculpture ». L'espace habité, estime Basbous, est le « grand refoulé de la culture contemporaine [19] ».

L'usage, l'espace habité : c'est précisément ce qui passionne Christopher Alexander. Un bâtiment, affirme l'architecte américain, est gouverné avant tout par les événements petits et grands qui s'y déroulent. Ils déterminent son sens, son identité, son atmosphère. « Pensez à une pièce vaste, des fenêtres immenses, une imposante cheminée vide, aucun meuble si ce n'est un chevalet et une chaise – l'atelier de Picasso. » Ou alors, pour prendre un exemple peut-être moins intimidant : « Une réunion d'amis, des gens qui cuisinent ensemble, buvant du vin, mangeant du raisin, préparant un ragoût de bœuf au vin, à l'ail et aux tomates qui doit cuire pendant quatre heures – et pendant qu'il cuit, nous buvons et plus tard, enfin, nous le mangeons. » En se penchant sur son propre quotidien, Alexander s'aperçoit qu'il est constitué, comme le quotidien de la plupart des gens, d'un nombre étonnamment limité d'actions qui se reproduisent sans fin : « Dormir, prendre une douche, prendre mon petit déjeuner dans la cuisine, écrire à mon bureau, marcher dans le jardin, préparer et manger le repas de midi à l'atelier avec mes amis… » Il ne souhaiterait pas forcément qu'il y en ait davantage, mais le petit nombre et la constante répétition de ces schémas signifient qu'ils sont d'une importance cruciale : de leur qualité dépend la qualité de notre vie [20].

---

19 Karim Basbous, « Bâtir ou briller ? », *Le Monde diplomatique*, août 2012.

20 Christopher Alexander, *The Timeless Way of Building*, *op. cit.* De même pour les citations suivantes, sauf mention contraire.

Alexander réfute l'idée selon laquelle la beauté ou la réussite en architecture tiendraient à une simple question de goût : on peut distinguer les réalisations « vivantes » des réalisations « mortes », affirme-t-il. Les premières possèdent ce qu'il appelle la « qualité sans nom ». Il consacre des pages d'une grande poésie à tenter de la définir. Si l'on ne peut pas la nommer, ce n'est pas parce qu'elle serait imprécise ; au contraire : « Les mots échouent à la saisir parce qu'elle est plus précise que n'importe quel mot. » Elle est cette alchimie toujours unique qui organise les éléments d'un lieu – humains et non humains – de façon à permettre l'épanouissement de chacun, le jaillissement harmonieux de toutes les forces qui les habitent et la meilleure coopération possible entre eux. À l'inverse, un lieu qui en est dépourvu nous empêche de libérer notre énergie ; il détruit notre sens de la vie et « la simple possibilité de la vie, en créant des conditions dans lesquelles les gens ne peuvent en aucune façon être libres ». Il nous enferme dans des nœuds de tensions insolubles. La « qualité sans nom » définit un système non seulement viable et stable, mais fécond, vertueux au sens où l'on dit qu'un cercle est vertueux. Elle est « circulaire » : « Elle n'existe en nous que dans la mesure où elle existe dans nos bâtiments ; et elle n'existe dans nos bâtiments que si elle existe en nous. » La pensée d'Alexander rappelle beaucoup les travaux lumineux du géographe Augustin Berque sur les milieux humains. Berque invite à prêter attention, pour mieux la favoriser, à la façon dont les lieux et leurs habitants s'engendrent et se façonnent mutuellement en un mouvement incessant. Car ils ne sont pas des éléments séparés et figés, mais participent de l'être les uns des autres [21].

Ce mouvement incessant, ce lent et subtil travail de mise en forme réciproque entre un lieu et ses occupants, on en trouve une illustration dans *Le Roman d'une maison* de Rezvani. L'écrivain y

21 *Cf.* Mona Chollet, « Penser par monts et par vaux », Peripheries.net, juin 2001.

évoque la petite maison – « un peu plus qu'un cabanon, un peu moins qu'une villa » – du massif des Maures, dans le Var, où il a vécu avec sa femme Lula. Baptisée *La Béate*, à la fois « modeste et somptueuse », elle « n'a jamais été une "belle maison" ni même de cette sorte de construction dont on se dit qu'elle a été pensée, souhaitée, désirée telle qu'elle est, dit-il. Non, elle est devenue belle par la façon dont elle a été vécue et dont elle s'est modifiée sans pour cela changer d'aspect ». Elle se rapproche de « certains coquillages simplement beaux pour avoir été sécrétés en innocence par la formulation même du vivant… Comme si le fait d'avoir été l'abri d'une façon d'être et de vivre en son creux avait produit une forme singulière, belle par la nécessaire justesse de sa fonction [22] ».

De même que l'on ne peut « fabriquer une fleur », on ne peut fabriquer la « qualité sans nom », mais seulement créer les conditions de son éclosion. Cela implique de porter une attention extrême à la spécificité d'un lieu et de ses habitants. « Supposons par exemple, dit Alexander, que je veuille construire dans mon jardin un perchoir où je disposerai de la nourriture pour les merles en hiver. » Les merles n'aiment pas descendre trop près du sol ; le perchoir ne devra donc pas être placé trop bas. Mais il ne devra pas non plus être trop haut, à cause du vent qui empêcherait alors les oiseaux d'atterrir. Une corde à linge à proximité pourrait les effrayer… Cette entreprise en apparence si simple se révèle un casse-tête. Pour voir exaucé son souhait d'une nuée de merles picorant les graines disposées à leur intention, l'architecte doit saisir « les millions de forces subtiles qui guident leur comportement ». Le résultat d'un aménagement ou d'une construction propices à la prolifération de la vie aura toutes les chances, précise Alexander, de se révéler « fluide et détendu dans sa géométrie » : il présentera des irrégularités et

22 Serge Rezvani, *Le Roman d'une maison*, *op. cit. Cf.* Mona Chollet, « Le cercle enchanté », Peripheries.net, août 2001.

des asymétries qui ne seront des imperfections qu'en apparence, car elles correspondront à une nécessité profonde. Il y a toutes les raisons de se méfier d'un bâtiment où tous les angles sont parfaitement droits, toutes les fenêtres de la même taille : la rectitude traduit forcément une forme de négligence, une violence faite au lieu et à ses habitants.

On ne s'étonnera pas de l'intérêt que portent à l'architecture vernaculaire et à l'artisanat traditionnel ceux qui désirent se laisser guider par les usages. Il ne s'agit pas de reproduire telles quelles des formes anciennes en versant dans la nostalgie, mais de recueillir la longue expérience qui les a sélectionnées et façonnées, d'en comprendre les grands principes et de s'appuyer sur les créateurs du passé pour se montrer aussi audacieux qu'eux-mêmes l'ont été en leur temps. Le parcours de l'architecte et designer Charlotte Perriand (1903-1999) témoigne de façon exemplaire de cet esprit. Après dix années passées dans l'atelier de Le Corbusier, elle avait accepté un poste de conseillère en arts décoratifs auprès du ministre du Commerce du Japon. Elle embarqua pour Tokyo en juin 1940, laissant derrière elle une France en plein chaos qu'elle ne reverrait qu'à la fin de la guerre. Ce long séjour forcé devait profondément la marquer. Comme l'observe son confrère Sôri Yanagi, elle qui était « l'une des leaders du design moderne le plus radical » découvrit avec enthousiasme les objets traditionnels japonais, « purs car profondément imprégnés par les usages [23] ». Elle retrouva dans la maison japonaise certains des principes promus par ses amis Le Corbusier et Pierre Jeanneret : « portes coulissantes, pièces à géométrie et à usage variables, diurne et nocturne, rangements incorporés, standardisation des composants [24] ».

---

23 Sôri Yanagi, « Charlotte Perriand et le design japonais », *in* Jacques Barsac, *Charlotte Perriand et le Japon*, Norma Éditions, Paris, 2008.

24 Jacques Barsac, *Charlotte Perriand et le Japon*, *op. cit.*

Charlotte Perriand a intégré l'influence japonaise à sa démarche avant-gardiste, tout en la mariant à d'autres héritages. On en retrouve la trace dans les appartements que cette Savoyarde d'origine – et sportive intrépide – a construits à la station des Arcs, et de façon encore plus nette dans son petit chalet de Méribel, doté notamment de portes coulissantes en verre sur le modèle des *shoji*, les cloisons japonaises en bois tendues de papier : « Elles s'escamotent, disparaissant entre les murs de pierre à l'extérieur et les pans de bois à l'intérieur. Par beau temps le soleil brille dans le chalet, et moi, protégée sous ma belle toiture-parasol, je suis en rapport avec les sapins tout proches, les oiseaux, les écureuils, ma terrasse et la ligne d'horizon, perdue dans le ciel – les sommets. » Au rez-de-chaussée, elle a aménagé un foyer en dalles de granit. Au passage, elle livre des usages auxquels elle le destine une description haute en couleur que ne renierait pas Christopher Alexander : « Une pièce dans la pièce pour griller un marcassin, des brochettes, des saucisses, le chapon à Noël, des bananes sous la cendre, pour boire ou chanter, rêver à la nuit tombée à la lueur des flammes, l'hiver, bercé par le bois qui chante, dans le silence de la neige qui tombe. Il y a bien une petite cuisine, mais c'est pour faire la vaisselle [25] ! »

Selon Alexander, un bâtisseur ne peut espérer atteindre la « qualité sans nom » que par l'oubli de soi, en se dépouillant radicalement de la tentation de dire quelque chose, de véhiculer une image, quelle qu'elle soit. Il décèle ce défaut jusque chez les grands architectes qui ont célébré le lien à la nature, tels Frank Lloyd Wright ou Alvar Aalto, mais aussi dans l'architecture hippie (il écrit dans les années 1970), qu'il juge trop démonstrative. La concentration sur la justesse et les exigences du bâtiment lui-même doit être totale. Pour que son œuvre puisse prendre vie, le concepteur doit y mettre sa personnalité,

---

25 Charlotte Perriand, *Une vie de création*, Odile Jacob, Paris, 1998.

certes, mais pas son ego, sans quoi elle sera « si remplie de sa volonté qu'il ne restera plus de place pour sa propre nature ». De même, Charlotte Perriand loue la maison traditionnelle japonaise parce qu'elle « n'essaie pas de paraître, mais de mettre l'homme en harmonie avec lui-même ». Elle partage la conviction du philosophe Soetsu Yanagi, grand redécouvreur des arts populaires de son pays, selon laquelle « le beau ne doit pas être bavard ; il doit comprendre un élément de silence [26] ».

Ce refus de la pose va de pair avec une capacité à prendre en compte tous les sens, au lieu de privilégier la vue, comme le font beaucoup d'architectes et comme le fait, plus généralement, toute notre culture obsédée par l'image. À ce sujet, Christopher Alexander raconte un souvenir. Un jour, alors qu'il se trouvait au Danemark avec une amie et qu'ils mangeaient des fraises à l'heure du thé, il a observé qu'elle coupait les fruits en tranches très fines, « presque aussi fines que du papier ». Comme cela prenait du temps et qu'il était intrigué, il lui en a demandé la raison. Elle lui a alors expliqué que l'on sentait le goût des fraises grâce aux surfaces ouvertes qui entraient en contact avec les papilles : plus il y avait de surface, plus il y avait de goût. La vie entière de cette femme était ainsi, commente-t-il. « Rien de superflu, mais tout ce que l'on fait, le faire totalement. Vivre de cette façon est la chose la plus facile du monde ; mais pour un homme à la tête remplie d'images, c'est la plus difficile. J'en ai appris davantage sur l'art de construire ce jour-là qu'en dix années de pratique. »

Préoccupé par la prédominance croissante de la vue dans l'enseignement et la critique de sa profession, l'architecte finlandais Juhani Pallasmaa a consacré à cette question un bref essai d'une grande acuité [27]. Dès la Grèce antique, la culture

---

26 Cité par Jacques Barsac, *Charlotte Perriand et le Japon, op. cit.*

27 Juhani Pallasmaa, *Le Regard des sens* [2005], traduit de l'anglais par Mathilde Bellaigue, Éditions du Linteau, Paris, 2010.

occidentale a considéré la vue, assimilée à la connaissance, comme le sens le plus noble. Férue d'abstraction et de rationalisation, inondée d'images, notre époque la met plus que jamais à l'honneur. De surcroît, elle privilégie le regard ciblé au détriment de la vision périphérique, pourtant essentielle : la perception périphérique inconsciente « transforme les formes rétiniennes en expériences spatiales et corporelles » ; elle « nous enveloppe dans la chair du monde », « nous intègre à l'espace », alors que la vision ciblée nous en expulse.

Ce déséquilibre des sens contribue à notre sentiment d'étrangeté au monde. Le regard induit en effet une attitude de mise à distance, d'objectivation, de domination : « Nous fermons les yeux quand nous rêvons, écoutons de la musique ou caressons ceux que nous aimons. » En revanche, le toucher permet le contact, l'implication, l'appartenance : on peut imaginer un regard nihiliste, mais pas un « toucher nihiliste ». Nos expériences les plus intenses de l'univers domestique passent d'ailleurs par la peau, par une sensation physique de chaleur, de sécurité et d'intimité. En témoigne l'attrait qu'exercent les images de maison éclairée dans un paysage enneigé, que j'évoquais à propos des longues et bienheureuses réclusions hivernales. De son enfance en Finlande, Pallasmaa a gardé un souvenir particulièrement vif des retours chez lui au crépuscule, lorsqu'il savourait le réconfort de regagner un intérieur bien chauffé et de sentir se détendre peu à peu ses membres gelés. Plus largement, dit-il, « on n'apprécie pas une œuvre architecturale comme une série d'images rétiniennes isolées, mais dans son essence matérielle, corporelle et spirituelle ».

Abandon au tropisme japonais

Attention portée aux usages et à la vie secrète d'un lieu, discrétion de l'architecte, capacité à orchestrer une symphonie sensorielle... Quelles autres conditions peuvent favoriser l'apparition de la « qualité sans nom » ? Christopher Alexander préconise le recours, au moins en partie, à des matériaux qui s'altéreront avec le temps et rappelleront le caractère transitoire de toute chose. Car un lieu ne peut être vivant si l'on veut donner l'impression qu'il va durer toujours. Les architectes modernistes, observe lui aussi Michael Pollan, rêvent de bâtiments qui soient non seulement débarrassés des fantômes du passé, lumineux, géométriques – comme ceux de Le Corbusier, typiquement –, mais aussi « immunisés contre l'avenir ». Ils ne tiennent aucun compte des altérations que leur œuvre est appelée à subir sous la double action des éléments à l'extérieur et des habitants à l'intérieur. Leur création est destinée à s'inscrire dans la durée, à devenir le théâtre d'une histoire ; elle est vouée à leur échapper. Mais leur désir de maîtrise est si total qu'ils refusent d'admettre cette vérité fondamentale et de l'intégrer à leur démarche. Ils dédaignent les matériaux réputés pour la grâce avec laquelle ils vieillissent, tels que la pierre ou le bois : ils souhaitent des constructions qui aient l'air éternellement neuves. Conséquence : leurs bâtiments se délabrent au lieu de vieillir. De même, ils règlent jusqu'au plus petit détail de l'aménagement intérieur, de sorte qu'ils ne peuvent qu'être contrariés en voyant leurs maisons habitées : elles ne seront jamais aussi parfaites qu'à la veille de l'emménagement. L'un d'eux, à qui l'on demandait s'il lui arrivait de revenir voir l'un de ses bâtiments, s'écriait : « Oh non, c'est trop décourageant [28] ! » Lorsque nous contemplons ces constructions, nous avons sous les yeux des tombeaux où gît le génie du temps.

Auteur du Théâtre équestre Zingaro à Aubervilliers, de la Grange au lac à Évian, de la Condition publique à Roubaix ou encore de l'Académie nationale contemporaine des arts du cirque Annie Fratellini à Saint-Denis, l'architecte Patrick

---

28 Michael POLLAN, *A Place of My Own*, *op. cit.*

Bouchain se démarque de cette mentalité en revendiquant des réalisations dites « éphémères ». « Ce n'est pas éphémère parce que ça disparaît, explique-t-il, mais au sens où il n'y a jamais de temps arrêté ; le bâtiment n'est jamais fini. Un bâtiment fini, c'est un bâtiment mort. Je suis ouvert à la transformation, par moi ou par d'autres [29]. » Selon lui, il faudrait faire de l'architecture comme on fait un jardin : « Un jardin, quand il est livré, doit être entretenu. Il faut le cultiver, et il va produire des choses grâce à cela. Alors que le logement, on le loue en interdisant d'y toucher. Si on fait cela dans un jardin, il meurt [30]. »

Dans la culture japonaise, où domine le sentiment de l'impermanence et du transitoire, la notion de *sabi* désigne « la patine de l'âge, le renoncement à l'éclat ». Elle invite à accepter et à apprécier les altérations de la matière, les traces du passage du temps, en magnifiant « la profondeur esthétique que l'usure, la perte de vivacité, la rouille peuvent apporter à un objet qui a bien servi [31] ». Lorsque le Pavillon d'or de Kyoto, détruit par un incendie, fut reconstruit à l'identique, en 1955, un badaud commenta : « Attendons dix ans, qu'il acquière un peu de *sabi* [32]. » *Wabi-sabi* est le concept clé de l'esthétique japonaise, *wabi* désignant plutôt la simplicité, le recours aux matières humbles : bois, papier, paille [33]. Les choses *wabi-sabi* « gardent la trace du soleil, du vent, de la pluie, de la chaleur et du froid ; elles se décolorent, rouillent, ternissent, se tachent, se

---

29 « Patrick Bouchain : "Si on faisait du cinéma comme beaucoup font de l'architecture, il n'y aurait pas de films" », propos recueillis par Grégoire Allix, *Le Monde*, 22 mars 2005.

30 Patrick Bouchain et EXYZT, *Construire en habitant*, *op. cit.*

31 Dominique Buisson, « Aux sources du raffinement japonais », *in* Jean-Marie Bouissou (dir.), *Esthétiques du quotidien au Japon*, Institut français de la mode/Regard, Paris, 2010.

32 Cité par Donald Richie, *A Tractate on Japanese Aesthetics*, Stone Bridge Press, Berkeley, 2007.

33 *Cf.* Stéphane Barbery, « Le wabi-sabisme n'est pas un humanisme. Comme l'univers », Tropiques japonaises, 9 février 2008, www.tropiques-japonaises.fr.

déforment, rétrécissent, flétrissent, se lézardent [34] ». Une technique appelée *kintsugi*, ou *kintsukoroi*, consiste à souligner les fêlures d'un objet – un bol à thé, par exemple – avec de la laque d'or, afin que ses défauts le rendent encore plus beau.

Eh oui, le Japon, encore. Avant et après Charlotte Perriand, bien d'autres Occidentaux ont été fascinés. Frank Lloyd Wright découvrit l'architecture japonaise lors de la World Columbian Exposition de 1893 à Chicago, à l'âge de vingt-six ans, et son travail ultérieur devait refléter le choc qu'elle lui avait causé. Il séjourna dans l'archipel entre 1917 et 1922. À Paris, en 1925, le rapporteur de l'Exposition des arts décoratifs interrogeait : « Nos théoriciens ne furent-ils pas devancés par les aménagements pratiques de la maison nipponne, simple et légère, ouverte à l'air et à la lumière [35] ? » L'essayiste Leonard Koren se souvient qu'à la fin des années 1960, au cours de ses études d'architecture à Los Angeles, la culture traditionnelle japonaise lui semblait, comme à beaucoup de ses condisciples, bruisser de réponses aux plus grandes questions de la vie. Le *wabi-sabi* lui apparaissait comme un « paradigme esthétique fondé sur la nature, qui réintroduisait dans l'art de vivre un certain sens de la mesure ». Il lui offrait un antidote à la désensibilisation qu'il voyait à l'œuvre dans la société américaine, et un moyen de résoudre le dilemme qui se posait à lui : comment créer de beaux objets sans succomber à un matérialisme désenchanté [36] ? Quant à Juhani Pallasmaa, dans sa critique de la primauté accordée à la vue sur les autres sens, il se réfère au *Livre du thé* de Kakuzo Okakura, pour sa description multisensorielle de la cérémonie du thé, et à l'*Éloge de l'ombre* de Junichiro

34 Leonard Koren, *Wabi-sabi for Artists, Designers, Poets & Philosophers* [1994], Imperfect Publishing, Point Reyes, 2008.

35 Caroline Mathieu, « La découverte de l'architecture japonaise. Le rôle des expositions universelles », *in* Olivier Gabet (dir.), *Japonismes*, Flammarion, Paris, 2014.

36 Leonard Koren, *Wabi-sabi for Artists, Designers, Poets & Philosophers*, *op. cit.*

Tanizaki, pour sa critique des éclairages uniformes et violents qui prédominent en Occident [37].

Difficile de ne pas comprendre cet engouement, tant la maison traditionnelle japonaise multiplie et systématise les dispositifs susceptibles d'augmenter la qualité et les plaisirs de la vie domestique. Le travail du journaliste et photographe David Michaud, qui a documenté la façon dont des couples ou des familles continuent aujourd'hui de faire vivre cet art d'habiter, l'illustre avec une éloquence particulière [38]. Quand on parlait de la scénarisation indispensable à la découverte d'un lieu... Après la porte d'entrée, le *genkan*, ou vestibule, marque la transition de la lumière à l'ombre, de l'espace public à l'espace privé. Il comporte un sol carrelé ou bétonné (autrefois en terre battue) d'où l'on passera, après s'être déchaussé sur une pierre prévue à cet effet, sur le plancher surélevé, afin de pénétrer dans la maison proprement dite. Dans l'embrasure de la porte, le *noren*, court rideau fendu réservé à l'origine aux commerces et aux restaurants, voile l'intérieur en même temps qu'il le laisse entrevoir. Sur le pourtour de la maison court l'*engawa*, une galerie qui permet soit de circuler, soit de se détendre et de prendre le frais tout en restant abrité, en étant à la fois dedans et dehors ; elle est surmontée d'un auvent grâce auquel on peut ouvrir les fenêtres même par une pluie battante. Des volets coulissants extérieurs, que l'on referme en cas de tempête ou à la tombée de la nuit, protègent l'ensemble de la maison. L'été, les *yoshido*, panneaux en roseaux, laissent entrer la brise tout en filtrant la lumière. Les parois en bois appelées *shoji* et *fusuma* (les premières tendues de papier blanc translucide, les secondes

---

37 Kakuzo Okakura, *Le Livre du thé* [1906], traduit de l'anglais par Corinne Atlan et Zéno Bianu, Philippe Picquier, Arles, 1996 ; Junichiro Tanizaki, *Éloge de l'ombre* [1933], traduit du japonais par René Sieffert, Publications orientalistes de France, Cergy, 1993.

38 David Michaud, *Japon vu de l'intérieur. L'âme de la maison*, Éditions de Tokyo, Tokyo, 2011.

opaques) coulissent dans des rainures au sol pour moduler l'espace à volonté. Les *yukimi-shoji*, ou « *shoji* pour voir la neige », comportent une petite ouverture dans leur partie inférieure à travers laquelle on peut admirer la blancheur recouvrant le jardin. Cette architecture séduit aussi par sa façon de prendre au sérieux ce qui n'a aucune utilité, mais qui importe par sa beauté ou sa poésie : la chambre ou le pavillon de thé (*suki-ya*, littéralement « maison de la fantaisie ») ; le *tokonoma*, ou « alcôve de l'art », spécialement destiné à exposer des objets que l'on aime et sur lesquels on veut attirer l'attention ; les *kamifusen*, petits ballons vivement colorés en papier de riz, souvent en forme de poissons, posés sur un meuble ou suspendus… À côté de tant de légèreté et de sobriété, l'architecture de tradition occidentale, qui, bien entendu, a aussi envahi le Japon contemporain, donne un sentiment de gâchis et de laideur extraordinaires.

La maison japonaise témoigne du lien étroit qui existe entre la fragilité des matériaux, leur capacité à s'altérer avec le temps, et la force avec laquelle ils parlent à nos sens. La baignoire en bois (*furo-oke*) embaume toute la salle de bains. Dans la salle à manger de l'artiste Akishi Sugiura – qui s'attache à poursuivre la réinterprétation de l'artisanat populaire entreprise par Soetsu Yanagi –, une lampe-boule en papier suspendue au plafond, aussi imposante que légère, éclaire de sa blancheur la charpente en bois sombre même lorsqu'elle est éteinte. Les nœuds dans le bois clair de la commode, de la table et des bancs manifestent dans la pièce la présence de l'arbre dont ils sont issus. (En 1867 déjà, lors de la première exposition japonaise à Paris, un visiteur s'émerveillait : « Le bois de charpente est présenté dans sa nudité, épais, solide et dense ; on en sent la force et le poli, on en compte les veines [39]. ») La commode massive est surmontée

39 Cité par Caroline Mathieu, « La découverte de l'architecture japonaise. Le rôle des expositions universelles », art. cit.

d'un fin bougeoir en porcelaine où luit la flamme d'une bougie ; la table, d'un petit panier à anse en osier. Les barreaux du volet en bois projettent leur ombre sur le sol. Une autre lampe en papier, posée par terre, illumine un coin obscur de la pièce et diffuse un éclairage intimiste. Dans le salon, une théière à manche de bambou et un petit vase bombé en porcelaine trônent sur la table basse laquée. On s'assoit sur des coussins recouverts de tissus à fines rayures blancs, bleus et noirs disposés sur le plancher ; leur aspect doux et mat contraste avec celui de la table vernie et de la vaisselle. À l'arrière-plan, un *shoji* diffuse sa lumière de papier. Dans cette maison simple et paisible, on n'aperçoit aucune matière qui ne soit pas en affinité profonde avec le corps de ses habitants [40].

Charlotte Perriand avait trouvé dans la tradition japonaise un écho à sa propre « sensualité pragmatique », elle qui avait introduit dès 1928 des matériaux tels que la fourrure, les tissages et le cuir dans l'univers de Le Corbusier [41]. Son séjour lui donna l'occasion de laisser libre cours à ce penchant, au point que certains de ses hôtes jugèrent qu'elle poussait le bouchon un peu loin. « Pour nous les jeunes, toute cette culture demande à être rationalisée, lui déclarait ainsi le critique Masaru Katsumi. C'est malsain de vouloir exhiber des références explicites à la nature dans un contexte quotidien civilisé. » Son interlocutrice protestait qu'elle y voyait au contraire « l'un des beaux aspects de l'architecture japonaise ». Et argumentait : « On a beau le dire naturel, ce bois n'a rien de naturel : c'est bien un homme qui est intervenu dessus en le coupant [42] ! » L'un des coups d'éclat de son séjour fut de refaire la « chaise longue basculante » qu'elle avait conçue en France avec Le Corbusier et Pierre Jeanneret en remplaçant le métal

40 David Michaud, *Japon vu de l'intérieur*, *op. cit.*

41 Jacques Barsac, *Charlotte Perriand et le Japon*, *op. cit.*

42 Cité par Jacques Barsac, *Charlotte Perriand et le Japon*, *op. cit.*

d'origine par du bambou. Aussi belles qu'ergonomiques, les deux versions (« LC4 » et « Tokyo ») sont restées des classiques du design.

Comment Terunobu Fujimori a sauvé mon regard

Des matériaux qui empruntent au monde naturel sa force tout en manifestant une démarche de création raffinée, un esprit à la fois spirituel et ludique : avec ses constructions spectaculaires, Terunobu Fujimori (né en 1946) est probablement celui qui porte le plus haut le flambeau de cet héritage. D'une forme impossible et enchanteresse, ses maisons présentent une physionomie presque humaine, quand elles ne ressemblent pas à des animaux fabuleux. Pour la façade de la Yakisugi House, dont le nom signifie « maison en cèdre brûlé », à Nagano, il a remis au goût du jour une vieille technique locale consistant à carboniser la surface des planches ; on protège ainsi le bois des intempéries tout en lui donnant des sortes d'écailles de crocodile d'un noir profond. La Tanpopo House (« maison pissenlit »), qu'il a construite pour lui-même à Tokyo, est en pierre volcanique ; de l'herbe et des pissenlits poussent dans les interstices des murs et du toit. Il dit aimer son air « ébouriffé [43] ». Elle comprend une chambre de thé entièrement vide, aux murs et au plafond tapissés de planches irrégulières en chêne dont la blondeur éblouissante s'accorde exactement à celle du sol en rotin. Ces matériaux irradient d'une telle présence qu'on a l'impression d'être « immergé en eux », comme l'observe l'architecte lui-même : « Il y a une fenêtre dans cette pièce, mais au lieu de sentir que l'espace est repoussé de l'autre côté de la vitre, on a conscience de l'espace

43 Jaime Gillin, « Terunobu Fujimori », Dwell.com, 14 avril 2009.

intérieur enclos par le matériau [44]. » On retrouve ce bois blond dans le réfectoire de l'école d'agriculture de Kumamoto, dans le sud du Japon, qu'il a conçue en 2000 : les lattes du plancher, les chaises, les tables, la croisée des petites fenêtres situées à la hauteur des tables... La salle est scandée de hauts piliers faits de minces troncs de pins rouges du Japon grossièrement taillés et, pour certains, encore pourvus de quelques branches hautes. Seuls les murs sont en plâtre d'un blanc immaculé. Mis en valeur par un éclairage généreux et flatteur, l'ensemble dégage une chaleur et une sensualité très inhabituelles dans un espace collectif. Fujimori n'aime pas les planches sciées mécaniquement et apprécie le bois que l'industrie met au rebut, avec ses qualités accidentelles et inattendues. Dans une salle du musée d'art Akino Fuku, qu'il a construit, il a installé une table qu'il a fabriquée en découpant le plateau aux ciseaux à bois, de sorte qu'elle présente une surface bosselée : « Lorsque vous posez une tasse dessus, elle ne tient pas, ce qui est entièrement de votre faute [45]. »

Je n'ai jamais eu la chance de visiter un bâtiment construit par Fujimori ; mais, en tournant les pages d'un livre consacré à son œuvre, je pousse des exclamations de saisissement émerveillé. Une réflexion de Juhani Pallasmaa m'aide à comprendre la force de mes réactions. L'époque contemporaine, observe l'architecte finlandais, privilégie la vue et sauve également l'ouïe, mais elle considère le toucher, le goût et l'odorat, assimilés à une animalité dérangeante, comme des « vestiges sensoriels archaïques à la fonction simplement privée ». Il ne s'agit donc plus seulement d'une hiérarchisation des sens, comme aux périodes précédentes, mais d'une censure délibérée de

---

44 Dana Buntrock, « Evoking the primal », *in* Blaine Brownell, *Matter in the Floating World. Conversations with Leading Japanese Architects and Designers*, Princeton Architectural Press, New York, 2011.

45 Terunobu Fujimori, *Architecture*, Toto Publishing, Tokyo, 2007.

certains d'entre eux, qui appauvrit la vue elle-même en la privant de sa coopération naturelle avec eux. Car l'œil ne peut fonctionner correctement sans la mémoire de notre expérience corporelle. À l'origine, d'ailleurs, « tous les sens, y compris la vue, sont des extensions du sens tactile » ; ils sont des « spécialisations du tissu de la peau ». On peut parler du toucher comme de la « mère des sens ». Pallasmaa critique le « faible sens de la matérialité » des constructions actuelles, qui n'accueillent et ne nourrissent plus notre regard ; il mentionne en particulier l'usage croissant du verre réfléchissant. À l'inverse, les matériaux naturels « permettent à la vision de pénétrer leurs surfaces [46] ». Fujimori exploite cette propriété en toute connaissance de cause : « Une surface distincte, non uniforme, d'une texture rugueuse, stimule le sens du toucher, écrit-il. Même si on ne la touche pas effectivement, on ressent sa rugosité à travers le sens de la vue [47]. » Il se pourrait donc bien que, même en photo, le spectacle de ses réalisations délivre mon œil d'une longue frustration.

Fujimori a passé son enfance dans un village qui entretient des liens particulièrement forts avec le shintoïsme, et il n'exclut pas que cet héritage panthéiste l'ait influencé. Il souligne toutefois que le célèbre architecte Toyo Ito, au style très différent du sien, a grandi au même endroit : « L'influence de l'environnement sur les êtres humains n'est pas une affaire simple et directe [48]. » Il dit ne pas s'intéresser à la tradition pour la tradition – ce dont on se doute en voyant ses créations. En 1991, alors que son premier bâtiment, le musée historique Jinchokan Moriya, plongeait tout le monde dans la perplexité, son confrère Kengo Kuma avait fait observer qu'il ne ressemblait à rien de connu tout en éveillant pourtant une sorte de

---

46 Juhani Pallasmaa, *Le Regard des sens*, *op. cit.*
47 Terunobu Fujimori, *Architecture*, *op. cit.*
48 *Idem.*

nostalgie ; cette réflexion avait eu valeur d'adoubement [49]. Fujimori affirme aussi ne pas être particulièrement attaché à la culture japonaise : il se définit comme un « vernaculaire internationaliste ». Le toit végétalisé de la Tanpopo House lui a été inspiré par des maisons normandes ; l'intérieur de la Yakisugi House, par la grotte de Lascaux. Il est allé observer l'architecture en terre au Niger et au Mali – en particulier la Grande Mosquée de Djenné –, les constructions en adobe dans l'Ouest américain [50]. Parmi les bâtiments qu'il admire le plus figure la chapelle Notre-Dame-du-Haut à Ronchamp, une réalisation tardive de Le Corbusier dans laquelle il voit un retour à l'enfance du célèbre architecte [51].

Fidélité manifeste à la tradition japonaise, toutefois : Fujimori fait aussi des pavillons de thé – à sa manière, certes. Le plus beau est sans discussion possible le Chashitsu Tetsu, dans le parc d'un musée de la ville de Hokuto : une cabane qui semble coiffée d'un chapeau pointu, avec un toit en feuilles de cuivre roulées à la main, une petite cheminée et des murs en terre, juchée au sommet d'un haut pilier fait d'un gros tronc de cyprès encore pourvu de son écorce. Elle est particulièrement féerique quand les cerisiers qui l'entourent fleurissent ; de nuit, surtout, lorsque ses fenêtres éclairées brillent au milieu de toute cette neige rose plongée dans l'ombre, l'effet est saisissant. On retrouve là le charme des petits espaces, puisque l'exiguïté fait partie des règles établies par le maître Sen no Rikyu (1522-1591) pour les pavillons de thé. Une construction de petite taille conçue pour abriter une expérience intense, avec un foyer où faire du feu : la cabane à thé représente aux yeux de Fujimori une « cristallisation de l'architecture humaine [52] ». Il a également tenu compte des préconisations

---

49 *Idem.*

50 Dana Buntrock, « Evoking the primal », art. cit.

51 Terunobu Fujimori, *Y'Avant-Garde Architecture*, Toto Publishing, Tokyo, 1998.

52 Terunobu Fujimori, *Architecture, op. cit.*

de Sen no Rikyu pour l'entrée, appelée *nijiriguchi*, qui oblige à se baisser et à se contorsionner pour pénétrer à l'intérieur. Ce dispositif incite à l'humilité et symbolise l'effacement des hiérarchies sociales dans la cérémonie du thé, mais donne aussi l'impression que l'on change d'univers.

Comme elle enveloppe étroitement le corps, la cabane à thé s'apparente presque à un vêtement et suscite une appropriation forte. C'est d'ailleurs parce qu'il avait eu du mal à se séparer de la première, demandée par un client, que Fujimori a décidé d'en construire une dans le jardin de sa propre retraite de Nagano. Ainsi est né le Takasugi-an (« pavillon de thé trop haut »), perché à six mètres et demi du sol sur deux troncs de châtaigniers du Japon filiformes coupés dans la montagne avoisinante. On y accède par une échelle, avec une plateforme à mi-parcours pour souffler. L'architecte y invite ses clients pour leur présenter les plans qu'il a conçus pour eux : « S'ils n'aiment pas mon projet, je secoue la cabane [53] ! » lance-t-il en éclatant de rire. Dans ses maisons aussi, comme on l'a vu, il intègre une chambre de thé qui reproduit la philosophie des pavillons – un « univers indépendant à l'écart de la vie quotidienne » –, mais qui m'évoque aussi la « chambre à soi » de Virginia Woolf ou l'« endroit secret » préconisé par Christopher Alexander. Le commanditaire de la Nira House avait expressément demandé une « pièce secrète ». Celui de la Yakisugi House voulait une petite pièce où il pourrait se retirer au calme ; l'architecte lui a aménagé une étude perchée en hauteur, avec un rebord de fenêtre-bureau où il peut lire et écrire face aux branches des érables du jardin.

Le jeu est partout dans ces constructions. La Coal House intègre des portes « aux dimensions d'un hobbit » ; des échelles plutôt raides constituent la seule voie d'accès aux chambres d'enfant [54]. Pour gagner la chambre de thé, située à l'étage, dans

53 Jaime GILLIN, « Terunobu Fujimori », art. cit.
54 *Idem.*

une avancée du bâtiment, on peut passer soit par l'extérieur de la maison, en empruntant une échelle et une trappe percée dans le sol de la pièce, soit par une porte secrète depuis la chambre à coucher principale. L'échelle amène le visiteur « à se sentir et à penser différemment dans l'espace » ; Fujimori voulait que ceux qui y grimpent aient « un petit peu peur [55] ». Son architecture combine des dispositifs stimulants, excitants, qui procurent des sensations fortes et incitent à la hardiesse, et d'autres qui invitent à se pelotonner, à se blottir confortablement. Ainsi, il aime les fenêtres à croisée, qu'il juge rassurantes car elles interposent un « modeste obstacle » entre l'habitant et le paysage [56]. L'alternance de grandes fenêtres et d'autres toutes petites sur les façades de certaines de ses maisons témoigne d'un sens de l'intimité absent des constructions modernistes. Elle se situe à l'opposé des baies vitrées rectilignes très prisées par l'architecture contemporaine, qui transforment le paysage en trophée et placent l'habitant en vitrine. Dotée de parois entièrement transparentes, la S House bâtie en 2014 dans une banlieue de Tokyo par Yuusuke Karasawa pousse cette tendance à l'extrême : seule la salle de bains y échappe aux regards du voisinage [57]. Comment un monde bâti sur le regard pourrait-il ne pas devenir un monde de la surveillance et de l'exposition panoptique ?

Ce souci de répondre à deux aspirations humaines opposées et complémentaires traduit chez Fujimori une empathie à l'égard des occupants de ses maisons que j'avoue préférer à la volonté de déstabilisation snob et condescendante des architectes constructivistes. En définitive, on retrouve dans ses

---

55 *Idem.*

56 Genpei AKASEGAWA, « Top of the roof », *in* Terunobu FUJIMORI, *Architecture*, *op. cit.*

57 « Yuusuke Karasawa's maze-like S House has an entirely transparent façade », Dezeen.com, 14 octobre 2014.

créations le mélange de sécurité et d'aventure évoqué plus haut comme un grand motif de rêverie. Cette qualité s'exprime avec une netteté particulière dans la Yakisugi House. Ajoutée à la fantaisie débridée de sa forme, à l'intensité de ses matériaux, elle explique peut-être pourquoi cette maison m'apparaît comme la plus belle du monde.

Ces dernières années, la tradition japonaise et ses héritiers ont suscité un regain d'intérêt en raison des qualités écologiques de leurs réalisations. Un architecte français qui prône le recours à des matériaux de récupération se réfère au *wabi-sabi* [58]. De fait, les murs épais de la Tanpopo House, par exemple, offrent une excellente isolation. Toutefois, il s'agit d'une conséquence de la démarche de Fujimori davantage que d'un but. Se préoccuper de la consommation énergétique d'un bâtiment lui apparaît comme le rôle d'un ingénieur et non d'un architecte [59]. Il se soucie d'écologie, mais juge décevante l'architecture développée dans le but de minimiser l'impact sur la biosphère : « Elle n'opère aucun changement substantiel par rapport au modernisme classique. Pour le dire simplement, je m'intéresse à la nature, aux gens et à la créativité qui peut se développer à l'intérieur des lois de la nature. C'est l'expression de cette relation qui me motive, plutôt que des calculs sur les économies d'énergie. » Il travaille avec des matériaux bruts parce qu'à ses yeux « l'acier, le verre et le béton ne s'accordent pas bien avec les richesses du monde naturel [60] ». Il déclarait en 1998 : « Lorsque j'ai devant moi de la terre, du bois et de la pierre, mon sang ne fait qu'un tour. Le sang de ma jeunesse, lorsqu'on m'appelait Teru-bo et que je courais à travers les

---

58 Jean-Marc Huygen, *La Poubelle et l'Architecte. Vers le réemploi des matériaux*, Actes Sud, « L'Impensé », Arles, 2008. *Cf.* aussi Julien Choppin et Nicola Delon, *Matière grise*, Pavillon de l'Arsenal, Paris, 2014.

59 Jaime Gillin, « Terunobu Fujimori », art. cit.

60 Dana Buntrock, « Evoking the primal », art. cit.

champs et les montagnes du Shinshu, se remet à bouillir à l'intérieur de moi [61]. » Son confrère Shigeru Ban, qui s'est rendu célèbre par son utilisation du carton recyclé, affirme lui aussi ne pas s'intéresser à l'architecture « verte » ou « durable » : « Je déteste le gaspillage, c'est tout [62]. »

De prime abord, l'usage de matériaux humbles ou naturels peut susciter le scepticisme chez ceux qui n'y sont pas accoutumés. On lui accordera une admiration polie, en le jugeant « poétique », mais sans le prendre au sérieux, quand on ne lui témoignera pas franchement du mépris. Après l'attribution à Shigeru Ban du prix Pritzker, le « Nobel d'architecture », en 2014, un écrivain britannique moquait le style (pourtant très sage) du lauréat, le jugeant « loufoque, digne de la Terre du Milieu [63] » – soit l'univers de *Bilbo le Hobbit* et du *Seigneur des Anneaux* de J. R. R. Tolkien. Les abris à base de carton de Ban, comme la Paper Log House, créée en 1995 après le séisme de Kobé, ont cependant permis de fournir un toit à des victimes de guerre ou de catastrophe naturelle dans plusieurs pays : Inde, Chine, Rwanda, Italie, Philippines... Ils lui ont valu de devenir conseiller auprès du Haut-Commissariat des Nations unies pour les réfugiés. Il s'agit là de constructions provisoires, mais il a utilisé le même procédé pour bâtir sa propre maison de week-end, la Paper House ; non pas qu'il ait le temps de prendre des week-ends, explique-t-il, mais il voulait prouver la viabilité de sa technique [64]. « Les matériaux high-tech ne sont pas vraiment nécessaires, estime-t-il. Ce qui m'intéresse, c'est d'utiliser des matériaux ordinaires, car je crois que c'est une façon de penser très originale. Tout le monde est obsédé par l'idée de

---

61 Terunobu Fujimori, *Y'Avant-Garde Architecture*, *op. cit.*

62 Dana Goodyear, « Paper palaces », *The New Yorker*, 11 août 2014.

63 Cité par Stephen Phelan, « Architecture in extremis », *Boston Review*, 9 juin 2014.

64 Dana Goodyear, « Paper palaces », art. cit.

développer des matériaux solides, mais vous pouvez construire un bâtiment avec des composants fragiles qui pourtant répondent à toutes les normes architecturales. La résistance d'un matériau n'a rien à voir avec la résistance de la construction finale. Une structure en tubes de carton pourra même résister à un tremblement de terre qui sera fatal à une structure en béton [65]. » Lui qui, enfant, voulait devenir charpentier aime aussi le bois, un matériau renouvelable [66], « plus durable que le béton, bien plus facile à réparer, et si beau [67] ». De même, Kengo Kuma, qui doit sa notoriété internationale à son utilisation magistrale du bois, s'est fixé pour objectif de « défier le règne du béton » : « Ce n'est pas un matériau aussi solide qu'on le croit. Avant la Seconde Guerre mondiale, on le rencontrait peu au Japon ; puis, soudain, il est devenu omniprésent. Il est commode et bon marché, mais on l'utilise trop [68]. »

Une architecture pour tous ?

Le siège du groupe de presse Tamedia à Zurich, celui du groupe Swatch à Tokyo, un club de golf en Corée du Sud, un pavillon d'exposition pour la marque Hermès à la Semaine du design de Milan en 2011... Pour avoir une chance d'évoluer dans une création de Shigeru Ban, constate une journaliste, il faut « soit être excessivement riche, soit avoir récemment tout perdu [69] ».

---

65 Shigeru Ban, « Strength in weakness », *in* Blaine Brownell, *Matter in the Floating World, op. cit.*

66 Rappelons que ce n'est pas le cas du béton, dont la fabrication nécessite du sable, qui n'existe pas sur terre en quantité illimitée et dont l'extraction provoque des ravages environnementaux.

67 Dana Goodyear, « Paper palaces », art. cit.

68 Kengo Kuma, « The presence of absence », *in* Blaine Brownell, *Matter in the Floating World, op. cit.*

69 Dana Goodyear, « Paper palaces », art. cit.

Lui-même assume ces allers-retours entre des univers aussi éloignés qu'on peut l'imaginer. De tout temps, dit-il, les puissants ont engagé les architectes pour rendre visibles leur pouvoir et leur richesse. Mais il juge « important d'avoir des clients qui se trouvent dans des situations différentes » et apprécie donc aussi de pouvoir voler au secours de victimes d'une catastrophe naturelle : « Cela améliore mon équilibre mental après mon travail pour des clients privilégiés. » Il souligne la responsabilité des architectes dans ces désastres : « Un séisme en tant que tel ne tue personne ; c'est l'effondrement des bâtiments qui tue. Et, par la suite, ceux qui ont perdu leur maison ont besoin qu'on leur fournisse un toit [70]. » Après le tsunami de 2011 dans son pays, son système de rideaux en toile fixés sur des tubes en carton, diffusé à mille huit cents exemplaires, a permis d'offrir un minimum d'intimité à ceux qui avaient trouvé refuge dans des gymnases. Il a dû batailler avec les autorités pour pouvoir les acheminer : « Ils ne pensaient pas à l'intimité ; ce n'était simplement pas une de leurs priorités. Mais c'est un droit humain fondamental, à plus forte raison lorsqu'on souffre. » Par la suite, il a construit cent quatre-vingt-neuf unités d'habitation provisoires aménagées dans des containers dans la ville portuaire d'Onagawa. « C'est la première fois depuis la catastrophe que j'éprouve un réel sentiment de soulagement », déclarait un homme qui venait de s'y installer avec sa famille, heureux devant le ravissement de sa fille de dix ans. Il appréciait particulièrement la sensation d'espace, ainsi que la bonne isolation phonique et thermique. Trois ans après le séisme, le village de containers – doté d'une place publique – était toujours là ; certains de ses occupants affirmaient que cela ne les dérangerait pas d'y rester de façon définitive [71].

À chaque fois, Shigeru Ban adapte ses maisons provisoires pour utiliser les ressources immédiatement disponibles et tenir

---

70 Shigeru Ban, « Strength in weakness », art. cit.

71 Stephen Phelan, « Architecture in extremis », art. cit.

compte du mode de vie local. Il fait aussi des bâtiments collectifs, comme cette école de neuf classes dans le Sichuan après le séisme de 2008. En plus d'être bon marché et solides, ses constructions s'offrent le luxe d'être esthétiques : « C'est important, après les dégâts psychologiques causés par la catastrophe, que les gens puissent voir quelque chose de beau [72]. » Ses détracteurs soulignent la faible proportion de réfugiés qui en bénéficient : quelques dizaines à chaque fois. L'échelle dépend cependant davantage des pouvoirs publics que de lui. Et l'efficacité n'est pas si mauvaise si on la compare avec le temps consacré à bâtir les maisons de ses riches clients, c'est-à-dire, au mieux, des familles de quatre ou cinq personnes.

Dans les milieux où il évolue, quand le volet humanitaire de son activité ne suscite pas des réactions émoustillées, façon Marie-Antoinette jouant à la réfugiée climatique, certains l'accusent de s'en servir pour faire avancer sa carrière. Sa volonté de ne pas s'adresser qu'à une minorité privilégiée et de s'intéresser aux problèmes du monde suffit en tout cas à faire grincer quelques dents. Lorsqu'il a reçu le prix Pritzker, un associé de l'architecte Zaha Hadid a commenté sur Facebook : « Je m'inquiète à l'idée que le jury du Pritzker se laisse gagner par le politiquement correct [73]. » Un risque auquel Zaha Hadid elle-même s'expose en effet assez peu : auteure du stade Al-Wakrah, qui doit être construit au Qatar pour la Coupe du monde de football de 2022, et interrogée sur l'hécatombe d'ouvriers migrants constatée jusqu'ici sur les chantiers de la compétition, elle s'est contentée de répondre que ce n'était pas son problème, mais celui du gouvernement qatari [74]. Si la distinction attribuée à Shigeru Ban a été perçue comme le signe

---

72 *Idem.*

73 Dana Goodyear, « Paper palaces », art. cit.

74 James Riach, « Zaha Hadid defends Qatar World Cup role following migrant worker deaths », *The Guardian*, 25 février 2014.

possible d'une évolution des mentalités dans la profession, elle laisse toutefois redouter qu'il serve d'alibi à ses confrères en leur permettant de se donner bonne conscience à peu de frais.

« Les architectes sont devenus les toutous des riches [75] » : cofondateur en 1993 du Rural Studio à Newbern, Alabama, Samuel Mockbee (1944-2001) ne craignait pas de dire haut et fort la révolte que lui inspirait l'état de son métier. Ce colosse barbu au bel accent du Sud déplorait que dans les facultés tout le monde « s'habille en noir et raconte la même chose » ; « tout cela sent le renfermé et manque d'imagination [76] », pestait-il. Rattaché à l'université d'Auburn, le Rural Studio accueille depuis plus de vingt ans des groupes d'étudiants en architecture pour un semestre ou une année académique. Durant leur séjour, ils dessinent et construisent par équipes une maison individuelle ou un bâtiment public, dans une région où 26 % de la population vivent en dessous du seuil de pauvreté et habitent le plus souvent dans des caravanes. Newbern appartient au comté de Hale, rendu célèbre en 1941 par *Louons maintenant les grands hommes*, le livre de James Agee et Walker Evans inspiré de leur périple dans la région durant la Grande Dépression. Le « centre-ville » consiste en une poignée d'édifices jetés des deux côtés de l'Alabama Highway 61 : une poste, un magasin général – et le siège du Rural Studio. À la demande des édiles locaux, le studio en a lui-même ajouté deux autres : une caserne de pompiers en 2004 et une mairie en 2011. Il a également construit dans la région une maison des jeunes, une église, une cour d'hôpital, un terrain de baseball ou encore un centre où des enfants que l'on suppose abusés ou battus peuvent être entendus par des travailleurs sociaux et des officiers de police

75 Andrew Freear, Elena Barthel, Andrea Oppenheimer Dean et Timothy Hursley, *Rural Studio at Twenty*, *op. cit.*

76 Andrea Oppenheimer Dean et Timothy Hursley, *Rural Studio. Samuel Mockbee and an Architecture of Decency*, Princeton Architectural Press, New York, 2002.

dans un cadre accueillant et rassurant plutôt que dans des locaux administratifs froids et anonymes.

En 1997, Samuel Mockbee avait participé à une conférence avec l'architecte britannique Michael Hopkins, ce qui leur avait donné l'occasion de comparer leurs clients respectifs : au moment où Hopkins travaillait pour la reine Elizabeth II, Mockbee travaillait, lui, pour Shepard et Alberta Bryant, bénéficiaires de la première maison construite par le Rural Studio, qui vivotaient de la pêche, de la chasse et de la culture de quelques légumes dans le hameau de Mason's Bend, le long de la Black Warrior River. Mockbee plaidait avec feu pour une démarche active, critique et socialement impliquée ; il estimait que les architectes devaient faire en sorte de prendre les décisions eux-mêmes, au lieu de se mettre à la remorque des élus et des multinationales. À quoi Hopkins avait objecté que, peut-être, ce n'était pas leur rôle. D'abord médusé par cette déclaration, Mockbee avait ensuite compris qu'elle traduisait sans doute la pensée de la majorité de leurs confrères [77].

D'une grande diversité, multipliant les expérimentations, les réalisations du Rural Studio impressionnent par leur qualité et leur inventivité. Construites en matériaux de récupération sur de tout petits budgets provenant essentiellement de dons, les maisons dénotent une sensibilité moderniste, mais s'inspirent aussi de l'architecture vernaculaire : des toits larges et imposants conçus pour les protéger du soleil et des fortes précipitations, et pour faire ruisseler l'eau de pluie le plus loin possible des fondations ; des plafonds hauts, avec des systèmes de ventilation naturelle, pour rafraîchir l'air en été ; des porches généreux, hauts lieux de sociabilité dans la région, quand ils ne constituent pas le centre de la vie domestique ; des structures sur pilotis qui éloignent le bâtiment du sol argileux et humide, tiennent à distance les termites et permettent en outre de

---

77 Samuel MOCKBEE, « The Rural Studio », 1998, http://samuelmockbee.net.

minimiser l'empreinte écologique – quitte à prévoir une rampe d'accès pour les habitants âgés ou handicapés. Dans les intérieurs, les meubles et les objets personnels des propriétaires, usés ou d'un style vieillot, tranchent avec le dépouillement avant-gardiste du décor. Ce choc de deux mondes rappelle celui observé dans les cités ouvrières de Le Corbusier ou dans les « lofts sociaux » de Nemausus, l'ensemble de logements sociaux construit par Jean Nouvel près de Nîmes en 1986, même si l'écart entre architectes et habitants est ici bien plus grand. L'aspect chaleureux de ces structures en matériaux recyclés, ainsi que leurs caractéristiques locales atténuent toutefois ce décalage. Après quelque temps d'occupation, les maisons, nettes et dépouillées avant l'emménagement, apparaissent encombrées, chaotiques. Jay Sanders, qui a construit en 2003 près de la ville de Greensboro une maison pour Jimmie Lee Matthews, dit « Music Man », commente : « Mon intention n'était pas de changer la façon dont Music Man vivait. De fait, sa manière d'habiter son ancienne caravane et sa manière d'habiter cette maison sont très similaires ; il y accumule le même genre d'objets. Je voulais seulement qu'il puisse le faire dans de meilleures conditions : en ayant l'eau courante, de l'air, de la lumière, de l'espace pour se mouvoir [78]... »

Le Rural Studio sélectionne ses clients à partir des suggestions des services sociaux. Les étudiants mènent avec eux des séries d'entretiens afin de cerner leurs désirs et leurs besoins. Evelyn Lewis, mère de quatre enfants, voulait de hauts plafonds pour conjurer sa claustrophobie, de nombreuses fenêtres et un grand espace commun ; elle a pu tout avoir et appelle sa demeure de cent mètres carrés, où elle a emménagé en 1998, sa « maison des miracles ». Joel Moore racontait en 2007 le plaisir d'écouter la pluie tambouriner sur le toit en tôle de la maison

78 Sam Wainwright Douglas (réal.), *Citizen Architect. Samuel Mockbee and the Spirit of the Rural Studio*, Big Beard Films, 2010.

toute neuve qu'il partageait avec son frère [79]. Mais les discussions préalables n'empêchent pas toujours les malentendus ou les déceptions. Installé en 1997 dans l'emblématique Butterfly House, ainsi baptisée en raison de son toit en ailes de papillon, Anderson Harris disait quelques années plus tard regretter sa maison précédente, plus grande, même s'il était soulagé d'avoir désormais l'eau courante. Le propriétaire d'une habitation plus récente, qui vit seul, aurait préféré un mur plutôt qu'un rideau pour séparer la chambre du salon, et a présumé que cette solution était due à un manque d'argent, alors qu'elle relevait d'un choix. Il apprécie beaucoup le porche à l'avant de la maison, mais ne sait pas trop quoi faire de celui situé à l'arrière. À chaque fois, le studio prend note, histoire de tirer les enseignements de ses expériences. Avec cent cinquante réalisations en vingt ans [80], il dispose maintenant dans la région d'une sorte de « bibliothèque en dur ».

Offrir une maison vaste, belle et confortable à des gens qui n'ont rien : cette démarche exerce évidemment une immense séduction. Elle fait écho aux aspirations primordiales de chacun et soulage un peu, là encore, la mauvaise conscience suscitée par l'ampleur des inégalités. Pas étonnant que, au fil des années, CNN ou l'*Oprah Winfrey Show* se soient déplacés à Newbern. Il faut pourtant se méfier de l'« effet Cendrillon » produit par les photos montrant les nouveaux propriétaires, au moment de l'emménagement, sur le seuil d'une maison pimpante : il risque de faire oublier que, même si cette intervention y apporte un progrès considérable, les paramètres fondamentaux de leur vie n'ont pas changé. Il s'agit malgré tout d'une œuvre charitable, qui ne peut compenser les carences de la puissance publique, de la distribution et de la

---

79 « Tour of Rural Studio's 32K (aka 20K) duplex house », OnBeing.org, 3 juin 2010.

80 « Projects », www.ruralstudio.org.

redistribution des richesses, et qui implique un certain arbitraire. Les responsables du studio gardent d'ailleurs à l'esprit les limites de leur action : « Ni le Rural Studio ni notre architecture ne possèdent le pouvoir de vaincre la pauvreté [81]. »

Des étudiants majoritairement blancs, urbains et issus des classes moyennes construisant des maisons pour des habitants du Sud essentiellement noirs et pauvres : le Rural Studio ne pouvait échapper au soupçon de paternalisme. Du moins ses responsables mettent-ils un point d'honneur à réfléchir de manière approfondie à leur action, et à interroger sans cesse leur impact sur leur terre d'élection. Au début des années 2000, un formateur s'inquiétait du succès rencontré par l'expérience, qui risquait de rendre leur présence dans la région un peu écrasante et de les détourner de leur mission : « On passe de plus en plus de temps à parler dans un enregistreur [82]. » Comme Newbern compte cent quatre-vingt-six habitants, l'arrivée d'un groupe d'étudiants fait croître sa population de 25 % ; afin de ne pas donner l'impression d'une invasion et de faciliter l'intégration des nouveaux venus, il leur est demandé de ne pas se promener par groupes de plus de deux ou trois. En outre, argue le successeur de Mockbee, Andrew Freear, l'équipe d'encadrement vit sur place, contrairement aux architectes humanitaires qui débarquent sur le lieu d'une catastrophe puis repartent : « Quand on se plante, on en entend parler. Quand on réussit quelque chose, aussi (mais moins souvent) [83]. » Certaines de ses premières maisons ayant été jugées un peu trop m'as-tu-vu, le Rural Studio a développé des constructions plus discrètes. Il a aussi refait de façon plus traditionnelle le porche de l'une des

---

81 Andrew Freear, Elena Barthel, Andrea Oppenheimer Dean et Timothy Hursley, *Rural Studio at Twenty*, *op. cit.*

82 Andrea Oppenheimer Dean et Timothy Hursley, *Rural Studio. Samuel Mockbee and an Architecture of Decency*, *op. cit.*

83 Andrew Freear, Elena Barthel, Andrea Oppenheimer Dean et Timothy Hursley, *Rural Studio at Twenty*, *op. cit.*

vieilles demeures abritant ses activités, dont la première rénovation avait suscité de vives critiques. Toutefois, beaucoup d'habitants interrogés dans le documentaire de Sam Wainwright Douglas disent aussi leur plaisir à côtoyer des bâtiments d'une telle qualité [84]. Samuel Mockbee mettait en garde contre le préjugé selon lequel des membres des classes populaires vivant à la campagne étaient incapables d'apprécier une architecture audacieuse.

Au sein de la profession comme en dehors, le règne des architectes stars au service des puissants porte sur les nerfs d'un nombre non négligeable de gens. Paradoxalement, ceux qui le contestent ont donc tendance à devenir à leur tour des stars – quoique beaucoup moins riches. À la fin de sa vie, Mockbee croulait sous les récompenses. Il y avait tout lieu de craindre que l'expérience du Rural Studio ne reposait que sur sa personnalité charismatique. Pourtant, après sa mort (d'une leucémie, en 2001), le studio est resté actif et s'est même développé, sous la direction d'un personnage *a priori* aux antipodes de la grande gueule sudiste qu'était son fondateur : le Britannique et discret Andrew Freear. Lui aussi sait ce que c'est que de grandir dans une région en déclin – le Yorkshire – et se définit comme un « socialiste dans l'âme ». Avec de nouveaux groupes d'étudiants débarquant chaque année, remarque-t-il, le studio risquait assez peu de se laisser gagner par la sclérose ou la nostalgie [85]. En 2005, il a lancé le programme des « maisons à 20 000 dollars » (*20K Houses Project*) : un catalogue d'habitations qui s'enrichit régulièrement de nouveaux modèles, constructibles par des entrepreneurs en bâtiment locaux. Le prix a été calculé pour que des ménages vivant de l'aide sociale

---

84 Sam Wainwright Douglas, *Citizen Architect*, *op. cit.*

85 Andrew Freear, Elena Barthel, Andrea Oppenheimer Dean et Timothy Hursley, *Rural Studio at Twenty*, *op. cit.*

puissent y accéder avec des mensualités d'un montant raisonnable [86].

En devenant directeur du Rural Studio, Freear a procédé à quelques révisions, en particulier en prenant à bras-le-corps la question de l'écologie. Mockbee pratiquait la récupération de matériaux à la fois par nécessité et par goût spontané. Son successeur y a ajouté, par exemple, l'utilisation des pins que l'on coupe à intervalles réguliers dans les forêts de la région pour favoriser la croissance des arbres les plus forts ; ce bois alimente surtout l'industrie papetière, mais celle-ci n'en fait plus un usage aussi intensif qu'avant, révolution numérique oblige. Des groupes ont aussi planché sur l'efficacité énergétique des propres bâtiments du Rural Studio – lieux de vie collective, ateliers et salles de cours. Afin de questionner la perte de l'autosuffisance alimentaire dans la région, une ferme a vu le jour sur l'un de ses terrains. Les étudiants en ont dessiné et construit les installations, dont une serre bioclimatique ; désormais, ils passent une partie de leur temps à cultiver, récolter, cuisiner et composter. Un chef a été engagé et tient une cantine ouverte au public. Autre évolution : l'encadrement veille désormais à ce que les équipes de construction soient autant féminines que masculines.

Globalement, les étudiants bénéficient au Rural Studio d'une formation d'une qualité exceptionnelle. Éloignés de toute distraction, ils n'ont pas d'autre choix que de s'immerger dans la vie locale et dans le travail. En plus d'apprendre à connaître le comté de Hale sous tous ses aspects, ils suivent des cours de travail sur bois, ou encore de dessin et de photographie. Manier le crayon ou le pinceau doit les amener à réaliser que le dessin représente une manière de « penser par la main ». Il ne s'agit pas de les priver d'ordinateur, expliquent leurs

---

86 Andrew FREEAR, Elena BARTHEL et Andrea OPPENHEIMER DEAN, « Can these $20,000 houses save the American dream ? », Slate.com, 19 mai 2014.

professeurs, mais d'élargir la palette de leurs moyens d'expression afin que leur architecture devienne aussi riche et intéressante que possible. Ils apprennent aussi à fonctionner en équipe, alors que dans les facultés on leur enseigne en général à devenir des « artistes torturés [87] », dit Andrew Freear. Leur séjour leur donne enfin l'occasion, unique dans leur carrière, de construire de leurs propres mains le bâtiment qu'eux-mêmes ou leurs camarades auront dessiné, histoire d'apprendre « la différence entre un croquis sur le papier et une construction qui doit tenir debout et ne pas laisser entrer l'eau [88] ». Leia Price, passée au studio en 2004, y a découvert « le rôle que joue le bâtisseur dans la traduction du dessin architectural en structure concrète ». Lorsque, comme c'est le cas ici, concepteurs et bâtisseurs se confondent, « il se produit très peu de déperdition [89] » entre les deux.

Les étudiants se rendent chaque jour sur le site où doit s'élever leur construction ; parfois même, ils y campent, de façon à se familiariser avec tout ce qui s'y passe, avec les moindres variations de lumière et d'atmosphère. « On apprend à trouver l'inspiration auprès de nos clients, dans les matériaux à notre disposition et dans notre environnement [90] », témoigne Steve Durden, dont le passage à Newbern remonte à 1995. Un autre a pu passer une année entière à étudier les applications possibles du carton ondulé et de la paille. Les infrastructures du studio servent de terrain d'entraînement aux apprentis architectes – histoire que, si une construction expérimentale

---

87 Andrea OPPENHEIMER DEAN, *Rural Studio. Samuel Mockbee and an Architecture of Decency*, *op. cit.*

88 Robin POGREBIN, « Built to last, and lasting », *The New York Times*, 12 mai 2007.

89 Leia PRICE, « Learning how to create », *in* Andrew FREEAR, Elena BARTHEL, Andrea OPPENHEIMER DEAN et Timothy HURSLEY, *Rural Studio at Twenty*, *op. cit.*

90 Steve DURDEN, « Green-bo », *in* Andrew FREEAR, Elena BARTHEL, Andrea OPPENHEIMER DEAN et Timothy HURSLEY, *Rural Studio at Twenty*, *op. cit.*

devait s'écrouler, elle tombe plutôt sur leurs têtes à eux. Ils se bricolent notamment des « pods », des abris individuels agrégés les uns aux autres où ils dorment et travaillent.

« J'en ai retiré plus que tout ce que je pourrai jamais donner [91] », témoigne Jermaine Washington. Lui-même noir et natif du Mississippi, il a redécouvert et appris à aimer, lors de son passage au Rural Studio, en 2003, un Sud qu'auparavant il ne pensait qu'à fuir. Au cours du chantier de la maison de « Music Man », Jay Sanders disait son bonheur à tomber du lit d'excitation tous les matins et à aller se coucher épuisé tous les soirs. « En ce moment, l'architecture me ramène aux matins de Noël de mon enfance, quand je découvrais mes cadeaux. Elle me procure ce même genre de sensations qui ne durent pas longtemps, mais qui vous marquent pour toujours [92] », renchérissait son camarade Robert Wright. Forcément, après cela, le retour à la vie ordinaire peut être rude. Bruce Lanier, aujourd'hui quadragénaire et à la tête de sa propre agence dans une ville de l'Alabama, avoue que, au bout de quinze ans, il ne prend pas autant de plaisir à son métier qu'il le pourrait ou le voudrait : « Exercer comme architecte est frustrant à davantage de niveaux que je ne saurais le dire. Tous les deux ans, je retourne au Rural Studio pour découvrir les nouvelles réalisations. J'évalue leur honnêteté, leur ambition artistique, la qualité de leur exécution, leur durabilité. Je les regarde avec respect et, le lundi, je retourne à mon bureau pour continuer à dessiner mes plans élégants et mes plafonds aux détails soignés. » Il conclut cependant sur une note moins mélancolique : « Je crois que cette tension [entre ses aspirations et ses obligations] se résoudra avec le temps. J'ai vécu au Rural Studio une

---

91 Jermaine WASHINGTON, « An eye-opening classroom », *in* Andrew FREEAR, Elena BARTHEL, Andrea OPPENHEIMER DEAN et Timothy HURSLEY, *Rural Studio at Twenty*, *op. cit.*

92 Sam WAINWRIGHT DOUGLAS, *Citizen Architect*, *op. cit.*

expérience profondément satisfaisante au niveau personnel, social et intellectuel, et j'ai confiance dans la possibilité que cette expérience se répète, totalement ou en partie, au cours de cette vie [93]. »

Designer et formatrice, Lori Ryker déplore que l'entourage des étudiants considère souvent leur passage au Rural Studio comme une sorte de récréation avant que les choses sérieuses ne commencent. S'ils apprécient à ce point ce genre d'enseignement, on devrait les écouter et en tirer les conséquences, plaide-t-elle [94]. Le métier ne pourrait que mieux s'en porter. Lauréat en 2015 du prix Withney M. Young, décerné par l'Institut américain des architectes, le Rural Studio ambitionne en effet de représenter, tant aux États-Unis qu'à l'étranger, une alternative au « gigantisme architectural [95] ». Un parti pris dont Cameron Sinclair, cofondateur de l'association Architecture for Humanity, souligne la pertinence : « On estime que, dans vingt ans, un habitant de la planète sur trois vivra dans un bidonville ou dans un camp de réfugiés. La réalité, c'est que le monde de demain ne ressemblera pas à Dubaï [96] : il ressemblera plutôt à Lagos, Nigeria. Malgré cela, on continue à former la grande majorité des étudiants en architecture de façon à ce qu'ils sachent construire de ces horribles édifices au milieu du désert, alors qu'on devrait leur apprendre à concevoir des logements adéquats et abordables pour 90 % des habitants de cette planète [97]. »

---

93 Bruce Lanier, « Super-thesis 12 », *in* Andrew Freear, Elena Barthel, Andrea Oppenheimer Dean et Timothy Hursley, *Rural Studio at Twenty*, *op. cit.*

94 Sam Wainwright Douglas, *Citizen Architect*, *op. cit.*

95 *Idem.*

96 *Cf.* Mike Davis, *Le Stade Dubaï du capitalisme*, traduit de l'anglais (États-Unis) par Hugues Jallon et Marc Saint-Upéry, Les Prairies ordinaires, Paris, 2007.

97 Sam Wainwright Douglas, *Citizen Architect*, *op. cit.*

Construire, c'est se construire

On peut pourtant rêver encore mieux que des architectes mettant leurs talents au service du plus grand nombre : le plus grand nombre devenant architecte – et bâtisseur. Or on en est loin. « La société industrielle est la seule qui s'efforce de faire de chaque citoyen un élément qu'il faut abriter et qui est donc dispensé du devoir de cette activité communautaire et sociale que j'appelle l'art d'habiter », écrit Ivan Illich ; nous appartenons, dit-il, à l'espèce de l'*Homo castrensis*, l'« homme cantonné [98] ». Non seulement le futur occupant d'un logement ne prend aucune part à la construction, mais il n'est même pas consulté, remarque Patrick Bouchain : « Lui a-t-on jamais demandé combien il espérait avoir d'enfants, si cela lui ferait plaisir que sa mère – ou sa sœur, ou son frère – n'habite pas trop loin de chez lui ? Lui a-t-on jamais demandé s'il avait des meubles de famille auxquels il tenait (malgré leurs dimensions), ou même seulement s'il avait le vertige ? Et, pourtant, pendant combien d'années cet habitant va-t-il rire, pleurer, avoir peur, aimer, élever des enfants, fêter des anniversaires, réunir des amis dans cet immeuble qu'aura autorisé à construire le maire, qu'aura financé le promoteur, qu'aura imaginé l'architecte et qu'auront réalisé ingénieurs, artisans, ouvriers, sans que jamais, à aucun moment, on lui ait demandé son avis [99] ? » Cette déconnexion entre décideurs, constructeurs et habitants a des conséquences sur la forme même des bâtiments. Christopher Alexander observe qu'un paysan est le mieux placé pour concevoir une grange, par exemple, car il est « en contact profond avec sa fonction ». Il juge « impossible de

98 Ivan Illich, « L'art d'habiter », art. cit.

99 Patrick Bouchain et Édouard Dor, « La conception, un abri pour la démocratie », *in* Patrick Bouchain et Claire David (dir.), *Construire ensemble, le Grand Ensemble*, Actes Sud, « L'Impensé », Arles, 2010.

créer un bâtiment ou une ville qui soient vivants en contrôlant tout d'en haut [100] ». Bouchain plaide, lui, pour que le temps dont disposent les chômeurs puisse être utilisé « à la réalisation d'une partie de la ville qui pourrait inclure leur habitation [101] ».

En Occident, seuls quelques énergumènes s'obstinent encore à bâtir eux-mêmes leur maison. À cet égard, le plus grand terrain d'expérimentation d'Europe se trouve à Copenhague, dans la « ville libre » de Christiania, autogérée depuis septembre 1971. Sur cette ancienne friche militaire, les habitants ont investi et aménagé des bâtiments existants, mais ils ont aussi construit un grand nombre de maisons. La journaliste française Laurène Champalle a rendu visite à quelques-uns d'entre eux [102]. Parents de trois enfants, Mette et Søren vivent depuis plus de trente ans dans leur célèbre *Pagode*, au bout d'un lac. Søren, qui à l'époque était charpentier, est arrivé seul, en 1983. Il a repéré l'emplacement et s'est lancé après avoir obtenu l'assentiment des voisins et le renfort de ses amis. Par la suite, il a entrepris des études d'architecture et rencontré Mette, qui est venue vivre avec lui. Ensemble, ils ont ajouté à la maison des extensions successives. Entre-temps, ils avaient créé leur agence d'architecture en ville ; mais la *Pagode* est restée leur réalisation la plus connue, ce qui semble plutôt les amuser. Comme tout le monde, ils se sont fournis en matériaux de récupération au Grønne Hal, le « hall vert », une institution de Christiania. Les portes-fenêtres que Søren y avait dénichées ont déterminé la taille de l'habitation. « C'est typique de l'architecture christianite : on trouve quelque chose qui nous plaît en fouillant à l'entrepôt et on construit en fonction, explique

---

100 Christopher ALEXANDER, *The Timeless Way of Building, op. cit.*

101 Patrick BOUCHAIN et Édouard DOR, « La conception, un abri pour la démocratie », art. cit.

102 Laurène CHAMPALLE, *Christiania ou les enfants de l'utopie*, Éditions Intervalles, Paris, 2011. Les citations qui suivent en sont extraites.

Mette. Ce sont toujours des pièces récupérées sur des chantiers de démolition d'excellente qualité, dans des matériaux nobles : du bois, du verre, de l'acier... On ne trouvera jamais de fenêtres en PVC au Grønne Hal ! » Pour le corps principal de la maison, Søren a dépensé environ 2 000 euros.

Hommes et femmes, tous, même s'ils n'y connaissaient rien au départ, ont pu se débrouiller en glanant des conseils auprès d'artisans. Certains ont mis dix ans à achever leur habitation. Conformément au règlement de Christiania, ils n'en sont pas propriétaires : s'ils décident de partir, elle sera attribuée à quelqu'un d'autre. Pour beaucoup, le chantier a eu l'« effet d'une thérapie », observe Mette : « Réaliser un projet d'une telle importance tout en développant des talents souvent insoupçonnés est une expérience très gratifiante. » Karina Tengberg, photographe et elle aussi habitante de la ville libre, a consacré un livre aux intérieurs de ses concitoyens [103] : « Au Danemark, le design fait partie du quotidien. Les Danois connaissent leurs classiques sur le bout des doigts et tout le monde, ou presque, a dans son salon les mêmes chaises Fourmi ou Série 7 signées Arne Jacobsen ! À Christiania, une telle uniformité n'existe pas. La ville libre concentre, dans un espace relativement petit, une multitude de façons de vivre et de styles différents. »

Les squats, plus généralement, restent les lieux les plus propices à cette dissidence. Il suffit de rassembler un petit groupe et d'être prêt à se retrousser les manches pour investir un lieu et commencer à vivre selon ses désirs, là, tout de suite, indépendamment de sa situation économique – alors que l'habitat participatif implique à la fois quelques années de patience, un minimum de moyens financiers et, le plus souvent, le recours aux services d'un architecte. Ne pas avoir besoin de gagner beaucoup d'argent et disposer de son temps permet de prendre

---

103 Tami CHRISTIANSEN et Karina TENGBERG, *Christiania Interi...r – Interior* [2004], Nyt Nordisk Forlag Arnold Busck, Copenhague, 2011.

à bras-le-corps son habitat en procédant à tous les travaux nécessaires : passer six mois « hors du monde » à aménager une salle de concert dans la cave [104], déblayer des tonnes de gravats, abattre des murs, refaire l'installation électrique et la plomberie, créer une cuisine ou une salle de bains… Les occupants acquièrent ainsi un degré de maîtrise de leur environnement rare, et des savoir-faire qui, le plus souvent, restent aujourd'hui l'apanage des professionnels ; arrivant un jour à l'improviste au nouveau squat de mon frère et de ses amis, à Genève, je les avais trouvés en train de changer une poutre.

Inspiré par l'expérience des squats en Suisse romande et désireux de mettre en pratique des techniques de construction écologiques, un collectif a commencé au milieu des années 2000 à rêver d'une maison autonome qui s'élèverait sur un terrain pentu dans un parc public en plein centre-ville de Lausanne. Il s'agissait d'illustrer par l'exemple la distinction établie par Ivan Illich entre « être logé » et « habiter », mais aussi de susciter le débat dans une ville frappée par une pénurie de logements abordables et dont le maire se gargarisait de « développement durable ». Le groupe est passé à l'action en août 2007, après avoir longuement mûri son projet. Il s'était documenté sur la méthode dite « Nebraska » de construction de murs porteurs en bottes de paille, mais aussi sur la phyto-épuration des eaux grises (le traitement des eaux usées grâce à des bassins remplis de plantes aquatiques), la récupération des eaux de pluie, les vertus des toilettes sèches à compostage… En juillet, un paysan avait accepté de fournir les deux cent quatre-vingts bottes de paille nécessaires, en échange d'un coup de main pour les moissons qui lui avait apparemment donné toute satisfaction (« Pas mal pour des intellos ! »). Des étais de chantier serviraient de pilotis. Le jour J, des employés

---

104 Lisa Nada (réal.), « La culture squat », *Viva*, Télévision suisse romande, 31 janvier 1993, www.rts.ch.

travaillant dans des bureaux voisins, alarmés par cette agitation inhabituelle dans le parc, appellent les forces de l'ordre vers midi. Les bâtisseurs enfument les policiers ébahis en leur affirmant qu'il s'agit d'une piste de danse, certes installée sans autorisation, mais provisoire. Le chantier clandestin se poursuit dans l'euphorie, avec quelques ralentissements dus à d'inévitables erreurs de novices. Il durera une semaine. « Quelle sensation, dormir entre des murs qu'on a soi-même érigés [105] ! »

Entre le moment où elle surgit et celui où elle est détruite par un incendie d'origine vraisemblablement criminelle, quatre mois plus tard, la « maison de paille de Lausanne » déchaîne les passions. Elle met en émoi tant la population que la classe politique et les médias. Peu après l'installation, un architecte de Genève vient inspecter la structure et certifie sa solidité ainsi que l'absence de risque de glissement de terrain. Son confrère François Iselin, professeur retraité de l'École polytechnique fédérale de Lausanne, prend la défense de cette « expérience provocatrice » : « J'ai donné beaucoup de conférences dans ma vie, mais ça n'a jamais le même impact qu'une vraie réalisation », dit-il, admiratif. Il rappelle au passage que « pour fabriquer une tonne de ciment, on émet une demi-tonne de gaz à effet de serre ». Une journaliste a découvert les maisons en paille de l'architecte suisse Werner Schmidt [106] ; elle rapporte les multiples avantages d'un matériau bon marché et doté d'excellentes propriétés isolantes, qui assure « confort et sécurité ». Toutefois, le collectif insiste : sa contestation ne porte pas sur un simple choix de matériaux. « Le désastre écologique planétaire est le sous-produit d'une organisation sociale désastreuse », écrit-il. Ses membres affirment « la nécessité

---

105 Collectif Straw d'la Bale, *La Maison de paille de Lausanne. Pourquoi nous l'avons construite, pourquoi elle fut incendiée*, La Lenteur, Paris, 2013. De même pour les citations suivantes.

106 www.atelierwernerschmidt.ch.

urgente d'acquérir des connaissances et de l'expérience hors du salariat pour libérer les énergies créatives des individus », comme eux-mêmes en ont trouvé l'occasion avec cette entreprise ambitieuse.

Les curieux affluent pour visiter la maison de paille. Ils manifestent un enthousiasme surprenant, « comme si, face à une situation extraordinaire, les gens laissaient libre cours à des facettes de leur personnalité qui sont invisibles normalement ». Une femme qui s'y rend au crépuscule, un soir de septembre, se rappelle sa fascination en arrivant en vue de cet ovni urbain : « Je n'avais jamais vu une telle construction. » On l'invite à entrer et à prendre le thé. À l'intérieur, l'éclairage dispensé par une ampoule recouverte d'un sac en papier blanc, la paille, les meubles en bois créent une atmosphère chaleureuse ; mais ce sont surtout la vie collective et le souffle utopique que l'on y sent passer qui rendent la maison unique. Les habitants, eux aussi, sont émerveillés par leur abri. Quelques grains de blé ont germé à la surface de leurs murs. Leurs poumons découvrent un bien-être inédit : « Nous connaissions l'excellente réputation des murs de paille enduits de terre comme régulateurs de l'hygrométrie [l'humidité de l'air], mais nous n'imaginions pas que la qualité de l'air serait aussi agréable dans cette maison. Qui n'a jamais goûté une bonne eau de source ne soupçonne pas la médiocrité de l'eau du robinet ; de même, nous n'avions pas idée de ce qu'est un intérieur *respirant*. Apaisant. » Au fil des semaines, ils hébergent des voyageurs de passage venus de Suède, de Pologne ou du Québec. Quatre petits mois seulement avant l'incendie, une nuit de décembre ; mais quatre mois intenses, bourrés jusqu'à la gueule de moments inoubliables.

Inventer la hutte mitoyenne

Que nos rêveries en matière d'habitat ne se confondent pas avec nos projets – ou même avec nos idéaux – ne signifie pas pour autant qu'ils n'entretiennent pas de rapports, ni que l'étude de ces rapports ne présente pas d'intérêt. Les images que nous avons dans la tête et avec lesquelles nous jouons influent, dans une certaine mesure, sur nos envies et nos manières de vivre. Sans vouloir du tout moraliser nos fantasmes, on peut se montrer curieux d'identifier leurs thèmes récurrents, de remonter à leurs origines et d'analyser les conséquences qu'ils produisent, par des voies tortueuses, sur nos paysages domestiques ou urbanistiques. Je trouve utile de savoir, par exemple, que le rêve de chauffage central que je partage désormais avec les petits-bourgeois des romans de David Lodge n'est pas un rêve écologiquement viable ; il s'agit, littéralement, d'un rêve fossile [107].

Par ailleurs, je suis aussi – comme beaucoup d'autres – très sensible à l'image de la maison isolée dans un paysage campagnard ou sauvage. La *Béate* des Rezvani, perdue dans le massif des Maures, en représente l'exemple parfait. Ce motif revient avec insistance dans les images que j'épingle sur mon Pinterest : un tableau d'un auteur inconnu intitulé *Monastère sur la colline*, issu de la collection d'André Breton ; une photo de la minuscule île islandaise d'Ellidaey, étendue verte entourée de falaises abruptes sur laquelle se détache un unique cottage blanc ; la petite maison rouge posée en équilibre sur un rocher au milieu des flots tumultueux de la Drina, en Serbie... Lorsque ce monde me fatigue, j'ai coutume de clamer que je vais « aller vivre dans une cabane au milieu de la forêt ». Peut-être est-ce le regard perplexe de mon compagnon, qui semble alors procéder

107 *Cf.* Jade Lindgaard, « Ma chaudière est un scandale politique », *Je crise climatique*, La Découverte, Paris, 2014.

mentalement à une rapide évaluation de mon temps de survie prévisible, qui m'a poussée à vouloir mieux sonder cette aspiration un peu machinale.

Le rêve de la hutte primitive est toujours un rêve de splendide isolement. « Dans le pays des légendes, il n'y a pas de hutte mitoyenne [108] », confirme Bachelard. En Occident, Henry David Thoreau est probablement celui qui a illustré ce rêve avec le plus de force [109]. Autour de ce schéma, diverses variantes sont possibles. La simple cabane pourra devenir palais ; la vie d'ermite, vie de famille – comme dans le cas de Mimi Thorisson, dont le succès tient aussi à sa réactivation de cette image. « C'est une vie agréable et authentique, une solitude heureuse et honorable, plus profitable que n'importe quelle affaire » : dans sa correspondance, Pline le Jeune (61-112 ap. J.-C) vantait déjà les charmes de sa résidence secondaire, près d'Ostie, où il fuyait dès qu'il le pouvait l'agitation romaine. Il dépeint une « magnifique villa en dehors de la ville, avec une colonnade, où on se croirait toujours au printemps, des platanes qui offrent de l'ombre, un ruisseau dont les eaux émeraude frémissantes débouchent dans un lac en contrebas, une allée de gazon souple, des bains ensoleillés toute la journée, des salles à manger petites et grandes, des chambres pour la nuit et d'autres pour la sieste [110] ».

Se délivrer d'une société aliénante, échapper aux miasmes, au stress et à la corruption de la ville, renouer avec les valeurs essentielles, goûter aux joies d'une vie simple et proche de la nature : cet idéal relève d'un fonds culturel très ancien et largement partagé. Il est parvenu jusqu'à nous au terme d'un parcours étonnant, qu'a reconstitué le géographe Augustin Berque [111]. Pour

108 Gaston Bachelard, *La Poétique de l'espace, op. cit.*

109 Henry David Thoreau, *Walden ou la Vie dans les bois, op. cit.*

110 Cité par Georges Minois, *Histoire de la solitude et des solitaires, op. cit.*

111 Augustin Berque, *Histoire de l'habitat idéal. De l'Orient vers l'Occident*, Éditions du Félin, « Les marches du temps », Paris, 2010. De même pour les citations suivantes.

qu'il puisse prendre forme, il fallait que certaines conditions soient remplies. Cela impliquait une conscience de soi en tant qu'être humain différent et détaché de la nature ; mais aussi la formation du concept de « nature ». Ce second mouvement s'est fait à travers ce que Berque appelle le « principe de la grotte de Pan ». En effet, dans la Grèce antique, l'Arcadie rurale consacrait à Pan des temples semblables à ceux de tous les autres dieux ; mais, à Athènes, on le logeait dans une grotte. Dès lors, Pan change de statut : il « n'est plus seulement le chèvre-pied, dieu des pâtres arcadiens ; il se met à symboliser l'inverse de l'urbanité d'Athènes : la nature sauvage ».

Il fallait aussi que naisse la capacité à apprécier un paysage, qui nous paraît aujourd'hui si évidente. Les Romains, dit Berque, ont failli inventer le paysage. Mais ils ne se sont jamais explicitement dotés de ce concept : pas de traités sur le sujet, pas de peintures, pas de jardins d'agrément. Puis le christianisme s'est imposé et, avec lui, la défiance envers le monde. Saint Augustin prêchait l'introspection ; les anachorètes s'abstenaient délibérément de lever les yeux sur la beauté qui les entourait. Nous subissons encore les conséquences de la régression qui se produisit alors. À l'inverse, la Chine a toujours valorisé la « capacité à goûter les manifestations sensibles de la réalité ». Le poète Xie Lingyun (385-433) signe l'acte de naissance du paysage, estime Berque, lorsqu'il écrit ces deux vers : « Le sentiment, par le goût, fait la beauté / Chose obscure avant qu'on la dise. » Il anticipe ainsi de quinze siècles l'exaltation des romantiques européens, qu'illustrera mieux qu'aucun autre le tableau de Caspar David Friedrich, *Le Voyageur au-dessus de la mer de nuages*. Forgé en Chine, le goût de la vie loin de la société et près de la nature s'est ensuite transmis au Japon, qui lui a donné une forme bien à lui. Il n'atteindra l'Europe qu'au XVIIIe siècle, fusionnant alors avec un héritage local réactivé.

Pour développer une sensibilité au paysage, il fallait pouvoir s'adonner à la contemplation, c'est-à-dire être dans une certaine mesure délivré de la nécessité. L'invention de la retraite bucolique fut l'œuvre des classes supérieures. Ces élites pouvaient entretenir une vision idyllique de la nature parce que la campagne représentait pour elles un lieu de villégiature et de repos. Elles ne voyaient d'ailleurs pas de différence entre étendues sauvages et champs cultivés : l'idéal de la « vie hors les murs » impliquait une « occultation du travail d'autrui », observe Berque. « La très juste Terre épand au sol une nourriture facile », écrivait déjà Virgile dans les *Géorgiques.* Tout le monde n'aurait probablement pas dit « facile », mais ceux qui auraient pu contester cette vision n'appartenaient pas aux classes qui détenaient le pouvoir du discours. De même, Xie Lingyun partait en excursion avec dans son sillage toute une cohorte de serfs, sans que cela l'empêche de se voir seul devant la nature...

Dans ce contexte social, le goût marqué pour la simplicité relève d'un raffinement paradoxal de riche. L'« heureuse intensité de pauvreté » à laquelle Bachelard associe la hutte de l'ermite [112], tout comme le *wabi,* la « simplicité » de l'esthétique japonaise, ont été promus par des groupes sociaux qui étaient tout sauf pauvres. On pourrait comparer la démarche du maître de thé Sen no Rikyu à celle de Marie-Antoinette jouant à la bergère au Petit Trianon, sauf que son jeu à lui était « beaucoup plus sérieux [113] ». Les ustensiles « humbles » utilisés pour la cérémonie du thé pouvaient coûter des fortunes. La qualité des matériaux et de l'artisanat requis par certains pavillons de thé « rustiques » – qui transposaient au cœur de la ville l'ermitage campagnard – leur conférait une valeur supérieure à celle des demeures avec lesquelles ils voisinaient [114]. Le pavillon de thé pousse très loin la valorisation du dépouillement, souligne Berque : on appelle « cabane ornée » la cabane qui n'a pas de plafond, et « cabane de

---

112 Gaston Bachelard, *La Poétique de l'espace, op. cit.*

113 Leonard Koren, *Wabi-sabi for Artists, Designers, Poets & Philosophers, op. cit.*

114 *Idem.*

rustre » ou « de campagne » celle qui en a un... Bien sûr, un tel renversement est « aussi inaccessible aux pauvres que la naturalité de Pan était inaccessible aux Arcadiens ». Par ailleurs spécialiste du Japon, le géographe réfute avec vigueur l'idée défendue par certains auteurs selon laquelle l'esthétique du pavillon de thé développée par Rikyu serait, à l'origine, une « esthétique plébéienne », dont le maître de thé se serait inspiré : « Cette vue répandue est totalement mythique. »

Au XXe siècle, pourtant, l'idéal autrefois élitiste du splendide isolement au milieu de la nature – ce que les Américains nomment *escapism* – s'est démocratisé. Il s'est développé à une échelle gigantesque dans tous les pays riches, à partir des États-Unis, grâce à ce que Berque appelle le « couple automobile-maison délicieuse » (la « maison délicieuse » pouvant être la résidence principale ou secondaire). La voiture a donné une traduction d'une ampleur inédite à une vieille aspiration de la culture américaine, caractérisée par l'amour des grands espaces. Il en résulte le phénomène de l'« urbain diffus », désormais décuplé par Internet, qui permet de faire ses courses en ligne et de fuir la société sans perdre le contact avec elle ; le géographe Brian J. L. Berry parle d'« e-urbanisation ». Le problème, c'est que ce modèle détruit la nature... par amour de la nature, comme l'illustre la « parabole du livreur de tofu » : « Prenez une ville traditionnelle, bien compacte, avant la diffusion de l'automobile. Cent habitants y vont à pied acheter leur tofu au coin de la rue. Maintenant, prenez l'urbain diffus. Ces cent habitants y vivent chacun dans sa maison individuelle, isolée au bout d'une petite route au fond du paysage ; et chacun commande son tofu sur Internet. Il faut donc maintenant cent livraisons motorisées pour acheminer ces cent tofus au bout de ces cent routes. Quel est le plus écologique, la ville compacte ou l'urbain diffus [115] ? » Avant même Internet, l'habitat bucolique

---

115 Augustin BERQUE, « Les rurbains contre la nature », *Le Monde diplomatique*, février 2008.

avait pour corollaire les trajets réguliers et nettement moins romantiques à l'hypermarché le plus proche pour s'approvisionner : parkings bétonnés à perte de vue, hangars à l'atmosphère confinée dégueulant de marchandises. Une corvée à laquelle il faut se résigner pour pouvoir, le reste du temps, profiter des joies d'une vie authentique ? Pas seulement : « Prendre sa voiture pour acheter chaque semaine la nourriture familiale en grande surface consomme trente fois plus d'énergie et rejette soixante-dix fois plus de gaz carbonique dans l'atmosphère que de faire ses courses à pied plusieurs fois par semaine dans un commerce de proximité [116] », écrit la journaliste Jade Lindgaard.

Jay Shafer, l'homme des *tiny houses*, souligne la perte d'échelle des banlieues américaines : des maisons trop grandes alignées le long de rues trop larges, ce qui augmente encore l'étalement urbain. L'éloignement du domicile par rapport aux commerces, aux services et au lieu de travail produit des logements suréquipés et aboutit au règne de la voiture ; toute vie piétonne a été éradiquée. Pendant leurs vacances, les propriétaires de ces aberrations urbanistiques iront déambuler avec émerveillement dans les rues étroites des villes européennes ou québécoises [117]... J'ignore pour qui vote Shafer, mais, d'après une enquête du Pew Research Center, ce sont surtout les Américains progressistes qui professent des idées comme les siennes. Soixante-dix-sept pour cent d'entre eux déclarent préférer des maisons « plus petites et plus proches les unes des autres, avec des écoles, des magasins et des restaurants où ils peuvent se rendre à pied », tandis que 75 % des conservateurs acceptent (apprécient ?) l'éloignement vis-à-vis des autres habitations comme des infrastructures, s'ils peuvent bénéficier de mètres carrés supplémentaires [118]. Si le cas de la

116 Jade LINDGAARD, *Je crise climatique, op. cit.*

117 Jay SHAFER, *The Small House Book, op. cit.*

118 « Liberals want walkable communities, conservatives prefer more room », Pew Research Center, Washington, DC, 10 juin 2014

Belgique est moins connu, l'urbain diffus y est aussi particulièrement développé : dans le Brabant wallon, 48 % des logements sont des villas quatre façades, ce qui vaut à la province le surnom de « Wallifornie [119] ».

« Vous aimez la nature ? Prouvez-le-lui [120] ! » dit une publicité pour un 4 x 4. Mais voilà : en réalité, le meilleur moyen de « prouver son amour à la nature » – et, accessoirement, d'assurer la survie de l'espèce humaine sur la planète – serait de renoncer à vivre en son sein à l'écart de ses semblables. C'est d'ailleurs l'argument d'Eric Klinenberg quand on lui objecte que le modèle de la vie en solo, qu'il défend contre les jugements hâtifs, gaspille les ressources : mieux vaut habiter seul dans un appartement en ville qu'à plusieurs dans une maison isolée, dit-il ; la composition du foyer ne constitue pas le déterminant principal de la viabilité d'un mode de vie [121].

En somme, si nous voulons être de vrais écologistes, nous devons apprendre à rêver de huttes mitoyennes. Mais intégrer cette réalité, cesser de confondre consommation de paysages et préservation de la biosphère, implique une conversion mentale difficile à opérer. L'imaginaire écologiste, dans la foulée du mouvement hygiéniste, qui dénonçait la « ville délétère [122] », montre peu de goût pour l'univers urbain, comme en a témoigné le « retour à la terre » de l'après-1968. Il associe la ville à une existence lâche, moutonnière, sinistre et résignée. En 1973, dans *Bambois ou la vie verte*, Claudie Hunzinger racontait son installation dans une ferme des Vosges avec son compagnon, qui venait d'achever sa formation de berger et démarrait un élevage de brebis. Au fil des ans, tous deux voyaient défiler

---

119 Gilles Debrun, « Pour une ère anthropocène soutenable et désirable », *in* Marie-Hélène Contal (dir.), *Réenchanter le monde. L'architecture et la ville face aux grandes transitions*, Manifestô, « Alternatives », Paris, 2014.

120 Augustin Berque, *Histoire de l'habitat idéal*, *op. cit.*

121 Eric Klinenberg, *Going Solo*, *op. cit.*

122 Augustin Berque, *Histoire de l'habitat idéal*, *op. cit.*

des citadins qui disaient admirer leur « courage », ce qui lui inspirait cette réflexion : « Je me dis que c'est eux qui ont du courage de vivre dans des villes dégueulasses avec des robinets d'eau chaude et froide, des moquettes, des cinés, des réunions, des métiers tristes dont ils ne peuvent plus se passer, n'imaginant rien de mieux [123]. »

On peut comprendre ce rejet des villes. La pollution, la saleté, la promiscuité, les embouteillages, les transports publics bondés, les couloirs de métro à l'éclairage blafard qui puent la pisse ne sont pas des vues de l'esprit. Mais peut-être faudrait-il investir son énergie dans la recherche d'une amélioration de la vie urbaine plutôt que dans la recherche des moyens de la fuir. Chez les citadins qui ne peuvent plus payer des loyers devenus exorbitants, certains, sensibles au rêve d'un ermitage idyllique, espèrent faire de nécessité vertu en déménageant dans des localités rurales ; un espoir souvent déçu, comme on l'a vu [124]. La lutte pour des logements abordables en ville comporte ainsi un enjeu écologique autant qu'un enjeu social. Et si l'on aspire au contact avec la nature, on peut aussi tenter de lui donner une plus forte présence dans la cité. L'architecte belge Gilles Debrun, qui réfléchit aux moyens de rendre la ville désirable, juge cette présence fondamentale : « Pourquoi la ville ne pourrait-elle pas devenir une réserve semi-naturelle habitée ? » Pour cela, il faudrait la libérer de la « maniaquerie gestionnaire de l'homme », « retrouver le goût des mauvaises herbes en ville [125] ». L'agriculture urbaine offre des pistes intéressantes. En 2003, on estimait déjà que huit cents millions de personnes dans le monde consommaient des produits issus de potagers urbains, dans un bidonville péruvien aussi bien que dans les

---

123 Claudie HUNZINGER, *Bambois ou la Vie verte* [1973], J'ai lu, Paris, 1975.

124 Gatien ELIE, Allan POPELARD et Paul VANNIER, « Exode urbain, exil rural », art. cit.

125 Gilles DEBRUN, « Pour une ère anthropocène soutenable et désirable », art. cit.

community gardens new-yorkais [126]. À Lausanne, le terrain où a surgi la maison de paille avait d'abord été durant cinq ans un potager squatté, qui avait révélé à ses cultivateurs « les joies des tomates, de la sarriette vivace, de la grande mauve ou des topinambours [127] ».

Les présupposés culturels qui nous amènent à rêver de vivre loin de tout (« près de tout », rectifie Claudie Hunzinger) méritent en outre qu'on les examine de plus près. Difficile de trouver quoi que ce soit à redire au désir de mieux maîtriser ses conditions d'existence, de savoir produire de quoi satisfaire ses besoins fondamentaux en logement ou en nourriture. Mais l'aspiration à l'émancipation se mêle parfois d'un individualisme pas si éloigné de celui dont se nourrit l'idéologie libérale – non seulement comme doctrine économique, mais comme vision du monde, telle que la développent de façon exemplaire les romans d'Ayn Rand, aux héros glorieusement misanthropes. Sans toujours nous en rendre compte, nous adhérons à une conception de l'être humain et de la société qu'illustre bien la figure fondatrice de Robinson Crusoé, « type même de l'individu qui vit en dehors de la société et en recrée les commodités par son ingéniosité, sa pensée rationnelle et son travail [128] ».

La vogue actuelle du *do-it-yourself* témoigne de cette ambiguïté. Si sa justification écologique est indéniable dans certains cas, par exemple quand il permet de donner une seconde vie à des objets abîmés, elle est beaucoup plus douteuse dans d'autres, remarque la blogueuse Aude Vidal : « Le pain cuit à la maison est le plus souvent un désastre environnemental. Four électrique, trop grand et préchauffé pour une fournée d'un

---

126 Dominique Louise Pélegrin, *Stratégie de la framboise. Aventures potagères*, Autrement, Paris, 2003.

127 Collectif Straw d'la Bale, *La Maison de paille de Lausanne*, *op. cit.*

128 François Flahault, *Le Paradoxe de Robinson. Capitalisme et société* [2003], Mille et une nuits, Paris, 2005.

malheureux pain, ce serait plus écolo que d'aller à vélo chez une boulangère qui travaille avec un four à bois ? Des copines écolos, qui font des choses utiles et ravissantes, me disaient un jour à propos d'une de leurs activités qu'elles pensaient comme moi que la fabrication maison était plus énergivore que la fabrication industrielle, mais quand même, "c'est sympa" [129]. » Investir ses désirs et ses rêves dans l'univers urbain implique donc aussi de reconnaître le besoin que nous avons les uns des autres. Autant se reposer sur autrui me paraît problématique quand il s'agit de déléguer un travail dévalorisé comme le ménage, autant j'y prends pour ma part un plaisir très vif quand cela me permet d'apprécier des talents que je ne possède pas (et ils sont nombreux).

Il y a plus de dix ans, j'avais conclu un précédent livre en affirmant mon désir de quitter un jour Paris, malgré mon bonheur de vivre dans cette ville qui m'avait si longtemps fait rêver [130]. Avec le recul, je me demande si je ne cédais pas à une facilité, à un cliché. Il est toujours difficile de prévoir où nous entraîneront les contraintes financières, familiales ou professionnelles, mais je n'exclus plus, désormais, de rester toujours une citadine. J'assume mieux mon amour des villes, de leur animation, de leur désordre, de leur grouillement de vie – sans oublier leur relatif progressisme politique. J'aime pouvoir, après des heures passées à lire ou à écrire, descendre dans la rue et me mêler à la foule, marcher le nez au vent, me griser d'images, de sons, de lumières et d'odeurs. Sur Pinterest, je collectionne aussi les tableaux urbains, peintures ou photographies. J'y savoure la façon dont la ville met les existences en relation, en perspective : paysages de fenêtres illuminées le soir, compositions où un personnage se tient dans un appartement chaud et

---

129 Aude VIDAL, « Le do-it-yourself me (fait chier) pose question », Mon blog sur l'écologie politique, 8 janvier 2013, http://blog.ecologie-politique.eu.

130 Mona CHOLLET, *La Tyrannie de la réalité*, *op. cit.*

éclairé tandis qu'un autre traverse la rue en courant sous la pluie, où les uns passent à pied sous le pont du métro aérien tandis que les autres se pressent à l'intérieur de la rame. Je retrouve là l'étourdissement et l'avidité que j'éprouvais, enfant, à contempler mes panneaux en carton peints représentant des façades d'immeubles, de multiples cases abritant un fourmillement mystérieux de vies juxtaposées. Un jour, la sorcière derrière la fenêtre, ce sera moi.

Table

CPi
FIRMIN-DIDOT

Composition Facompo, Lisieux.
Achevé d'imprimer par CPI Firmin Didot
à Mesnil-sur-l'Estrée (Eure).
Dépôt légal du 1er tirage: octobre 2016
Suite du 1er tirage (13) : novembre 2021
Numéro d'imprimeur : 166901
Imprimé en France